BIBLIOTHÈQUE DES PROFESSIONS

INDUSTRIELLES, COMMERCIALES ET AGRICOLES

SÉRIE B

SCIENCES D'OBSERVATION

N° 5

OUVRAGES DU MÊME AUTEUR

Les Moteurs anciens et modernes. 1 vol. illustré.

Les Voyages merveilleux. 1 vol. grand in-8° illustré.

L'Électricité dans la Vie domestique (3ᵉ édition). 1 brochure in-16 illustrée.

Les Récits d'un aéronaute. 1 vol. in-8°.

TYPOGRAPHIE FIRMIN-DIDOT. — MESNIL (EURE).

BIBLIOTHÈQUE DES PROFESSIONS
INDUSTRIELLES, COMMERCIALES ET AGRICOLES

L'INGÉNIEUR
ÉLECTRICIEN

GUIDE PRATIQUE

DE LA CONSTRUCTION ET DU MONTAGE
DE TOUS LES APPAREILS ÉLECTRIQUES

A L'USAGE

des amateurs, ouvriers et contre-maîtres électriciens

PAR

H. de GRAFFIGNY

Ancien rédacteur en chef de la *Science Universelle*,
Ancien directeur de la *Société d'Électricité domestique*.

ILLUSTRÉ DE 109 VIGNETTES DESSINÉES PAR L'AUTEUR

Sciences
d'observation

Série B
Nº 5

PARIS
J. HETZEL ET Cᴵᴱ, ÉDITEURS
18, RUE JACOB, 18

Tous droits de traduction et de reproduction réservés.

PRÉFACE.

L'Électricité, la plus curieuse sans contredit, et la plus utile peut-être de toutes les branches de la physique, n'est plus aujourd'hui seulement le domaine de quelques rares initiés, ses applications sont à l'infini; il n'est presque pas d'industrie qui n'y ait recours sous l'une ou l'autre de ses formes; la mécanique, l'éclairage, la médecine, la chimie sont ses tributaires.

Le monde entier s'intéresse à cette science; chaque pays est à la recherche des progrès à apporter aux moyens de production et d'utilisation de cette puissance colossale et mystérieuse. La France marche aux premiers rangs : une Chambre Syndicale s'est formée; de florissantes sociétés d'Électricité se sont organisées et plus de cinquante journaux spéciaux tiennent le public au courant des découvertes qui viennent chaque jour enrichir et accroître son domaine déjà si vaste.

Le moment est venu, croyons-nous, de réunir sous une forme simple, facile à comprendre, dans un manuel clair et complet, les principes de la science électrique et les procédés de ses applications. Il existe, il est vrai, des *Traités d'Électricité industrielle,* des *Dictionnaires d'Électricité,* des *Formulaires,* rédigés par des savants, par des praticiens à qui je suis heureux de rendre hommage ici ; mais ces ouvrages, soit par leur prix, soit par la façon trop scientifique dont ils ont été traités, ne sont que peu accessibles au grand public qui s'intéresse à ces questions si attrayantes, mais n'a pas fait d'études préparatoires. D'autres ouvrages, tels que ceux de MM. du Moncel et Figuier, très utiles à consulter pour retrouver la trace d'une invention ou sa date, ne peuvent rendre aucun service à ceux qui veulent apprendre.

J'ai voulu, en écrivant l'*Ingénieur-Électricien,* donner un manuel pratique, débarrassé de formules et de chiffres, à la portée de tout le monde, renfermant, avec l'historique rapide de chaque classe d'appareils étudiés, les principaux et les meilleurs procédés appliqués à la construction et au montage des instruments et machines électriques de tous systèmes ; ne donnant, il est vrai, que ce qu'il faut savoir, mais tout ce qu'il est nécessaire de savoir.

Il y a quelques années, dans la préface de la troisième édition de ma brochure sur l'*Électricité dans la vie domestique,* j'émettais le vœu de voir publier un semblable travail. Ne voyant rien apparaître dans ce genre, je me suis résolu à rédiger le présent livre et à combler une lacune réelle.

Ainsi qu'on pourra s'en rendre compte, une méthode rigoureuse a été suivie dans la rédaction de ce manuel qui se divise en trois parties : 1° la production de l'électricité, 2° la construction et l'historique des appareils et machines utilisant ce fluide, 3° le *vademecum* de l'inventeur, du chercheur et de l'homme du monde. J'ai puisé aux sources les plus autorisées, et j'ai tout lieu d'espérer que mon travail pourra être de quelque utilité aux personnes s'intéressant aux progrès de la science, aussi bien qu'aux gens du métier, contre-maîtres et ouvriers, que rebutent la plupart du temps les formules et les équations des traités d'électricité, et que leur insuffisance d'instruction scientifique les empêche de comprendre. C'est à beaucoup d'entre eux cependant que nous sommes redevables des inventions et des découvertes qui surgissent journellement et dont l'industrie fait son profit. Notre devoir est de faciliter leur tâche en mettant à leur portée les documents dont ils peuvent avoir besoin.

On a vulgarisé les sciences qui paraissaient les plus arides : l'astronomie, l'aérostation, la physique, la mécanique, la médecine ont eu leurs écrivains, presque leurs poètes, on les a rendues accessibles au plus grand nombre, et leurs beautés ont été mises en lumière. L'électricité serait digne, elle aussi, d'avoir son chantre, car elle a enfanté des merveilles, et l'on se demande, en voyant le chemin qu'elle a parcouru en si peu de temps, quelles seront les surprises réservées au vingtième siècle.

Le progrès poursuit sa marche en avant sans que rien le puisse arrêter. Il faut aujourd'hui que tout cède le pas à l'orgueilleuse déesse Électricité qui, descendue du ciel dans la fulguration d'un éclair, s'humanise chaque jour davantage et se plie complaisamment à chacun de nos caprices, à chacune de nos exigences. Le siècle prochain assistera probablement à d'autres révélations plus splendides, plus fécondes, plus grandioses ; de nouvelles puissances seront reconnues, étudiées, les recherches scientifiques s'affirmeront et deviendront plus précises, mais notre époque demeurera certainement inscrite dans les annales de la science, comme le siècle de la vapeur et de l'électricité.

Ne soulevons pas le voile qui nous cache l'avenir, certain qu'il est fécond en grandes choses. A l'œuvre plutôt, et que le lecteur soit juge si le programme que nous nous sommes tracé a été rempli : vulgariser les procédés de l'électricité.

Fontenay-sous-Bois, mars 1887.

L'INGÉNIEUR ÉLECTRICIEN,

MANUEL PRATIQUE DE LA CONSTRUCTION

ET DU

MONTAGE DE TOUS LES APPAREILS ÉLECTRIQUES.

CHAPITRE PREMIER.

Histoire de l'électricité.

Quelle est la nature réelle de l'électricité ? C'est une force dont nous voyons les effets, mais dont la cause nous échappe encore. Les théories sur le fluide invisible sont nombreuses. Suivant Dufaÿ, physicien français qui étudia l'un des premiers les effets de l'étincelle électrique, il existerait dans la nature deux fluides distincts qui donneraient naissance aux phénomènes observés, par leur action mutuelle l'un sur l'autre. Selon l'abbé Nollet, le fluide électrique, plus subtil que l'air, ne serait qu'une modification particulière du calorique et de la lumière. Enfin, suivant une hypothèse émise par Œrsted, développée et soutenue par Berzélius, les atomes de la matière pondérable doivent être regardés comme les éléments entre lesquels s'accomplissent toutes les décompositions et recompositions provoquées par l'électricité.

Nous ne nous permettrons pas de trancher cette question étudiée par les savants si compétents que nous venons de citer. On en est encore réduit, à l'heure actuelle, à des hypothèses plus ou moins rationnelles sur la composition intime de l'électricité, qui n'est peut-être autre chose qu'un mode spécial d'action de la matière, car, sous ce rapport, elle offre des analogies frappantes avec le mode de propagation de la lumière, de la chaleur, et du son, par exemple.

Les applications de l'électricité, si nombreuses depuis un quart de siècle, appartiennent entièrement à l'histoire scientifique moderne. La connaissance des propriétés de l'ambre frotté, au temps de Thalès, c'est-à-dire 600 ans avant Jésus-Christ, est un fait de trop minime importance pour faire dater de là l'histoire de l'électricité. Le premier homme a constaté bien certainement la chute de la foudre, mais pas plus que Thalès il n'a imaginé ce que cela pouvait être.

Il faut donc en arriver aux dernières années du seizième siècle pour trouver les premières études électriques sérieuses, et c'est en Angleterre que cette science naquit avec le livre du physicien Guillaume Gilbert, intitulé *de Arte magnetica*.

Dans le livre de Gilbert sont consignées toutes les recherches de ce savant sur les propriétés attractives de l'aimant envers le fer, de l'ambre et des pierres précieuses envers les corps légers. Mais toutes ces observations manquent encore de cohésion, et le lien qui doit les rattacher l'une à l'autre ne se montre pas encore. Il manquait à Gilbert, pour compléter ses études, une machine pour produire des quantités de fluide plus appréciables que celles qu'il tirait du simple et primitif tube de verre qui était son seul instrument; mais ce ne fut qu'en 1704, cent ans après sa mort, qu'un autre physicien, Otto de Guericke, de Magdebourg, imagina la première machine électrique, bien rudimentaire encore, puisqu'elle ne se composait que d'un globe de soufre qu'une manivelle mettait en rotation et que l'on frottait avec la main.

En 1709, Hawksbee construisit une machine qui constituait un notable perfectionnement sur celle d'Otto de Guericke et permit d'observer de curieux phénomènes, notamment celui de la stratification de l'étincelle dans des tubes vides d'air. Dès lors la voie était ouverte et l'étude de l'électricité commença à faire des progrès sensibles. En 1729, Grey et Wehler découvraient la propagation du fluide le long des corps conducteurs et partageaient toutes les substances en corps *bons* ou *mauvais conducteurs*, ou *diélectriques* et *anélectriques*. En 1735, Dufay établissait sa théorie de la séparation des deux électricités et ouvrait ainsi un champ immense aux recherches futures sur les effets de ce fluide, qui fut nommé *électricité*, du mot grec *elektron*, ambre jaune, parce que c'était ce corps qui avait servi aux premières expériences. En 1747, l'abbé Nollet, préparateur de Dufaÿ, créait une machine électrostatique de beaucoup supérieure à celle de Hawksbee. Enfin l'ère féconde des expérimentations pratiques était ouverte.

C'est de l'année 1770 que date la machine électrique de Ramsden (fig. 1), la plus employée encore aujourd'hui, pour

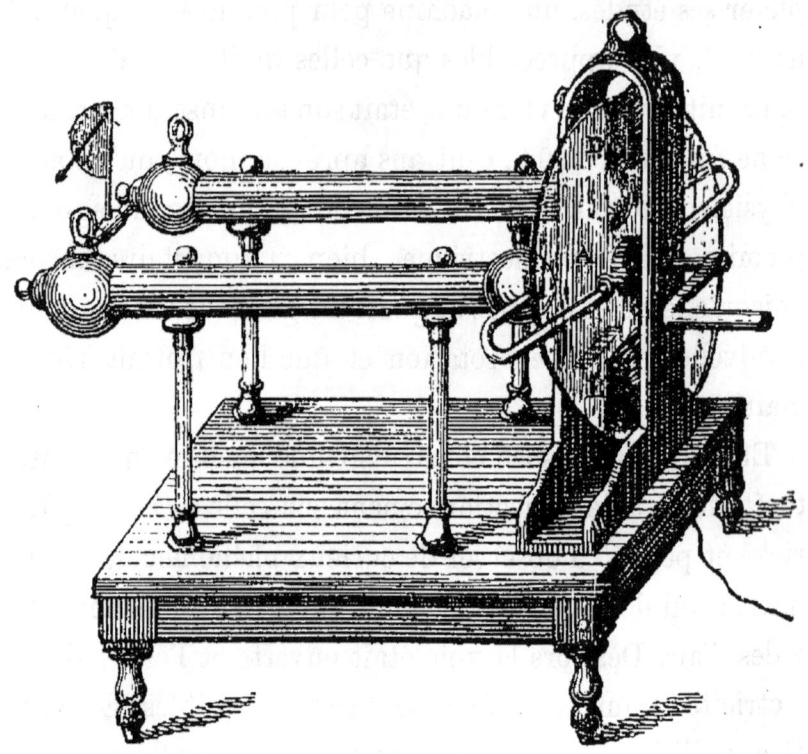

Fig. 1. — Machine électrostatique de Ramsden.

la reproduction des phénomènes d'électricité statique, dans les cours et les laboratoires. Tout le monde la connaît, les personnes qui s'occupent d'électricité l'ont toutes vue fonctionner, aussi ne nous attarderons-nous pas à en donner la description.

Nous passerons aussi rapidement sur les travaux de Nairne, de Berg et d'Armstrong, pour en arriver aux travaux de l'immortel Franklin, qui identifia les phénomènes produits par les machines avec la foudre éclatant dans les profondeurs du ciel.

En 1726, l'Académie des sciences de Bordeaux avait décerné au R. P. Lozerand, de Perpignan, un prix pour un mémoire *sur la cause du tonnerre et des éclairs*, dus, suivant ce savant, à l'inflammation des exhalaisons terrestres. En 1750, les phénomènes électriques qui venaient d'être obtenus au moyen de la machine firent remettre la question sur le tapis; un prix fut encore accordé à un certain Barberet, qui admettait l'analogie de la foudre atmosphérique avec l'électricité.

La preuve la plus convaincante de cette analogie fut donnée par de Romas, lieutenant assesseur au présidial de Nérac, sa ville natale, qui, le 7 juin 1753, lança dans les airs pendant un orage un cerf-volant de la corde duquel il tira des étincelles de près d'un pied de longueur. La même année, l'Académie des sciences de Paris recevait du physicien américain Franklin la relation d'une expérience semblable, tentée aux États-Unis, et qui était inconnue du savant français, dont l'expérience était la seconde en date. D'ailleurs, l'identification de la foudre et de l'étincelle électrique avait déjà été commencée en France en 1752, par Dalibard, qui avait installé une tige de fer pointue dans son jardin à Marly, dans le but de soutirer l'électricité des nuages. L'honneur de la première idée du paratonnerre revient donc bien à la France, et la coïncidence de l'expérience de Franklin avec celle de Romas prouve la même préoccupation chez les savants de cette époque.

Mais arrivons-en enfin à la découverte de l'électricité *dynamique,* ou *en mouvement,* qui date de 1786.

Nous ne répéterons pas ici l'histoire archiconnue de la fameuse grenouille de Galvani. On se rappelle que ce savant, réunissant par un arc métallique les nerfs cruraux d'une grenouille avec le système musculaire, excitait des contractions violentes des membres de l'animal, et qu'il expliqua ces contractions par l'existence de l'électricité dans le système nerveux. On se rappelle également que Volta, autre physicien italien, expliqua le fait par la production d'un courant électrique entre les métaux dissemblables formant l'arc dont se servait Galvani pour exciter les contractions, et que ce fut le chimiste Fabroni qui donna en 1792 une théorie rationnelle dont l'expérience de Galvani avait été le point de départ.

Enfin la discussion fut close à tout jamais lorsque Volta, voulant appuyer sa théorie sur des faits, construisit (en 1799) la *pile voltaïque,* le premier générateur pratique d'électricité dynamique, dont il n'entrevit cependant pas lui-même l'immense valeur.

Aussitôt que l'*électromoteur,* la pile, fut connu, une multitude de savants s'en emparèrent pour leurs recherches. On constata d'abord les effets de cette électricité sur les organes des sens et sur le système nerveux de l'homme; puis, en 1800, Nicholson et Carlisle produisirent la décomposition de l'eau, point de départ de toutes les découvertes modernes sur les décompositions électro-chimiques des corps, et en 1807, Humphry Davy faisait la première expérience de lumière électrique avec l'immense pile de six cents couples en fonction à l'*Institution Royale* de Londres.

Depuis lors l'électricité prit rang dans la science et ses applications se multiplièrent. En 1810, Zamboni inventait les piles sèches ; en 1820, Œrsted découvrait l'*électro-magnétisme*, d'où devaient découler l'invention des machines dynamo et magnéto-électriques, l'induction, etc. En 1821, Seebeck fondait la *thermo-électricité ;* en 1836, Daniell inventait la pile qui porte son nom ; en 1832, Morse imaginait son télégraphe. L'essor était donné et ne devait plus se ralentir. Que de merveilles enfantées depuis le commencement du dix-neuvième siècle, rien que dans cette branche si féconde des applications électriques aux mille besoins de l'industrie humaine !

C'est par l'étude des générateurs d'électricité, et, parmi ceux-ci, par les piles *hydro-électriques*, que nous commencerons ce volume, écrit dans le seul but de vulgariser les connaissances pratiques dont chacun peut avoir besoin et faire aimer à tous cette belle science électrique dont le domaine s'accroît sans cesse, et qui reste cependant féconde en découvertes de tout genre.

CHAPITRE II.

Producteurs chimiques d'électricité.

Comme on a pu le voir dans le précédent chapitre, la première *pile* (fig. 2), ou générateur chimique d'électricité dynamique, date de la première année du XIXe siècle et est

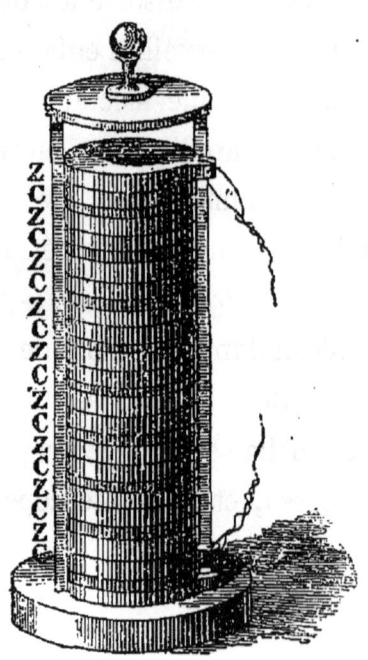

Fig. 2. — Pile de Volta. (**Z** zincs, — **C** cuivres).

due à Volta, professeur de Pavie, qui l'imagina pour répondre à la théorie que Galvani venait de faire connaître au monde savant.

Cette pile, ou *électromoteur* comme l'appelait Volta, se

compose de disques de cuivre ou d'argent et de disques de zinc empilés les uns par-dessus les autres et séparés par une rondelle de carton ou de drap imbibée d'eau additionnée d'un seizième en volume d'acide sulfurique. Le courant est produit par l'oxydation du zinc et sa transformation en sulfate. Elle se *polarise* rapidement en travaillant ; l'hydrogène se fixe sur la lame de cuivre, et le zinc décomposé se dépose également sur le cuivre. Cette pile, modifiée en 1801

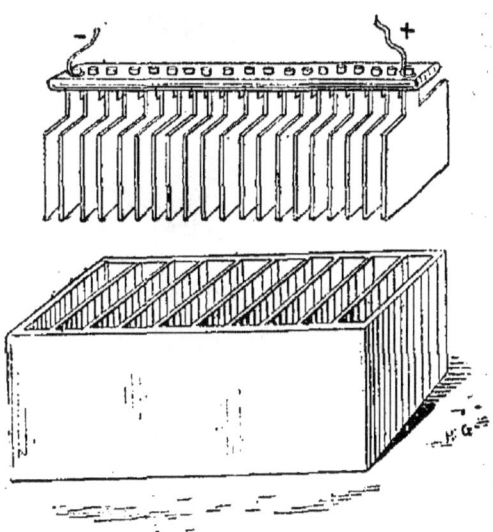

Fig. 3. — Pile de Wollaston et sa cuve.

par Cruikshank sous forme de PILE A AUGES DE VOLTA, et en 1841 par Crahay, qui établit les plaques sur un treuil, est complètement abandonnée aujourd'hui par suite de son inconstance et de son affaiblissement rapide en circuit fermé.

En 1815, WOLLASTON construisit une pile (fig. 3) dans laquelle il utilisa les deux faces de la lame de zinc en augmentant considérablement la surface de la plaque de cuivre qu'il replia autour du zinc.

La PILE EN HÉLICE (fig. 4) date de 1819 et est due à l'Américain Hare. Elle a été construite pour la première fois en Europe par Offerhaus en 1821. Dans ce système, les deux plaques zinc et cuivre sont séparées par des bandes de caoutchouc ou des lisières de drap et roulées en spirale. La surface active étant très grande, les effets obtenus sont remarquables, le débit électrique est énorme; mais, la visite et le nettoyage des plaques étant impossible, le dépôt de sulfate de zinc sur le cuivre affaiblit bientôt ce débit.

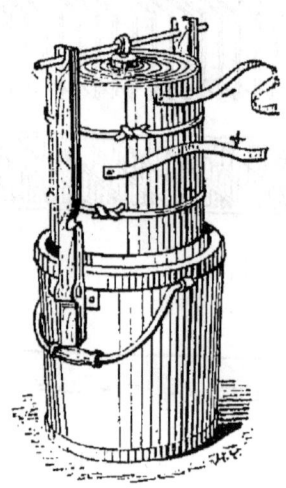

Fig. 4. — Pile en hélice.

Dans le but de diminuer la polarisation, divers savants, tels que Poggendorff, Page, Walcker, imaginèrent de composer des plaques de cuivre par voie de dépôt galvanoplastique, mais le but poursuivi fut loin d'être atteint.

En 1841, MUNCKE fit connaître une nouvelle disposition de la pile de Wollaston. Au lieu de placer chaque élément dans un vase séparé comme l'avait fait son prédécesseur, il imagina de mettre tous les éléments dans la même cuve. Pour éviter les dérivations qui se produisaient entre les éléments et à travers le liquide, FARADAY interposa des feuilles de papier fort, verni.

Les seules piles à électrodes zinc-cuivre qui soient encore actuellement employées sont celles que M. Pulvermacher a créées en 1857 et auxquelles il a donné le nom de CHAINES GALVANIQUES ÉLECTRO-MÉDICALES.

La première PILE A ÉLECTRODE POSITIVE EN CHARBON de cornue date de 1845 et est due à de Leuchtenberg et à Stöhrer, qui l'employaient avec une solution excitatrice d'alun.

Il nous faut revenir à l'année 1829 pour trouver l'idée de la PILE A DEUX LIQUIDES, émise par M. Becquerel à cette époque et mise à exécution d'une façon pratique, sept ans après, par le chimiste anglais Daniell, qui composa la pile qui porte son nom en plaçant le zinc dans l'eau acidulée et la lame de cuivre dans un vase poreux rempli d'une solution de sulfate de cuivre. Ainsi monté, ce nouveau genre de pile produisit un courant sinon bien énergique, du moins très constant et très prolongé.

La pile à deux liquides a été modifiée par beaucoup d'électriciens parmi lesquels nous citerons :

Eisenlohr (1849), qui remplace l'eau acidulée par une solution de bitartrate de soude.

Minotto (1863), qui remplace le vase poreux par une couche de sable, le cuivre en bas et le zinc à la partie supérieure.

Meidinger (1859) imagine de supprimer le vase poreux et de séparer les deux liquides par leur différence de densités. Importée en France en 1861 par Callaud, cette pile est connue sous ces deux noms.

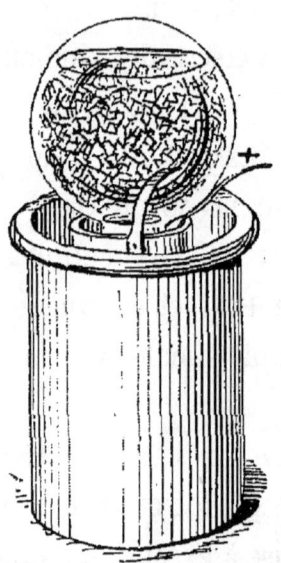

Fig. 5. — Pile à ballon.

Vérité (1860) maintient la richesse de la solution de sulfate de cuivre du vase poreux en le recouvrant d'un petit ballon de verre renversé contenant une provision de cristaux (fig. 5).

Sir W. Thomson (1872) emploie des éléments horizontaux à grande surface, avec un zinc en forme de grille garnie de papier parcheminé à sa partie inférieure.

La PILE DE GROVE (fig. 6), où l'on fait usage de deux liquides acides, date de 1839. Dans le vase extérieur, rempli d'eau acidulée sulfurique, se trouve un zinc cylindrique ; dans le vase poreux, rempli d'acide azotique fumant, se trouve une plaque de platine. Ce modèle a été beaucoup modifié et est devenu la pile Bunsen, restée longtemps comme le type du genre.

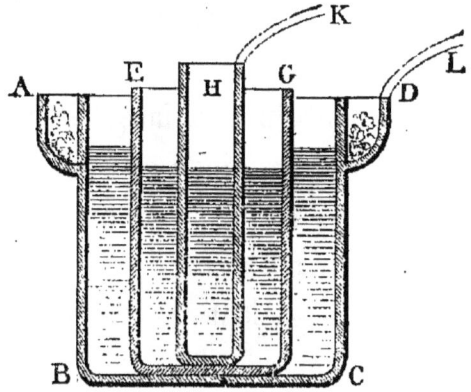

Fig. 6. — Coupe de la pile de Grove.

Bunsen (1840) remplace le platine par du charbon de cornue moulé en forme de cylindre creux.

Archereau (1842) imagine de mettre le charbon dans le

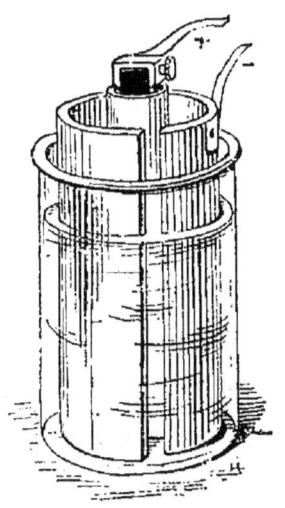

Fig. 7. — Pile de Bunsen.

vase poreux à la place du platine, et le zinc dans le vase extérieur. Il crée ainsi le type qu'on vend dans le commerce sous le nom de Bunsen (fig. 7).

Callan (1847) remplace le platine par du plomb platiné et l'acide azotique du vase poreux par une solution de nitrate de potasse, acide sulfurique concentré et acide nitrique. Plus constante.

Hawkins et Schönbein remplacent le platine par du fer rendu passif et l'acide azotique par de l'eau régale (1842).

Leeson, Bunsen, cherchent à remplacer l'acide azotique du vase poreux par un autre corps pouvant servir également de dépolarisant. Ils essaient inutilement le chromate de potasse, l'acide chromique, chlorique, picrique, le chlorate de potasse, etc. (1843).

M. Maiche (1864) propose un cylindre de tôle attaqué par de l'eau acidulée au centième d'acide azotique. M. Rousse essaie le plomb et le fer, mais sans grands résultats.

M. Marié-Davy remplace l'eau acidulée par de l'eau pure et l'acide azotique par une pâte de sulfate de mercure qui absorbe l'hydrogène en mettant le mercure en liberté.

M. Duchemin (1865) construit une pile composée d'un cylindre creux de charbon de cornue et d'une plaque de zinc, et qu'il nomme bouée électrique. Actionnée par l'eau de mer, elle donne un courant constant, mais peu intense (fig. 8).

M. Tommasi bouche hermétiquement les vases poreux pour empêcher les dégagements de vapeurs hypoazotiques. Moins énergique que la Bunsen de dimensions égales.

M. Niaudet (1879) met le zinc dans de l'eau salée et remplit le vase poreux de fragments de charbon concassé et de chlorure de chaux. (Le dépolarisant est l'acide hypochloreux.)

Avant d'en arriver à la PILE AU BICHROMATE, d'un usage si répandu aujourd'hui, nous devons mentionner en passant la PILE SMÉE (1840), dont l'électrode était d'ar-

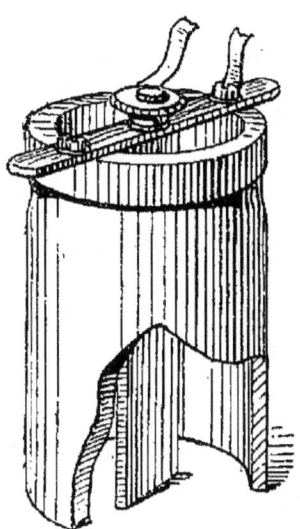

Fig. 8. — Pile Duchemin.

gent platiné; les PILES A FER POSITIF, dues à Sturgeon (1840), Münich (1849), Callan (1855), et actionnées par l'acide chlorhydrique; la PILE WALCKER avec charbon platiné en fragments baignant en partie dans une solution d'eau salée ammoniacale additionnée d'acide sulfurique, et crayons de zinc baignant dans le mercure; la PILE LECLANCHÉ (1868), à plaques de charbon agglomérées mobiles, chlorhydrate d'ammoniaque et peroxyde de manganèse; la PILE WARNON, à réservoirs; et enfin la PILE A OXYDE DE CUIVRE de Lalande et Chaperon, à auge en fonte, zinc en spirale, bioxyde de cuivre en contact avec lame de fer ou de cuivre comme dépolarisant et solution de potasse caustique.

PILE MAICHE AU BICHLORURE D'ÉTAIN. — Cet élément

se compose d'une lame de zinc amalgamé plongeant dans de l'eau acidulée par de l'acide chlorhydrique à 5 p. 100, et d'une lame de charbon placée dans un vase poreux et entourée de bichlorure d'étain.

La force électromotrice de cette pile atteint 1. volt, 50 (1).

PILE DUCHEMIN AU PERCHLORURE DE FER. — M. Duchemin a proposé, en 1866, l'emploi du perchlorure de fer comme agent dépolarisant. Cette substance, riche en chlorure, est indiquée, comme le sont les peroxydes de plomb et de manganèse, riches en oxygène.

La pile qu'il a proposée a une électrode de zinc plongée dans de l'eau rendue conductrice par du sel marin, et une électrode de charbon dans le vase poreux avec une solution de perchlorure de fer.

L'hydrogène dégagé par l'action du zinc sur l'eau se porte sur le charbon et décompose le sel de fer, qui se transforme en protochlorure.

L'acide chlorhydrique, formé par la combinaison de l'hydrogène et du chlore abandonné par le perchlorure, contribue ensuite à la dissolution active du zinc et à l'intensité de la pile.

Cet élément n'est pas constant, d'abord parce que la dépolarisation est incomplète, ensuite parce qu'il se forme bientôt sur le zinc des dépôts peu conducteurs.

Au début, la force électromotrice de cette pile est d'environ 1,64 volt.

PILE PARTZ. — La pile de Partz est la pile Duchemin même, dans laquelle l'électrode en zinc est remplacée par

(1) *Volt.* Unité de force électromotrice, v. p. 93.

une électrode en fer. Celle-ci est immergée dans une solution de sel marin, d'une densité égale à 1,15. Le vase poreux contient un charbon plongeant dans une solution de perchlorure de fer d'une densité égale à 1,26 (30° B.). On obtient économiquement ce liquide en dissolvant l'hématite brune dans de l'acide chlorhydrique et en perchlorurant le protochlorure formé.

La force électromotrice de cette pile est de 1,2 volt; sa résistance intérieure, de 1,3 ohm (1).

PILE SCRIVANOW. — Beaucoup plus récente que les précédentes, la pile de M. Scrivanow, qui figurait pour la première fois à l'Exposition d'électricité de Paris en 1881, excita dès lors un certain intérêt.

Elle se compose d'une boîte en forme de tabatière de 10 centimètres de longueur sur 5 centimètres de profondeur, au fond de laquelle on dispose une lame de charbon. On prend, d'autre part, du chlorure ammoniacal de mercure et on en mélange 10 parties avec 3 parties de sel marin et 1/4 de partie de chlorure d'argent.

Le mélange est fondu, pulvérisé et réduit en pâte avec du chlorure de zinc. La pâte ensuite est épaissie avec de l'amiante et répandue au-dessus de la lame de charbon. Sur le tout on dispose une lame de zinc qu'on sépare encore du mélange salin par une couche d'amiante.

Cet élément, ne contenant aucun liquide, est facilement transportable; il peut être appliqué aux sonneries domestiques et placé dans le bouton de sonnerie lui-même.

Cette pile, contenue dans une auge en gutta-percha, a ses

(1) *Ohm.* Unité de résistance, v. p. 93.

électrodes constituées par une lame d'argent recouverte de chlorure d'argent enfermé dans un sachet de papier parcheminé. Ce sachet est entouré de la lame de zinc repliée sur elle-même, et de laquelle il se trouve isolé par une lame de gutta-percha ajourée. Le tout plonge dans une liqueur alcaline (75 parties de potasse caustique pour 100 d'eau).

L'élément complet pèse environ 100 grammes. La force électromotrice de cet élément est de 1,45 à 1,50 volt. Il peut donner un courant de 1 ampère pendant près d'une heure. Au bout de ce temps, il suffit de renouveler le liquide potassique. Après deux ou trois renouvellements du liquide potassique, le chlorure d'argent doit être remplacé.

PILE JABLOCHKOFF. — Cette pile est mixte, c'est-à-dire qu'elle fonctionne tantôt comme pile primaire et tantôt comme secondaire. C'est le courant secondaire ou de polarisation qui seul est utilisé extérieurement pour les usages auxquels la pile est destinée : sonneries, téléphones, signaux, lumière, etc.

La pile primaire ne sert ici qu'à produire l'hydrogène nécessaire à la polarisation des électrodes ; son fonctionnement s'arrête dès que cette polarisation est atteinte, pour reprendre cependant aussitôt que, par la fermeture du circuit extérieur, on permet à la dépolarisation de se produire par la combinaison de l'hydrogène avec l'oxygène emprunté à l'air et qui est emmagasiné dans les pores d'une des électrodes de charbon, dont la disposition est telle que, par la circulation de l'air, cette quantité de gaz se renouvelle constamment.

(1) *Ampère.* Unité d'intensité, v. p. 94.

Voici le dispositif qui permet d'obtenir ces deux résultats successifs ; il a le grand mérite d'être aussi simple que possible et d'un montage également très facile :

Dans une cuvette carrée, en charbon aggloméré et rendu imperméable aux liquides par une immersion préalable dans un bain de paraffine, on place en contact direct avec le charbon des rognures ou des limailles de fer ou de zinc, on recouvre cette cuvette et le métal qu'elle contient par des morceaux de toile d'emballage coupés aux dimensions de la cuvette.

Cette toile sert simplement de récipient au liquide, qui, dans la pile actuelle, est du chlorure de calcium. Par-dessus cette toile on place une sorte de grille de charbon formée par l'assemblage de tubes poreux maintenus ensemble par des petites cordelettes.

Les dimensions de la pile sont les suivantes : 1 décimètre carré pour la surface de la cuvette et 25 millimètres de hauteur totale, de sorte que 4 éléments l'un sur l'autre sont contenus dans un décimètre cube.

La force électromotrice initiale de cette pile varie entre 1,85 et 1,79 volt pour le zinc, et entre 1,24 et 1,28 volt pour le fer ; la résistance intérieure est de 0,25 à 0,33 ohm.

Le montage des éléments se fait d'une façon très simple : on les place les uns au-dessus des autres comme les éléments d'une pile Volta.

Pour l'usage, ils sont montés par 10 éléments dans un cadre vertical, formé de quatre montants en fer émaillé, forme cornière; une plaque métallique au bas et une seconde en haut, serrées sur les éléments par une vis de pression, servent de rhéophores.

La mise en marche se fait en trempant pendant quelques instants la pile dans une solution neutre de chlorure, obtenue par la dissolution du carbonate de chaux, — craie, marbre ou autre calcaire, — dans l'acide chlorhydrique du commerce étendu d'eau ; on décante après dépôt des produits insolubles ; on laisse le temps suffisant pour permettre l'imbibition complète de la toile. Le chlorure étant très hygrométrique, la toile est toujours dans un état d'humidité satisfaisant.

Le nettoyage pour le renouvellement du liquide se fait en trempant et agitant les éléments dans l'eau pure sans les démonter, et en les trempant dans le chlorure après les avoir égouttés.

Cette pile, ainsi qu'on le voit, est très simple, peu coûteuse, les métaux dont on se sert étant des déchets de valeur minime.

D'après les expériences de Niaudet et d'autres personnes, le fer dépensé par cheval-heure serait de 850 grammes, ce qui, au prix où l'on vend les déchets de fer, abaisserait le coût du cheval-heure à une somme insignifiante. Cependant il faut croire que, malgré tout, cette pile n'est aucunement pratique, car, depuis plusieurs années qu'on en parle et qu'elle a été présentée à la Société des Électriciens, elle n'est pas sortie des limbes de la période préparatoire, et M. Jablochkoff cherche toujours à la perfectionner avant de la mettre dans le commerce.

PILE AU MAGNÉSIUM TOMMASI. — Il y a une quinzaine

d'années, le Dr Tommasi avait remarqué les avantages que présente l'emploi de certains métaux sous le rapport de la force éléctromotrice. Il avait donc songé à se servir du magnésium, et avait réussi à former une pile assez puissante. L'élément se composait d'électrodes en magnésium et en charbon; le liquide était une solution saturée de bisulfate de mercure dans du chlorure de sodium. Dans ces conditions, on obtenait une force électromotrice de 1,7 volt environ. Malheureusement, le prix fort élevé du magnésium était un obstacle considérable qui obligea l'inventeur à abandonner ses recherches. La pile n'en existe pas moins cependant, et nous croyons utile de la signaler à nos lecteurs, surtout en ce moment où le magnésium commence à se fabriquer assez économiquement et où cette combinaison a de plus grandes chances de succès.

Nous aurons occasion de revenir tout à l'heure sur quelques-uns de ces types. Arrivons aux piles à acide chromique.

La première idée de la *pile au bichromate à un liquide* est due au chimiste français Poggendorff. Les constructeurs ont modifié à l'infini les formes, les dimensions, la composition du liquide pour en arriver à un résultat particulier. Ainsi M. Grenet lui a donné la forme de *pile-bouteille*; le zinc ne pénètre dans le liquide que lorsqu'on veut obtenir un courant et se retire au moyen d'une tringle. M. Trouvé établit ses éléments sur un treuil et retire à la fois les zincs et les charbons.

On a fait aussi des PILES AU BICHROMATE A DEUX LIQUIDES. Dans ce cas, le vase poreux où plonge le zinc est toujours rempli d'eau acidulée, soit par addition d'acide sulfurique, de bisulfate de potasse ou de chlorure de sodium, et c'est dans le vase extérieur que se trouve le bichromate qui est l'agent dépolarisant. La première idée de cette disposition semble être due à Fuller (1865). Elle a été reprise par Cloris Baudet (1878), lequel

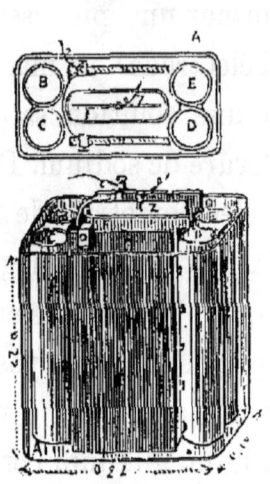

Fig. 9. — Élément de la « pile impolarisable C. Baudet ». B, C, D, E, Réservoirs d'acide et de bichromate.

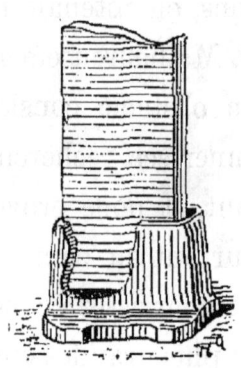

Fig. 9 bis. Cuvette Radiguet.

inventeur dispose une provision d'acide et de cristaux dans le vase extérieur pour entretenir la richesse du bain dépolarisant (fig. 9); par Radiguet, qui place le zinc, amalgamé dans la masse, dans une petite cuvette en bois paraffiné qui retient le mercure et conserve l'amalgamation (fig. 9bis); par Higgins, d'Arsonval, Delaurier, etc., etc.

Les piles au bichromate ont le grand inconvénient de se polariser rapidement. La force électromotrice et le débit sont considérables pendant quelques heures, mais baissent en circuit fermé. L'élément à vase poreux, quoique un peu plus constant, est cependant épuisé au bout de peu d'heures de service, surtout s'il est de petit volume. Dans le but

PRODUCTEURS CHIMIQUES D'ELECTRICITE. 23

d'atténuer ce défaut, on a imaginé diverses dispositions dont voici les principales :

Grenet et Fonvielle agitent le liquide par un courant d'air pour faire dégager l'hydrogène des lames de charbon et amener de l'oxygène au contact de ces plaques.

Fig. 10. — Disposition de pile au bichromate, suivant M. Hospitalier.

MM. Chutaux, Camacho, et après eux MM. Hospitalier et Simmen, disposent les éléments en cascade (fig. 10). Le liquide venant d'un réservoir supérieur coule de l'élément le

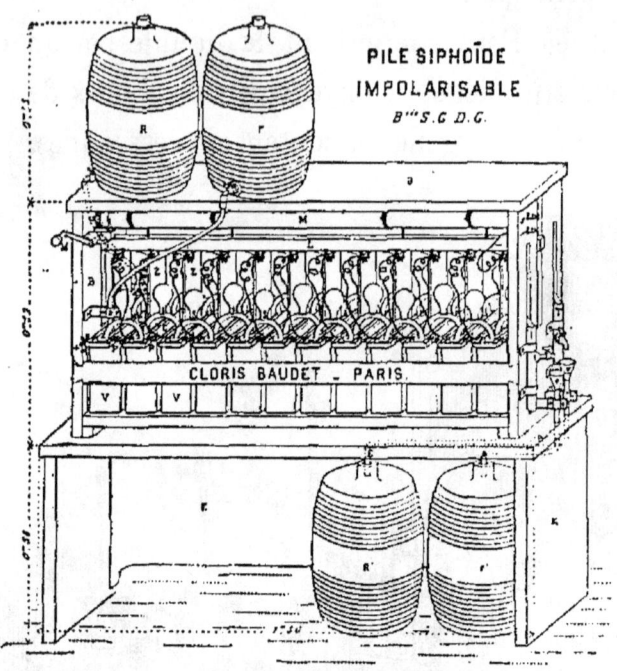

Fig. 11. — Pile Siphoïde à circulation.

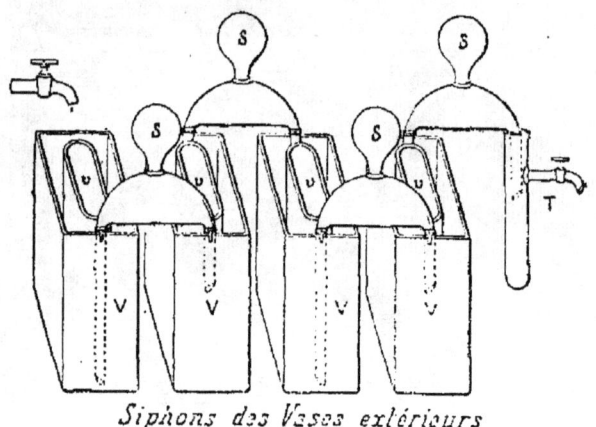

Siphons des Vases extérieurs

(Même disposition pour les vases poreux).

plus haut dans l'élément le plus bas et de gradin en gradin.

M. Cloris Baudet (1885) fait communiquer tous les éléments par des siphons en caoutchouc ; (fig. 11) le bichromate les traverse et s'échappe après épuisement complet de ses parties constituantes.

Nous-même avons combiné un système de circulation très simple. Tous les éléments communiquent ensemble par des raccords en caoutchouc (fig. 12) qui maintiennent l'égalité de niveau entre tous les vases. Au fur et à mesure que l'on fait couler du liquide neuf dans le premier élément, le liquide épuisé s'échappe par le dernier vase.

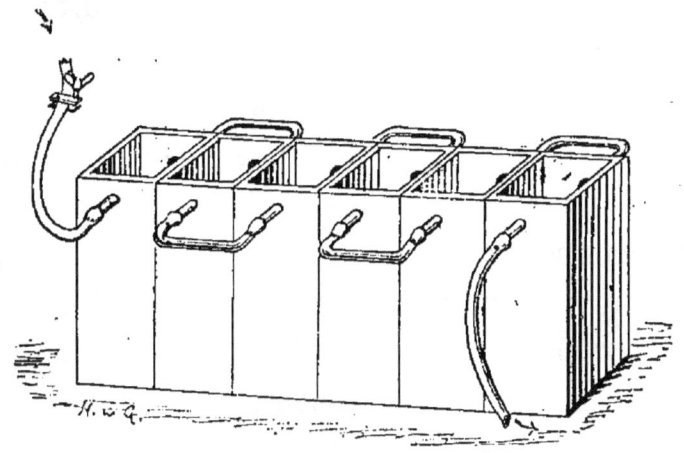

Fig. 12. — Circulation par raccords.

Un modèle intéressant est celui qui a été créé par M. Arthur Radiguet en 1883 et auquel son auteur a donné le nom de *pile à déversement* (fig. 13). Le mélange des liquides à travers le vase poreux ne peut s'opérer pendant le repos de la pile, grâce à la forme du vase qui est double et bascule sur son axe. Mais le débit de cette pile est faible, la surface active du zinc étant relativement petite, et la résistance doit être considérable. Cependant, et malgré ces défauts, ce modèle ingénieux mérite d'être signalé.

Nous ne parlerons pas des piles sèches qui furent imaginées, il y a un demi-siècle, par Zamboni. On sait que ces appareils, bons tout au plus dans les cabinets de physique comme curiosité, sont composés de rondelles de papier étamé ou doré et dont la force est insignifiante.

Nous ne parlerons pas plus des PILES THERMO-CHIMIQUES, non entrées dans la pratique et qui sont dues à Becquerel (1827). Dans ces générateurs, le courant est produit par l'oxydation du charbon à une haute température, et le meilleur moyen proposé a été celui du docteur Brard, qui a créé une véritable *briquette électrogène* qui produit un courant électrique par sa propre combustion.

Nous dirons plutôt quelques mots en passant de la *thermo-électricité*, ou étude des phénomènes électriques produits par les actions calorifiques et que l'on amène en chauffant la soudure de deux métaux dissemblables. C'est en 1821 que le physicien Seebeck de Berlin étudia pour la première fois ce phénomène sur une soudure de bismuth et de cuivre. Après lui, Œrsted et Fourier composèrent de véritables PILES THERMO-ÉLECTRIQUES avec des barreaux d'antimoine et de bismuth, lesquelles furent perfectionnées par Nobili, Melloni, Becquerel, Rhumkorff et Marcus de Vienne.

Actuellement les piles thermo-électriques sont reléguées dans les cabinets de physique, à l'exception des modèles de Clamond (fig. 14), de Noé et de Chaudron, qui sont entrés dans l'industrie et servent soit à produire l'étincelle d'allumage dans le moteur Lenoir, soit d'étalon des forces électromotrices à mesurer, ou encore pour produire la lumière

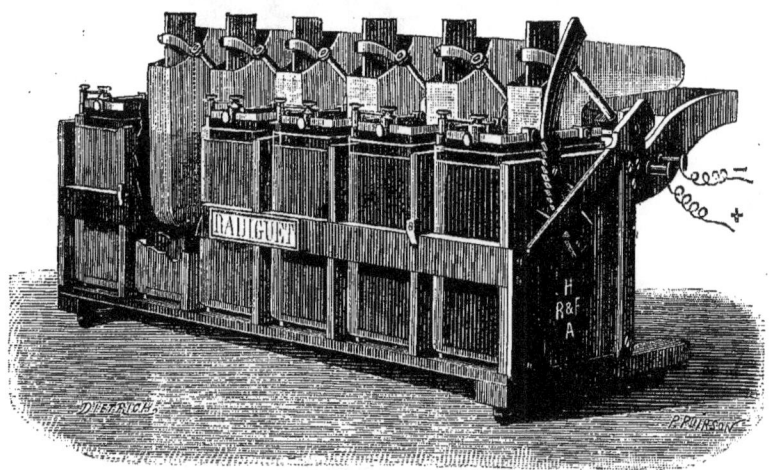

Fig. 13. — Pile à déversement Radiguet.

électrique. Malheureusement les meilleurs modèles ne transforment jusqu'ici en énergie électrique que moins de 1 pour 100 de l'énergie calorifique qui leur est fournie par le foyer qui les alimente.

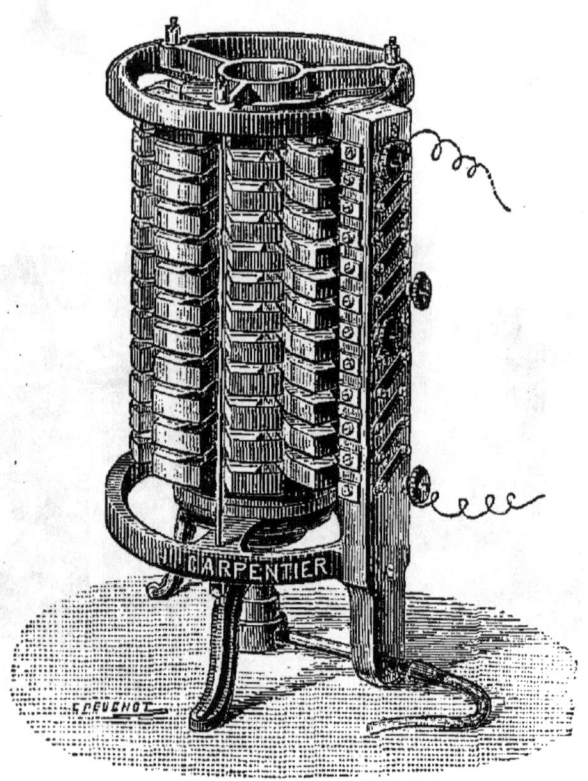

Fig. 14. — Pile thermo-électrique Clamond.

Le tableau ci-dessous donne la force électromotrice des piles des différents systèmes que nous venons de passer en revue. Le débit et la résistance n'ont pu être connus et établis que pour quelques-unes seulement d'entre elles.

MODÈLE.	FORCE électrom.	RÉSISTANCE.	MODÈLE.	FORCE électrom.	RÉSISTANCE.	MODÈLE.	F. E. M.	DÉBIT.
Smée........	0,47 v.	»	Carré........	1,06	0,12	Maiche............	1,25	0,4 amp.
W. de la Rue.	1,03	»	Tommasi......	1,77	0,20	Leclanché...........	1,48	0,5 »
Skrivanow ...	1,50	»	Tissandier.....		0,01	Bazin...............	1,59	»
Marié-Davy ..	1,52	»	Trouvé........	2 v.	0,0016	Siphoïde Baudet.......	2 v.	30 amp.
Leclanché....	1,48	1,5 ohm.	Fuller........	2,2	»	Constante Radiguet.....	1,70	»
Daniell	1,079	»	C. Baudet.....	2 v.	0,03	Bouteille Grenet........	1,20	»
Reynier......	1,05	0,075 ohm.	Higgins.......	2,2	0,4	Lalande et Chaperon	0,8	7 amp.
Grove........	1,96	»	Comb. Reynier.	0,44	»	Warnon.............	1,29	»
Bunsen	1,90	0,08 ohm.	»	0,40	»	Simmen, grand modèle....	2,5	40 amp.
D'Arsonval...	2,20	»	»	0,46	»	Pile Fremy, grand modèle		
Duchemin....	1,54	»	»	0,51	»	(au bichromate et à deux		
Niaudet......	1,50	5 ohms.	Graffigny.....	1,65	0,01	liquides).............	2,2	25 amp.
O'Keenan	2,20	»						

CHAPITRE III.

Construction et applications des piles.

Suivant M. Hospitalier, le savant rédacteur en chef de l'*Électricien*, la liste ci-dessous peut servir d'indication dans les cas ordinaires de la pratique, selon l'application à laquelle on destine les piles.

Dépôts électro-chimiques. — Daniell, Smée, Bunsen, au bichromate ; Slater, de Lalande et Chaperon, impolarisable C. Baudet.

Dorure. — Daniell, Smée.

Argenture. — Daniell, Smée, Bunsen, Slater.

Lumière électrique. — Bunsen, au bichromate (Grenet, Cloris Baudet), Tommasi, Carré, Reynier, de Lalande, Trouvé, Radiguet.

Bobines d'induction. — Bichromate à un liquide, Bunsen.

Expériences de cours et de laboratoire. — Pile au bichromate, modèle bouteille ou modèle à treuil. Accumulateurs. Leclanché à grande surface, Deruelles.

Piles médicales. — Trouvé, Onimus, Seure, Leclanché, au bichlorure de mercure, au chlorure d'argent.

Grandes lignes télégraphiques. — Daniell, Callaud, Meidinger, Fuller, Leclanché, de Lalande, Chutaux.

Sonneries et usages domestiques. — Leclanché, sulfate de mercure, sulfate de plomb; Maiche, Thiébaut, Frémy.

Téléphonie. — Leclanché, de Lalande, Maiche.

Torpilles. — Leclanché, au bichromate (modèle spécial).

Mesures électriques. — Leclanché, au bichromate; Daniell. Étalons.

Nous allons voir comment sont montés les types principaux applicables de la façon la plus rationnelle à chacun des travaux que nous venons d'énumérer. Nous ne parlerons pas des *piles de Volta* à auges, à colonne, en hélice, à treuil, etc., complètement tombées en désuétude actuellement, et nous en arriverons de suite aux modèles modernes et d'un usage courant.

Pile Bunsen. — La pile de Bunsen se compose de quatre pièces : un vase extérieur en verre ou en grès, contenant de l'eau acidulée ;

Un cylindre de zinc amalgamé selon le procédé de Kemp, pour éviter l'usure en circuit ouvert, c'est-à-dire lorsque la pile ne travaille pas ;

Un vase poreux, en porcelaine dégourdie, renfermant de l'acide nitrique concentré ;

Un bloc quadrangulaire en charbon de cornue.

On prépare l'eau acidulée en versant 1 volume d'acide sulfurique ordinaire dans 10 volumes d'eau. Il faut prendre la précaution de verser l'acide dans l'eau par petits filets, et d'agiter le mélange avec une grosse baguette de verre, pour éviter l'échauffement inégal et, par suite, la rupture du vase dans lequel on opère.

Quant à l'acide azotique, on l'emploie tel qu'on le trouve

dans le commerce, et on ne le change que lorsqu'il ne marque plus que 26° à l'aréomètre de Baumé. Quelquefois on remplace l'acide azotique par du bichromate de potasse.

L'eau acidulée doit être renouvelée quand on s'aperçoit qu'elle est chargée de sulfate de zinc, ce qu'on reconnaît à l'affaiblissement de la pile.

Si on a plusieurs couples et qu'on veuille les faire fonctionner tous à la fois, on réunit le zinc d'un couple au charbon du couple suivant, au moyen d'une lame de cuivre longue de 25 centimètres environ, soudée d'une part au cylindre de zinc du premier couple, et dont l'autre extrémité est percée d'un trou qui permet de la fixer sur le *presse-charbon* du couple suivant : cela s'appelle *grouper en tension*.

Le *charbon* qui, dans l'un des couples extrêmes, n'est réuni à aucun zinc, constitue le **pôle positif** de la pile, et le *zinc* qui, dans l'autre couple extrême, ne se trouve en communication avec aucun charbon, est le **pôle négatif**.

Pile Marié-Davy. — Ce modèle n'est autre chose qu'une pile de Bunsen dans laquelle l'acide nitrique est remplacé par une bouillie de bisulfate de mercure, et l'eau acidulée sulfurique par de l'eau pure ou additionnée d'un peu de sel ordinaire.

Il faut enduire la partie supérieure des vases et des charbons d'une couche de suif ou d'huile, sur une hauteur d'un centimètre environ, pour empêcher les sels de *grimper*. Cette pile est assez employée dans les télégraphes, les sonneries et, en médecine, pour les électro-médicaux. Mais pour cette dernière application, et afin de lui donner moins de volume et d'en rendre l'usage plus commode, on lui donne la forme de *pile à auges*.

Pile au sulfate de plomb. — Au lieu d'absorber l'hy-

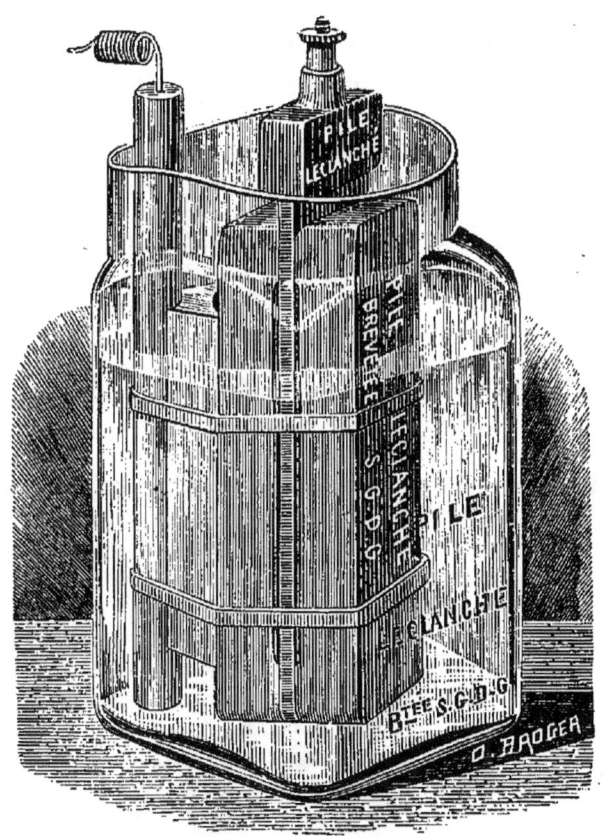

Fig. 15. — Élément Leclanché (modèles à plaques mobiles).

drogène produit par le travail de la pile à l'aide de liquides, on a cherché à obtenir le même résultat en employant des corps solides, ce qui permet de supprimer les vases poreux. MM. Becquerel et Marié-Davy ont montré que, dans la pile à sulfate de plomb, ce sel agit comme la dissolution de sulfate de cuivre dans la pile de Daniell. On prépare les prismes ou cylindres en sulfate de plomb en gâchant ce sel avec de l'eau salée ; on peut ensuite le mouler comme le plâtre, car il durcit comme lui. Le cylindre est le pôle positif de la pile, le zinc restant toujours le pôle négatif.

Pile Leclanché. — Il existe plusieurs modèles de cette pile, dont les uns ont un vase poreux, et les autres non. Dans la pile à vase poreux, ce vase est rempli de charbon de cornue concassé entourant une plaque centrale de même matière et mélangé de peroxyde de manganèse. Dans les modèles dits à *agglomérés*, les lames de charbon sont simplement serrées les unes sur les autres et plongent, ainsi que le bâton de zinc négatif, dans une dissolution concentrée de chlorhydrate d'ammoniaque (fig. 15). La résistance intérieure de ce type est très grande, le débit très faible et la polarisation rapide en circuit fermé.

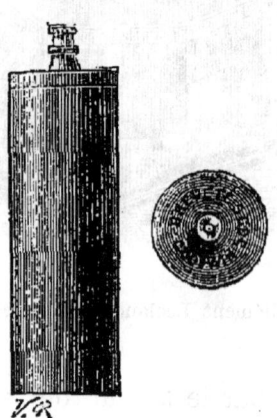

Fig. 16. — Vase poreux de la pile Goodwin.

Pile Goodwin. — Ce modèle, qui a pour but de remplacer la Leclanché, donne des résultats peu satisfaisants.

CONSTRUCTION ET APPLICATIONS DES PILES.

Le vase poreux (fig. 16) est supprimé et remplacé par un charbon cylindrique moulé et renfermant du peroxyde. On comprend que ce peroxyde ne soit que fort peu efficace. Nous ne nous appesantirons donc pas sur cette pile, dont la valeur est fort restreinte, et qui n'est susceptible que d'un petit nombre d'applications.

Pile Trouvé. — Nous entrons ici dans le vaste domaine des piles au bichromate de potasse. La pile Trouvé, qui dérive du modèle Grenet, dont l'idée première remonte à Poggendorff, se compose de deux plaques quadrangulaires de charbon de cornue et d'une plaque de zinc de même grandeur, plongeant dans une auge en verre contenant une dissolution de bichromate de potasse dans de l'eau fortement acidulée. Il y a en réalité deux liquides qui travaillent dans cette pile (eau acidulée sulfurique pour le zinc, bichromate pour les charbons) ; mais comme il n'y a pas de vase poreux, on s'est habitué à nommer ce modèle *pile à un liquide*, ce qui n'est pas véritable. Une batterie Trouvé se compose de six éléments groupés en tension et placés côte à côte dans une caisse en bois de chêne. Les zincs et les charbons montent et descendent dans le liquide à l'aide d'un treuil ; enfin cette construction est robuste et donne des résultats d'énergie incroyables, — malheureusement pendant peu de temps.

Modèles à deux liquides. — On prend un vase en verre cylindrique ou rectangulaire que l'on remplit de liquide dépolarisant (bichromate de potasse ou de soude et acide sulfurique), et on y place les charbons, au nombre de deux si le vase est rectangulaire, quatre ou six, si au contraire il est rond ; puis le vase poreux rond ou méplat et le zinc amalgamé.

Les charbons sont réunis ensemble par une lame de cuivre plate, serrée par des pinces en laiton, ou par un gros fil serré dans des bornes si on a pris la précaution de les trouer. Les vases poreux doivent être émaillés ou paraffinés à leur partie supérieure pour empêcher le grimpement des sels, et on les remplit d'eau acidulée sulfurique au dixième, ou d'eau simplement salée (la force électromotrice est alors un peu diminuée).

Les éléments étant ainsi disposés, pour éviter la polarisation, on peut adapter des siphons qui font passer les liquides d'un vase à l'autre et l'évacuent une fois épuisé ; ou bien, et si le vase extérieur est muni d'une tubulure, on peut disposer les éléments en cascade pour faire passer le liquide du vase le plus élevé dans le vase le plus bas à travers tous les éléments.

La construction de ces sortes de piles, particulièrement applicables à la production de la lumière électrique domestique, est relativement assez facile et l'entretien peu compliqué.

Pile à oxyde de cuivre de MM. Lalande et Chaperon. — La pile à oxyde de cuivre a l'avantage de réunir dans une certaine mesure les qualités de durée des piles Leclanché et la puissance de débit des piles au bichromate de potasse.

L'élément se compose, en principe, d'une tige ou cylindre de zinc amalgamé (pôle négatif) ; d'un liquide excitateur constitué par une solution de potasse caustique à 30 ou 40 p. 100, et d'oxyde de cuivre mis en contact direct avec une lame de fer ou de cuivre (pôle positif).

Le circuit étant fermé, l'eau est décomposée; l'oxygène se porte sur le zinc et donne de l'oxyde de zinc qui forme avec la solution alcaline un zincate de potasse très soluble. Quant à l'hydrogène, il réduit l'oxyde de cuivre et reconstitue le cuivre à l'état métallique.

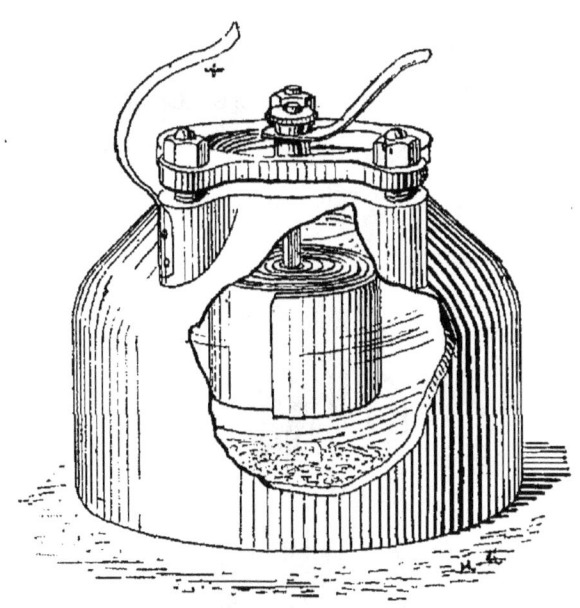

Fig. 17. — Élément à grand débit de Lalande et Chaperon.

L'élément hermétique *à grand débit* a 22 centimètres de diamètre, et peut fournir jusqu'à 8 ampères, ce qui permet de l'employer aux mêmes usages que les piles Bunsen ou au bichromate de potasse (charge des accumulateurs, éclairage domestique, galvanoplastie, nickelage, bobines d'induction, etc.) (fig. 17).

La disposition de cet élément ressemble d'ailleurs beaucoup à celle que nous venons de décrire. L'oxyde de cuivre est également réparti sur le fond du vase; le zinc amalgamé, constitué par une longue lame enroulée en spirale pour présenter une grande surface, est suspendu à un couvercle d'ébonite fixé sur l'ouverture du vase de fonte, au moyen d'une bride évidée en fer et de trois écrous : une rondelle de caoutchouc assure une fermeture hermétique.

Pile Buchin-Tricoche. — Cette pile est à un seul liquide ; elle se compose de charbons cylindriques (pôle positif), réunis par une tête métallique, et d'un crayon de zinc (pôle négatif), placé au centre des charbons, desquels il est isolé. La suppression du vase poreux réduit beaucoup le volume de cette pile (fig. 18).

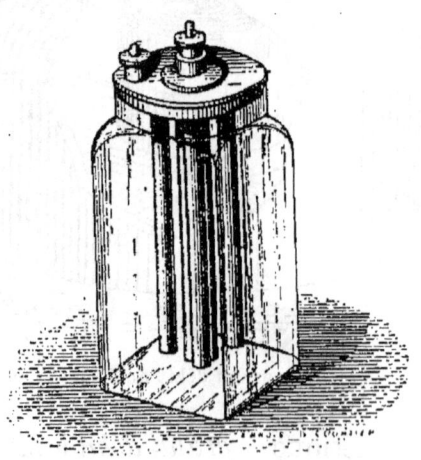

Fig. 18. — Pile Buchin-Tricoche.

Suivant l'emploi auquel on la destine, on la charge de façon différente :

Pour les sonneries, les signaux et les applications demandant un travail intermittent, on emploie le chlorhydrate d'ammoniaque; dans ce cas, la polarisation est assez rapide et la force électromotrice est de 1 volt 10 à la fermeture du circuit. 3 éléments Buchin-Tricoche remplacent avec avantage 2 éléments Leclanché. Pour la galvanoplastie, on emploie l'acide sulfurique dilué de 10 fois son volume. Les charbons reçoivent, dans ce cas, une préparation qui empêche toute polarisation ; la force électromotrice qui est de 1 volt 10, à la fermeture du circuit, descend à 0,60 et s'y maintient pendant toute la durée du travail. Pour la lumière électrique et la force motrice, on emploie le bichromate de potasse ou de soude, préparé dans les proportions ordinaires.

Pile Radiguet et **Tommasi**. — Après plusieurs changements, les inventeurs se sont arrêtés à la forme suivante :

Au centre d'un vase de verre cylindrique se trouve une baguette de charbon recouverte, dans sa partie inférieure, d'une pâte de peroxyde de plomb, laquelle est protégée par une enveloppe de coton. L'électrode positive ainsi préparée est insérée dans un tube de charbon percé de trous. Ce tube forme l'électrode négative. L'espace annulaire compris entre cette dernière et le vase de verre est rempli de charbon de cornue concassé. Il ne reste plus, pour mettre la pile en service, qu'à remplir le vase aux deux tiers par une solution saturée de chlorure de sodium (sel de cuisine). La force électromotrice de cet élément est d'environ 0,6 volt.

Les inventeurs assurent que leur liquide ne donne pas lieu à la formation des sels grimpants qui nuisent tant au bon fonctionnement de certaines piles. De plus, il n'oxyde pas les bornes ou les serre-fils, oxydation que l'on sait être le désespoir de ceux qui ont à entretenir des piles.

Pile Maîche. — Cette pile est constituée par un couvercle en ébonite auquel est fixée une galerie trouée en terre poreuse que traverse, de part en part, un tube en ébonite qui supporte une petite coupe en porcelaine (fig. 19).

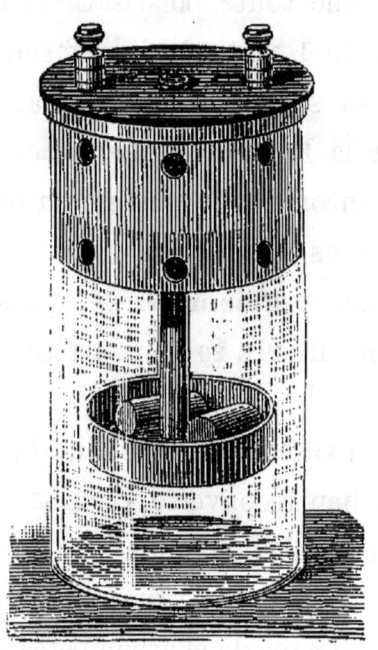

Fig. 19. — Pile Maîche.

C'est dans cette petite coupe, qui renferme un peu de mercure, que se trouve le zinc sous forme de deux lingots de 50 grammes chacun. La galerie poreuse est remplie de charbon de cornue concassé et platiné. Le noir de platine peut condenser dans ses pores 745 fois son volume d'hydrogène ; il peut, de plus, être réparti sur une surface de charbon en couche excessivement ténue, ce qui rend le platinage du charbon moins coûteux.

L'un des morceaux de charbon platiné est fixé à un fil de platine qui se rend à une borne vissée sur le couvercle (*pôle positif*).

Un autre fil de platine sert à établir le contact avec le mercure de la petite coupe (*pôle négatif*); il est amené, par l'intérieur du tube, à une seconde borne également assujettie sur le couvercle.

Le vase en verre est rempli d'eau, soit acidulée par de l'acide sulfurique, soit saturée de sel marin ou de sel ammoniac. Le niveau de cette eau ne doit pas dépasser le tiers de la hauteur de la galerie poreuse; de cette manière le charbon est toujours humide par capillarité, tout en ne plongeant que très peu dans l'eau.

L'oxygène de l'air a ainsi un libre accès à ces fragments de charbon et peut venir se dissoudre dans l'eau qui les humecte. L'hydrogène condensé dans les pores du platine se combine à cet oxygène, ce qui dépolarise constamment la pile. Du reste, tout l'hydrogène n'est pas oxydé, mais se combine en partie avec l'azote pour former de l'ammoniaque; l'effet physique produit est le même. Cette deuxième réaction a l'avantage de régénérer la mousse de platine qui a perdu une partie de son énergie par un usage prolongé. Le charbon platiné conserve donc indéfiniment ses propriétés.

La perfection de cet élément étant subordonnée à l'accès de l'air et à une dissolution d'oxygène proportionnée aux quantités d'hydrogène dégagées, on voit qu'il ne faudrait pas songer à appliquer cette pile à la production de la force motrice ou de la lumière électrique; elle conviendra, par contre, au service télégraphique ordinaire, aux sonneries d'appel, à la téléphonie, etc.

Ainsi compris et utilisé, l'élément de M. Maîche peut donner lieu à une notable économie, car, en circuit ouvert, l'oxydation du zinc n'atteint pas un milligramme par jour.

La force électromotrice de l'élément neuf est de 1,25 volt, sa résistance intérieure de 1 ohm 1/2.

Modèle Graffigny. — Nous avons imaginé, il y a quel-

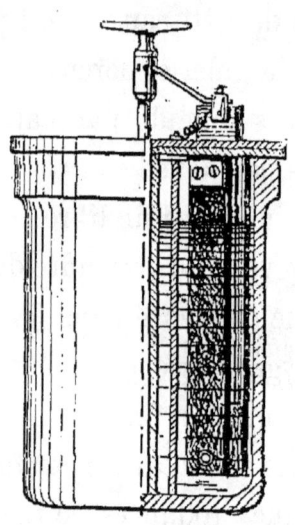

Fig. 20. — Pile à séparation de H. de Graffigny.

ques années, une pile, dont la disposition a été, depuis, copiée par nombre de constructeurs. Cette pile se compose d'un vase cylindrique divisé en six ou huit sections parfaitement étanches et qui renferment chacune un élément (un zinc amalgamé entre deux lames de charbon) (fig. 20). Le liquide excitateur est composé de bichromate, acidulé suivant la formule de Delaurier. Un semblable modèle, de huit éléments en tension renfermés dans un vase unique, a débité 8 ampères sous la tension de 10 volts pendant deux heures et demie. Le poids de la pile chargée était de 5 kilogrammes, et les zincs étaient mobiles dans le sens vertical, comme dans la *pile-bouteille* de M. Grenet.

Pile Bazin. — Cette pile, qui dérive de celle de Poggendorff puisque le dépolarisant est le bichromate de potasse, possède un dispositif spécial qui a pour but de combattre la polarisation par le mouvement des électrodes et leur oxygénation. Dans ce but, les charbons et les zincs amalgamés, de forme circulaire, sont montés sur un arbre en métal et sont animés d'un mouvement de rotation dû à un petit moteur électrique actionné par un élément distinct de la pile. Mais ces complications n'ont pas paru donner les résultats qu'on en attendait, et d'ailleurs cette solution du problème de la dépolarisation des piles au bichromate avait déjà été entrevue, proposée, essayée et rejetée, longtemps avant M. Bazin, notamment par Erkmann fils, Maîche, etc. Nous ne la citons donc que pour mémoire.

Les piles dont nous venons de donner la construction sont les plus pratiques, les plus communément employées, à part cependant la pile Bazin, que nous n'avons citée que comme exemple, et ce sont aussi les plus faciles à construire par le premier venu, la majeure partie des pièces qui les composent se trouvant dans le commerce à des prix très modérés, ainsi que les produits chimiques pour les charger.

Les qualités théoriques d'une pile parfaite devraient être les suivantes :

1° Grande force électromotrice ;

2° Résistance intérieure faible et constante ;

3° Force électromotrice constante, quel que soit le débit de la pile ;

4° Substances consommées d'un prix peu élevé ;

5° Action chimique toujours proportionnelle au débit, et, par suite, pas de dépense lorsque la pile est en circuit ouvert ;

6° Dispositions pratiques telles qu'on puisse facilement surveiller l'état de la pile et ajouter de nouveaux produits lorsque cela est nécessaire.

Aucune pile ne réalisant toutes ces conditions à la fois, on est obligé de choisir par suite l'élément qui convient le mieux à l'application que l'on a en vue et au travail que l'on veut exécuter. On peut se rapporter pour ce choix au tableau reproduit en tête du présent chapitre.

Lorsqu'une pile ou une batterie ne donnent pas les effets qu'on en attend, il faut l'attribuer à l'une des causes suivantes : 1° solutions épuisées : par exemple, sulfate de cuivre de la pile Daniell usé et liquide décoloré ; 2° mauvais contacts entre les électrodes et les prises de courant, pinces oxydées, mal serrées, etc. ; 3° éléments vides en totalité ou en partie ; 4° des filaments constitués par des dépôts métalliques établissant des courts circuits entre les électrodes à l'intérieur de la pile. Les secousses imprimées aux piles augmentent temporairement leur force électromotrice en faisant dégager les gaz qui recouvrent les électrodes. Les fils flottants et les électrodes brisées produisent aussi, par l'agitation, des faux contacts qui font varier brusquement le courant fourni par une pile.

CONSTRUCTION ET APPLICATIONS DES PILES.

Toutes les piles que nous venons de passer en revue produisent le travail demandé, mais avec des dépenses très élevées. On ne peut donc les employer qu'à défaut d'autre générateur. Voici, suivant M. Reynier, le prix de revient de l'énergie produite par les piles :

Pile de Volta.

Prix de revient du zinc brûlé pour 3,600 kgm. = 0,0180
»   de l'acide sulfurique   »   = 0,0068
                                                   0,0248

Cette valeur théorique peut être portée dans la pratique à = 0,13. Le cheval-heure par la pile de Volta, ou 75 kilogrammètres par seconde pendant une heure, reviennent à 6 fr. 75, sans compter les frais de manipulations.

Pile Daniell.

Zinc brûlé 0 kg. 0116 à 0,60...... = 0,00696
Sulfate de cuivre 0,0441 à 0,60..... = 0,02646
                                             0,03342
                A déduire........ 0,00672
Cuivre métall. 0,0112 à 0,60. Reste net. 0,02670

1 kilogrammètre par seconde pendant une heure, soit 3,600 kgm. coûtent donc.......... = 0,053
     Et le cheval-heure...................... = 3 fr. 97 c.

Piles au bichromate.

Zinc brûlé............. = 0,0064 à 0,60 le kilogr. = 0,00378
Acide sulfurique........ = 0,0221 à 0,15   »   = 0,00331
Bichromate de potasse... = 0,0095 à 1,20   »   = 0,01235
                                                        0,01944

3,600 kilogrammètres coûtent pratiquement...... = 0,075
Le cheval-heure, ou 75 kgm. par seconde........ = 5,25 c.

Ce calcul, établi d'après une pile au bichromate à un liquide, donne le maximum de la dépense nécessitée par ce genre de générateurs. Dans notre modèle à circulation et d'après le prix actuel des produits composant la charge, le cheval-heure ne coûte que 3fr.30.

Pile à oxyde de cuivre de Lalande.

Zinc....................	$0,0151 \times 0,6 =$	$0,0091$
Potasse caustique............	$0,0257 \times 0,78 =$	$0,0200$
Bioxyde de cuivre............	$0,0183 \times 1,75 =$	$0,0320$
A Déduire : Cuivre métalique..	$0,0146$ à $1,20...$	$0,0175$
		$0,0611$
	Reste net....	$0,0436$

3,600 kilogrammètres coûtent..........	$= 0,085$
Le cheval-heure.....................	$= 6,87$
» par produits bruts.....	$= 4,85$

D'après ces chiffres, il ressort donc que la pile dont le courant est le plus économique est la Daniell au sulfate de cuivre. Ensuite viennent les piles au bichromate, puis le modèle de Lalande. On peut ainsi juger de la différence considérable de **prix** qui existe entre la force motrice produite par les piles, ou produite par la vapeur, le gaz ou tout autre moyen.

CHAPITRE IV.

Accumulateurs ou piles secondaires.

Après l'examen succinct que nous venons de faire des principales piles primaires employées dans l'industrie, il convient d'étudier également les éléments à courant secondaire qui sont, depuis quelque temps, l'objet de nombreuses recherches, et qu'on s'est efforcé de transporter du domaine scientifique, où ils sont restés confinés pendant 25 ans, sur le terrain des applications industrielles.

Les piles secondaires ou *accumulateurs* sont des appareils dans lesquels l'électricité est emmagasinée sous forme de travail chimique accompli et régénérable. Leur fonctionnement est comparable à celui d'un réservoir destiné à recueillir un faible courant plus ou moins régulier, qui permet ensuite de disposer d'un débit constant que l'on peut rendre supérieur à celui qui a servi à l'alimentation. Ainsi un courant électrique provenant de quelques piles au bichromate, par exemple, peut être accumulé pendant plusieurs heures, voire même plusieurs jours dans des accumulateurs qui restituent ensuite avec un plus fort écoulement l'électricité emmagasinée. Cette définition généralement acceptée du travail des piles secondaires est souvent mal interprétée. Beaucoup de personnes s'imaginent que c'est de l'électricité qu'on emmagasine, alors qu'en réalité il ne s'agit que de l'accumulation d'un travail chimique, travail qui est en raison de la quantité de matières transformés. Le courant électrique, n'étant qu'une vibration moléculaire du fil, met en violente agitation les particules liquides qui séparent les électrodes et produit la séparation des éléments du liquide. Ces éléments libres, dirigés suivant le sens dans lequel les vibrations ont lieu, se précipitent à la surface des électrodes et y opèrent des condensations ou des combinaisons. On obtient de cette façon deux lames de potentiel ou de pression différente, pression qui tend à s'équilibrer dès que la charge cesse. Aussi bien, quoique à circuit ouvert, les accumulateurs perdent toujours une certaine quantité du travail emmagasiné, par le canal liquide qui sépare les électrodes.

Toute pile dans laquelle l'action chimique qui produit le courant ne donne pas naissance à des produits volatils est *théoriquement* réversible et pourrait constituer un *accumulateur*, en la faisant traverser par un courant de sens inverse à celui qu'elle produit elle-même. Ce courant ramènerait les corps à leur état primitif, la pile serait alors susceptible de fournir une nouvelle somme d'énergie électrique, on la régénérerait de nouveau, et ainsi de suite indéfiniment.

M. Planté, qui le premier a résolu le problème des effets d'accumulation et de polarisation voltaïque (fig. 21), a reconnu que pratiquement le plomb était le métal qui convenait le mieux pour cette fonction. La *formation* des accumulateurs est une opération importante qui doit se faire avant de pouvoir les employer utilement, et qui consiste à peroxyder le plus profondément possible la lame de plomb positive et à transformer la lame négative, sur la plus forte épaisseur, en plomb spongieux ou cristallisé; elle se fait par charges et décharges alternatives et par renversements de courants primaires qui demandent quelques mois. M. Planté a, en outre, trouvé le moyen d'activer cette formation et de la réduire à une semaine, en attaquant préalablement

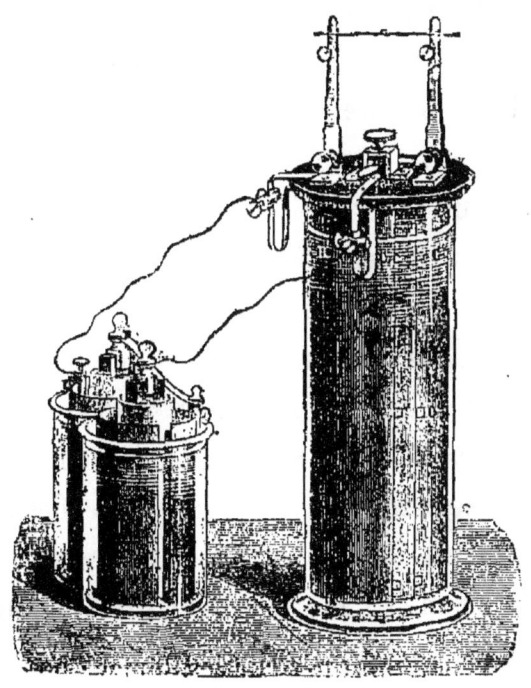

Fig. 21. — Accumulateur Planté chargé par deux éléments Bunsen.

les plaques dans de l'acide azotique et en les y laissant séjourner de 24 à 48 heures. C'est pour obvier à ce grave inconvénient de la formation électrique du *couple* Planté que M. Faure applique du minium sur la lame positive et de la litharge sur la négative, oxydes de plomb que le courant amène promptement à l'état voulu en peroxydant le second. Des plaques de feutre séparent, dans cette première disposition, les électrodes de plomb.

L'action chimique est la même que dans les accumulateurs Planté; la litharge se réduit en plomb spongieux pendant la charge, qui s'obtient dans une période de 100 heures environ.

Après cette rapide revue des perfectionnements ou des modifications apportées au couple Planté, il convient de parler des accumulateurs à grande surface : tel est celui imaginé par M. de Kabath, dont les électrodes se composent de lanières de plomb alternativement plissées ou gaufrées et lisses, système qui a donné naissance à une foule de dérivés.

On conçoit que la formation reste la même que celle du couple Planté; mais elle est plus rapide pour un même poids, la surface étant plus grande. La faible épaisseur du plomb employé constitue un défaut, car les lames positives, se peroxydant totalement, sont hors de service alors que leur formation est à peine terminée, si bien que pendant la charge et la décharge les lames éprouvent des dilatations et des contractions, qu'elles se voilent et se tordent. Tous ces divers mouvements ne laissent pas que d'ébranler fortement les oxydes appliqués sur les lames; ces oxydes cessent d'adhérer au plomb, et bientôt ils se détachent et tombent le long des plaques. Dès lors l'appareil est hors d'usage, et il faut le retirer de la batterie.

Tel était l'état des choses après M. Faure. Aussi les accumulateurs au feutre furent partout abandonnés et l'on eut recours à d'autres combinaisons qui semblaient résoudre plus complètement le problème de l'adjonction des matières aux lames. MM. Sellon et Volkmar ont d'abord substitué des *grilles* de plomb aux lames pleines, et ainsi construit l'accumulateur est devenu plus pratique et industriel. Sa capacité d'emmagasinement est devenue plus grande aussi, et son rendement s'est accru (fig 22.). Cependant ces grilles à jour ne pouvaient pas encore résister au foisonnement ; après un usage plus ou moins prolongé, les cadres se déformaient et les tampons finissaient par tomber de leurs réceptacles : rien en effet dans ces grilles ne pouvait

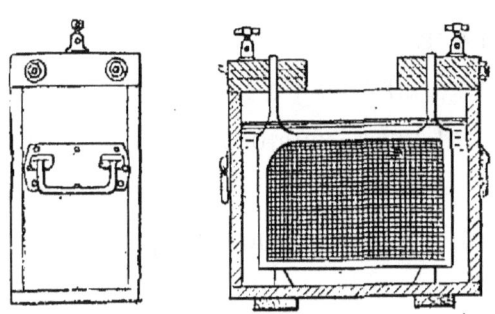

Fig. 22. — Accumulateur Faure-Sellon-Volkmar, vu de côté et en coupe.

s'opposer à ce que ces chutes se produisissent. C'est alors que M. Somzée reprit le problème, auquel il trouva une solution aussi simple que complète en imaginant un support en forme de *gaufre* à fond troué, par lequel les cellules opposées communiquent entre elles. Dans ces conditions, les tampons d'oxydes se trouvaient virtuellement encastrés dans le plomb; le squelette, présentant un profil de résistance bien conditionné, se déformait peu, et les matières continuaient à faire contact intime avec le support pendant toute la durée du travail. Le résultat a été que la capacité électrique, qui pour l'accumulateur Faure-Sellon-Volkmar ne dépasse pas 4,000 kgm. par kilo de plomb, a pu être portée à près de 5,000 et que le rendement pratique ordinaire s'est également accru de plus de 5 pour 100.

Les autres accumulateurs au plomb, dont on s'est occupé dans ces derniers temps, sont notamment ceux de M. Nézeraux, qui fait usage d'un amalgame de plomb en place des oxydes précédemment employés. M. Nézeraux serait parvenu à étendre sur ses supports une quantité de matière active beaucoup plus grande que celle qui entre généralement dans les grilles, d'où une capacité plus grande, selon l'inventeur. Les accumulateurs Reynier, au plomb, au cuivre, et au zinc, exploités par MM. Simmen et Paul Gadot, méritent aussi quelques mots dans cette nomenclature (fig. 23).

Les accumulateurs Reynier, au plomb, sont du genre

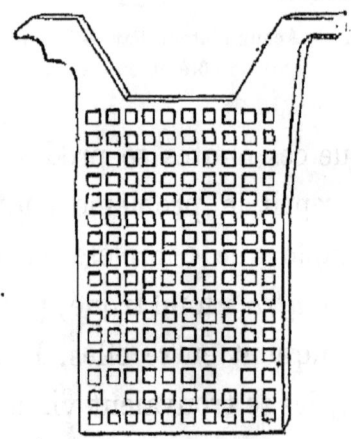

Fig. 23. — Plaque des nouveaux accumulateurs de M. Gadot.

Planté. Les plaques sont plissées pour offrir plus de surface, et maintenues dans un cadre. Elles plongent dans de l'eau acidulée et sont reliées ensemble par des pinces en cuivre ; d'un côté toutes les plaques *impaires* ou positives, de l'autre toutes les plaques *paires* ou négatives.

Celles-ci ont une durée presque indéfinie, tandis que les premières sont assez rapidement mises hors de service.

Dans les accumulateurs au cuivre, le positif est encore du plomb peroxydé ; le négatif est du plomb cuivré. Les deux plaques, placées côte à côte, baignent dans de l'eau acidulée sulfurique tenant en dissolution du sulfate de cuivre. La force électromotrice de ce modèle est assez faible, elle descend jusqu'à 0,85 volt dans certaines circonstances.

Dans l'accumulateur au zinc, le négatif est constitué par une lame de plomb zinguée et amalgamée. L'eau acidulée tient en dissolution du sulfate de zinc. La force électromotrice est élevée et va jusqu'à 2 volts 40.

M. Simmen a imaginé des plaques en fil de plomb feutré. Ce fil, tassé d'un coup de balancier, est solidement encastré dans un cadre en plomb. La surface développée est plus grande, cependant l'avantage ne paraît pas sensiblement marqué (fig. 24).

Nous devons aussi mentionner une nouvelle plaque qui répond mieux au désidératum indiqué pour les accumulateurs et qui remédie, ainsi qu'on va le voir, au grave inconvénient provenant du détachement partiel de la matière, ce qui expose la plaque de plomb à se recouvrir, sur ces points, de sulfate insoluble s'opposant au passage du courant. La matière de cette plaque peut se définir ainsi : plomb poreux, cristallisé, agrégé par cristallomorphie ou *action chimique*, et non par tassement ou *action physique*. Dans cet état particulier, tout spécial, le plomb obtenu n'a qu'une densité de 3,5 à 4, au lieu de celle minimum de 11,352 ; cette grande différence est due à la porosité de la matière et constitue une puissance d'emmagasinement dans le rapport des densités. La quantité d'électricité étant nécessairement proportionnelle à la surface, on a donc sous le même volume, avec un poids moindre, une surface doublée. Les molécules du métal sont néanmoins si fortement agrégées que la plaque est sonore

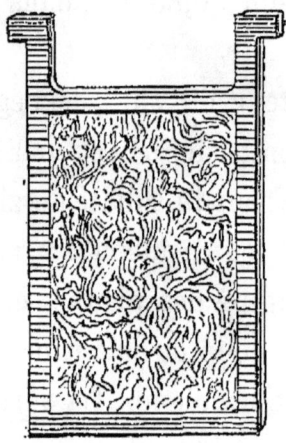

Fig. 24. — Plaque d'accumulateur en plomb feutré, système Simmen.

et peut se faire dans toutes les dimensions en l'entourant d'un cadre; son état physique lui permet, lorsque l'accumulateur est mis en rapport avec la source primaire, de recevoir en raison de sa plus grande surface une plus grande charge, de la conserver et de donner conséquemment une plus grande énergie à la décharge. La peroxydation se fait en moins d'une heure sans adjonction de matières et par la transformation du plomb lui-même, au moyen de la chaleur d'un foyer, de sorte que la retenue des couches d'oxyde est ainsi assurée; la formation de l'accumulateur s'obtient aussi très rapidement, sans qu'il soit nécessaire d'inverser le courant. Le poids total de l'appareil se trouve ainsi diminué, non seulement dans le même rapport que la densité, mais du poids des matières actives qu'on ajoute dans les accumulateurs Faure, par exemple.

Un accumulateur au plomb peut rendre 89 pour 100 de la *quantité* d'électricité qui lui a été fournie ; mais comme la *force électromotrice* ou *pression* du courant de charge doit forcément être supérieure à celle que l'accumulateur fournit à la décharge, le rendement en *travail électrique* n'atteint guère plus de 60 pour 100. Sa capacité est assez élevée. En théorie, il ne faut que 5 kil. 943 de plomb pour un *cheval-heure ;* mais tout le plomb ne peut être utilisé, il faut ménager des *conducteurs,* comme les grilles de MM. Sellon et Volkmar, par exemple, de sorte que, pratiquement, ce chiffre doit être considérablement augmenté. M. Reynier le quadruple, de même qu'il double le poids de l'oxygène et met l'acide sulfurique en excès de 50 pour 100, ce qui donne le cheval-heure sous un poids de 21 kil. 900, en tenant compte des récipients, estimés à 10 pour 100 environ du poids net.

La propriété que possède un accumulateur Planté de conserver l'énergie tient à la réduction en protoxyde d'une petite partie de la couche de peroxyde. Les accumulateurs industriels F.-S.-V. perdent dans cette action locale environ 10 pour 100.

Fonctionnement et applications des accumulateurs. — Le fonctionnement des couples secondaires est comparable à celui d'un réservoir destiné à recueillir un faible courant d'eau plus ou moins régulier ; une fois ce réservoir rempli, on dispose alors d'un débit constant que l'on peut rendre bien supérieur à celui qui a servi à l'alimenter, suivant le degré d'ouverture du robinet. Nous déduisons, pour ce qui nous concerne, qu'un courant électrique de peu d'intensité, comme, par exemple, celui fourni par les piles primaires, peut être accumulé pendant plusieurs heures dans des accumulateurs qui restitueraient ensuite, avec un plus grand écoulement, toute l'énergie électrique emmagasinée. Bien entendu, la durée de la décharge sera subordonnée à la consommation, et il va sans dire qu'elle sera plus courte que celle de la charge. Ceci dit, on comprendra facilement leur rôle important et leur utilité incontestable dans beaucoup de cas. Ce sont des auxiliaires précieux dans la génération de l'électricité par les machines, et, industriellement, la perte subie par leur usage s'efface devant les grands avantages qu'ils procurent.

Employés comme *volants*, les accumulateurs corrigent les irrégularités de marche des machines, donnent en éclairage électrique une fixité parfaite à la lumière et préviennent les extinctions en se substituant, comme *réservoirs d'énergie*, aux générateurs dont le fonctionnement est subitement interrompu quelquefois.

Les accumulateurs rendent l'usage du courant indépendant de sa source, et non seulement ils sont comparables aux gazomètres et aux réservoirs d'eau, mais ils peuvent être encore utilisés comme *transformateurs* en servant à faire varier la force électromotrice du courant électrique. C'est ainsi qu'en couplant des accumulateurs par pôles de même nom (couplage en quantité) on réalise leur chargement avec deux ou trois éléments de pile, et que, modifiant ensuite l'accouplement par pôles de nom contraire (couplage en tension), on obtient une force électromotrice qui est à peu près celle de la pile de charge multipliée par le nombre d'accumulateurs mis en groupement. On peut donc réaliser des effets qui exigeraient une grande quantité d'éléments de pile possédant un débit beaucoup plus élevé.

De là la possibilité de l'éclairage domestique en chargeant les accumulateurs d'une façon continue en quantité ou en tension avec une source minime d'électricité produite par une pile ou une machine, et en dépensant en quelques heures l'énergie accumulée pendant le reste de la journée.

De là aussi la possibilité d'utiliser les forces hydrauliques, de réduire l'importance des usines centrales de distribution en mettant l'électricité à la disposition du consommateur comme il en est de l'eau et du gaz, sans exiger des générateurs une production absolument continue.

Avec les accumulateurs, les dynamos deviennent comparables aux cornues à gaz et aux machines élévatoires dont le travail est recueilli. La génération de l'électricité devient vraiment pratique, en ce sens qu'elle peut être produite à tel moment de la journée que désire l'industriel, sans autre souci que celui de ne pas laisser vider entièrement les magasins. Le chômage n'existe plus et les frais d'exploitation sont considérablement diminués, grâce à une production régulière supprimant les coups de collier qu'entraîne forcément une distribution directe. Il convient d'ajouter aussi que, les accumulateurs d'électricité pouvant être placés aux points de consommation pour jouer le double rôle de réservoirs et de transformateurs, la grosse question des câbles se trouve résolue, en ce sens que ces derniers sont alors beaucoup moins forts qu'avec une distribution directe, et la canalisation à une force électromotrice élevée devient réalisable.

Le tableau ci-contre (page 59) résume tous les renseignements techniques que nous avons pu obtenir sur tous les accumulateurs actuellement dans le commerce.

Il est facile, en consultant ce tableau, de se rendre compte quels sont les accumulateurs dont le rendement est le plus élevé, ainsi que les conditions d'intensité demandée par l'application en vue. On peut le répéter avec assurance, aujourd'hui, toute installation électrique judicieuse doit comporter des accumulateurs arrivés à un point pratiquement satisfaisant.

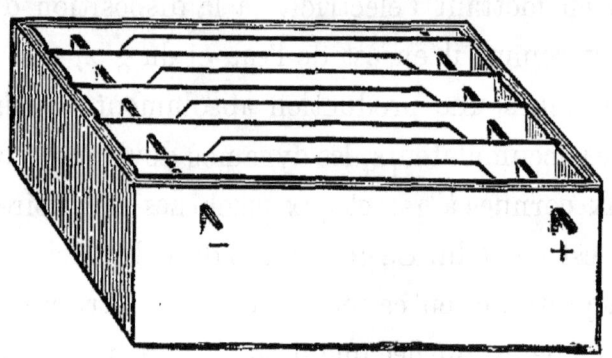

Fig. 25. — Accumulateur domestique.

Les accumulateurs actuellement dans le commerce coûtent assez cher; cependant il est relativement facile d'en construire soi-même un échantillon pratique et donnant des résultats suffisants. Pour cela, on prend une petite

SYSTÈMES.	POIDS.	F. E. M.	RÉSIST.	INTENSITÉ.		CAPACITÉ d'accumul.	MODÈLE.	POIDS.	F. E. M.	INTENSITÉ		CAPACITÉ.
				Courant charge.	Décharge.					À la charge	à la décharge.	
Planté........	4 kil.	2 v. 14	0,06	»	»	»	Cylindriq.	3k500	1,85	»	»	»
Faure.........	43	2 v.	»	20 amp.	40	200 amp. h.	»	»	»	»	»	»
F. Sellon. Volk.	2,500	1,85	»	2	4	20 a. h.	n° 5	11	1,85	6	11	100 amp. h.
»	30	2 v.	»	5	27	240	n° 1	65	2 v.	30	60	550 »
»	140	2 v.	»	45	120	400	n° 00	107	2 v.	55	110	1000 amp.
Reynier........	750 gr.	1,87	»	2	3	8	n° 1	11	1,85	4	8	150,000 coul.
» au cuivre.	7 kil.	1,03	0,09	3	7	150.000 c.	n° 3	17,500	1,05	10	20	550,000 c.
» au zinc...	9 kil.	2,35	0,05	5	10	250.000	n° 3	17,500	2,35	10	20	550,000
P. Gadot.......	4,500	1,85	»	3	6	45 amp.	n° 6	63	1,85	20	40	»
Simmen........	8 kil.	1,87	0,04	2	5	15.000 c.	n° 2	1t .	1,87	3	8	30,000 c.
»	28	1,87	0,007	8	24	145 amp. h.	»	»	»	»	»	»

caisse quadrangulaire, que l'on goudronne intérieurement pour la rendre bien étanche, et que l'on double de gutta ou de poix de Bourgogne pour plus de sécurité. Puis, après avoir disposé dans le fond de cette caisse et, à chacun de ses bouts, deux languettes de bois, entaillées à la scie, on place des feuilles de plomb d'un millimètre d'épaisseur dans chacune des entailles et à une distance moyenne d'un demi-centimètre. (Voir figure 25, page 58.)

Ces feuilles de plomb, quadrangulaires, doivent être trouées dans un angle et avoir l'autre angle abattu. On les laisse séjourner pendant six heures dans un mélange de 100 grammes d'acide nitrique et 200 grammes d'acide sulfurique dans 1,700 grammes d'eau, puis on les place définitivement dans la caisse. On réunit toutes les plaques *paires* par une tige de laiton passant dans les trous ménagés à l'avance ; on en fait autant pour les plaques *impaires*, et il ne reste plus qu'à remplir la caisse d'eau acidulée au dixième, et saturée d'oxyde de zinc comme dans le voltamètre Trouvé, pour terminer le montage de cet accumulateur, que l'on peut ensuite *charger* avec une source d'électricité quelconque, faible ou puissante, intermittente ou continue, à volonté.

Lorsque la source d'électricité employée est de débit variable, il est nécessaire d'interposer entre elle et la batterie d'accumulateurs, un appareil conjoncteur quelconque qui empêche la décharge de la batterie lorsque la force électromotrice de la source primaire vient à faiblir et devient inférieure à celle des accumulateurs. Plusieurs appareils ont été imaginés pour parer à cette éventualité et, parmi les modèles fonctionnant automatiquement, on peut citer ceux de MM. Hospitalier, W. Tompson et Berjot. Le système inventé par ce dernier électricien paraît même être le plus simple de tous. Il s'applique sur l'un des épanouissements polaires des machines dynamo-électriques.

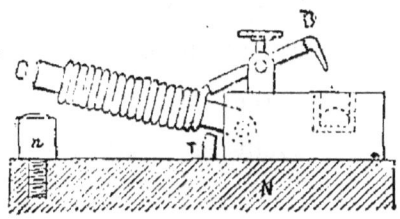

Fig. 26. — Conjoncteur-disjoncteur automatique Berjot.

Il consiste en une petite masse de fer sur laquelle est articulé un barreau de même métal (fig. 26) qui au repos s'appuie sur une petite tige de cuivre T et dont la tête se trouve à très petite distance d'un cylindre de fer n fixé sur le bâti. Autour du barreau est enroulé un fil dont les deux extrémités B B' peuvent plonger dans deux capsules contenant du mercure, lorsqu'on relève le barreau, et ces deux capsules sont intercalées dans le circuit unissant la machine à l'accumulateur. Tant que la machine tourne avec la vitesse normale, l'aimantation qu'elle développe dans les épanouissements polaires est suffisante pour éloigner le bras A du cylindre de fer n, en vertu des répulsions exercées par des polarités semblables, et cet effet est maintenu par le courant qui circule alors dans la spirale qui entoure ce bras A ; mais quand la vitesse de la machine commence à faiblir et que la décharge de l'accumulateur commence, cette répulsion n'est plus suffisante et se change même en attraction par le renversement du sens du courant, et la pièce A tombe sur la pièce *n* en éloignant des capsules de mercure les deux extrémités du fil de la spirale de A qui, de cette manière, coupent le circuit de l'accumulateur et en empêchent la décharge. Aussitôt que la machine a repris sa marche, les premiers effets se renouvellent et la charge de l'accumulateur recommence.

Le conjoncteur-disjoncteur automatique de M. Jolly, qui diffère peu du précédent, est aussi simple et il présente

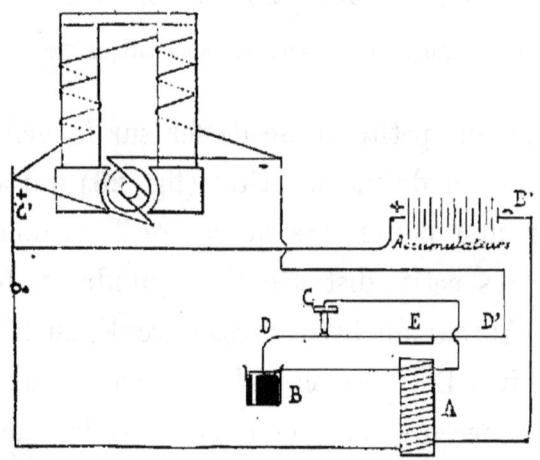

Fig. 27. — Conjoncteur de M. Jolly.

la facilité d'être construit et monté par de simples amateurs (fig. 27).

Il se compose d'un noyau de fer doux A sur lequel sont enroulés deux fils, l'un gros et court BB′, qui aboutit d'une part dans un godet de mercure et d'autre par au pôle négatif des accumulateurs; l'autre, fin et long, arrivant d'un côté à la vis de contact C et de l'autre à la borne positive de la dynamo en C′. La pièce DD′ est un ressort tendant à éloigner l'armature de fer doux E du noyau de la bobine A. Cette pièce est reliée à la borne négative de la dynamo; le pôle positif de la dynamo est relié directement au pôle positif des accumulateurs.

Voici comment fonctionne cet appareil. Au moment où la machine commence à tourner à sa vitesse normale, le courant, qui jusqu'alors passait en majeure partie dans les inducteurs de la machine, passe à présent en plus grande quantité dans le fil fin de la bobine, détermine une aimantation énergique du noyau, lequel attire la pièce E. A ce moment, le circuit du fil fin est rompu en C, le courant partant de la borne positive de la machine traverse les accumulateurs, passe par le gros fil, par le godet de mercure, par la pièce DD', et retourne à la borne négative de la dynamo. Si la vitesse se ralentit, la pièce E, n'étant plus attirée assez énergiquement par le noyau A, remonte sous l'action du ressort DD', coupe le circuit des accumulateurs en sortant du godet de mercure et ferme le courant affaibli de la dynamo sur le fil fin de l'électro-aimant par la borne de contact C. Dès que la machine a repris sa vitesse, les choses se passent comme nous l'avons décrit plus haut.

Enfin, toute installation d'accumulateurs avec pile primaire doit comporter un *coupleur* pour charger les appareils *en quantité* et les décharger *en tension*. Lorsque c'est une machine à haute tension qui est la source d'électricité, le coupleur est également souvent utile. Le plus usité est celui de M. Gaston Planté, que l'on fait mouvoir à la main et qui change instantanément le groupage des éléments de la batterie. Le coupleur automatique Planté-Hospitalier (fig. 28), qui n'en est qu'un perfectionnement est moins répandu, — sans doute à cause de son prix plus élevé ; —

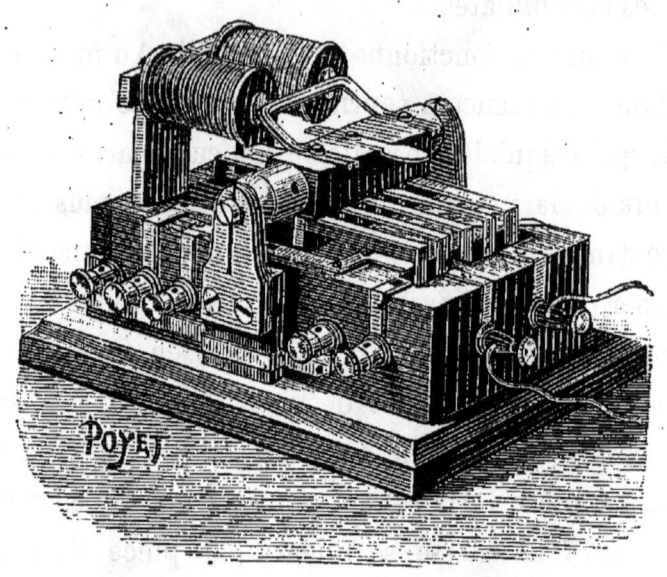

Fig. 28. — Coupleur automatique Planté-Hospitalier.

cependant il peut rendre à l'occasion les plus grands services dans une installation bien entendue.

CHAPITRE V.

Producteurs mécaniques d'électricité.

Malgré toutes les combinaisons tentées jusqu'ici, les nombreuses piles que l'on a imaginées ne donnent, en somme, que peu d'électricité, et encore faut-il la payer fort cher. La production industrielle et économique de l'électricité semble donc irréalisable avec les piles dont nous disposons ; mais elle a déjà trouvé une solution satisfaisante grâce aux puissants appareils électriques que nous allons étudier.

En 1831, Faraday, physicien anglais, reconnut que toutes les fois que l'on approche un fil métallique, parcouru par le courant d'une pile, d'un conducteur isolé, il se développe dans ce dernier un courant électrique presque instantané et de sens inverse à celui de la pile ; si on l'éloigne, il se produit un nouveau courant, mais de sens contraire au précédent. Or, selon une théorie d'Ampère, les aimants agissent comme de véritables spirales parcourues par un courant électrique puissant. Il suffira donc d'approcher et d'éloigner alternativement et rapidement un fil métallique d'un aimant pour engendrer une succession de courants électriques. Ces courants seront d'autant plus énergiques qu'il y aura plus de fil soumis à l'action de l'aimant, et que le rapprochement ou l'éloignement sera plus rapide.

4.

Il faut, bien entendu, pour que ces courants se produisent, que les deux extrémités du fil se rejoignent pour constituer ce que l'on appelle un *circuit fermé.*

Les courants électriques ainsi obtenus par l'influence d'un courant ou d'un aimant sur un conducteur fermé sont connus sous le nom de *courants d'induction.*

Faraday formula ainsi qu'il suit la loi de l'induction : *toutes les fois qu'un courant galvanique ou qu'un aimant augmente ou diminue d'intensité en présence d'une bobine ou d'une hélice, ce courant ou cet aimant détermine, dans la bobine ou dans l'hélice, un courant direct ou inverse, selon qu'il y a eu diminution ou augmentation d'intensité dans le courant ou dans l'aimant.*

Non seulement les courants induits se développent dans un circuit distinct du circuit inducteur, mais un courant inducteur peut encore réagir sur lui-même pour produire ce qu'on a appelé l'**extra-courant**.

Parmi les appareils fondés sur l'induction, l'un des plus curieux est, sans contredit, celui que le mécanicien Ruhmkorff imagina vers 1851, et qui, perfectionné par divers constructeurs, est devenu la *bobine de Ruhmkorff*, d'un usage classique. Nous n'entrerons pas ici dans des détails pratiques sur cet appareil, sur lequel nous reviendrons dans la seconde partie de cet ouvrage.

Le principe des machines *magnéto-électriques* est donc très simple : il n'y a qu'à faire tourner une bobine recouverte de fils métalliques devant les pôles d'un aimant naturel, pour développer deux courants successifs et de direction contraire dans le fil.

Lorsque l'on recueille ainsi directement les courants successifs produits dans les fils, on a une machine dite *à courants alternatifs*, c'est-à-dire dont le sens change à chaque instant.

Ce genre de courant est souvent employé pour l'éclairage électrique, et principalement pour les bougies Jablochkoff.

Lorsqu'on désire au contraire avoir des courants qui

Fig. 29. — Machine magnéto-électrique de Clarke.

soient toujours de même sens et semblables à ceux des piles, on fait usage d'un petit appareil *redresseur*, connu sous le nom de *commutateur*.

La machine peut alors remplacer la pile électrique dans toutes ses applications : lumière, galvanoplastie, moteurs, etc.

En réalité on n'obtient jamais ainsi, comme dans une pile, un courant absolument continu, puisque la machine n'engendre, en tournant, que des courants successifs; mais ces courants se succèdent si rapidement qu'en définitive les choses se passent comme si la continuité du courant était parfaite, car on obtient facilement 10,000 courants successifs par seconde.

La première machine magnéto-électrique fut réalisée par Pixii en 1832. Elle consistait en un aimant mobile que l'on faisait tourner devant deux bobines fixes.

Sexton, puis Clarke, trouvèrent avec raison qu'il valait mieux renverser la machine et faire tourner les bobines (fig. 29), plus légères que les aimants, devant les pôles fixes de ces derniers; mais ce n'est qu'en 1849 que Nollet, professeur à l'école militaire de Bruxelles et descendant du célèbre abbé Nollet, réalisa une machine magnéto-électrique puissante.

Il groupa 60 gros aimants en fer à cheval et fit tourner entre leurs pôles des bobines de fil de cuivre munies d'un noyau de fer. Telle fut l'origine de la machine acquise depuis par la compagnie l'*Alliance,* et qui, perfectionnée par Masson et Van Malderen, permit de produire assez d'électricité pour alimenter de fortes lampes électriques. Jusqu'en 1870 ce fut la seule machine fournissant des résultats vraiment sérieux au point de vue industriel.

Ce fut peu de temps après qu'apparut la *machine de Wilde,* qui était déjà un très grand perfectionnement. Dans cette machine, l'inventeur mit pour la première fois à profit l'*armature* que le savant prussien Siemens venait d'inventer (fig. 30). On sait que cette armature a la forme d'un cylindre cannelé sur sa longueur et que le fil est enroulé dans ces cannelures, ce qui permet d'obtenir un noyau magnétique puissant, dont les deux extrémités sont les deux pôles. A vrai dire, la machine de Wilde n'était que la reproduction du modèle combiné par Siemens, qui faisait tourner son armature entre les faces polaires d'un aimant en fer à

Fig. 30. — Armature Siemens.

cheval. Mais l'idée était plus ingénieuse. Au lieu d'employer directement le courant obtenu à la production d'effets physiques, Wilde s'en servit pour exciter un grand électro-aimant entre les semelles duquel il fit tourner une seconde bobine de Siemens, et obtint un courant beaucoup plus énergique. Ce système, qu'il appela *à surexcitation*, et qui n'était autre chose qu'une machine magnéto-électrique actionnant une dynamo, avait déjà été entrevu en 1851 par M. Sinsteden.

Trois ans après que M. Sinsteden eut indiqué le principe sur lequel M. Wilde avait basé sa machine, Hjorth, de Copenhague, électricien distingué, inventeur d'un moteur électrique qui avait obtenu à l'Exposition universelle de Londres (1851) une grande médaille, imagina une machine dont le principe a été le point de départ de toutes les machines *dynamo-électriques* qui depuis 1867 font l'admiration des physiciens et sont aujourd'hui presque exclusivement employées pour l'éclairage électrique. La progrès est sensible entre les machines *magnéto-électriques*, dont l'inducteur est un aimant, et les dynamos, dont l'inducteur est un *électro-aimant*. Hjorth dit dans le texte de son brevet :

« Des armatures entourées de fil se meuvent entre les pôles d'aimants permanents fixes en fer et d'électro-aimants fixes, de telle manière que les courants induits développés dans les bobines de l'armature mobile puissent passer autour des électro-aimants. De cette manière, plus les électro-aimants se trouvent surexcités, plus les armatures le sont elles-mêmes, et par conséquent plus il y aura d'électricité induite dans chacune des hélices. »

Cette idée, comme celle de Sinsteden, ne devait être prise en considération que treize ans plus tard. Ce ne fut qu'en 1866 que M. Siemens constata que pour faire marcher la machine de Wilde il n'y avait pas besoin de machine de surexcitation, et que le magnétisme rémanent du fer était suffisant pour développer un courant induit dans la bobine, courant qui se renforçait de lui-même jusqu'à saturation magnétique complète du fer. A peu près à la même époque, Wheastone arrivait à un résultat analogue, supprimait la machine excitatrice de Wilde, et se servait d'une simple pile de Daniell pour amorcer les électro-aimants, ce qui donnait lieu à de vives contestations entre les deux savants.

En suivant l'ordre chronologique des inventions et perfectionnements successifs, nous trouvons la machine de Ladd (1867), qui n'était qu'une machine de Wilde renversée, dont les aimants étaient horizontaux et dans laquelle le courant de travail se trouvait séparé du courant de surexcitation ; puis la machine de Gramme à courants induits continus et à armature annulaire.

On sait que la machine Gramme, dont le principe le plus nouveau réside dans la construction de l'induit, dérive de l'*anneau* inventé et construit en 1861 par M. Pacinotti, comme pièce principale d'un nouveau moteur électrique.

L'identité de principe de la machine Gramme avec le moteur de Pacinotti ne peut plus être contestée aujourd'hui. Cependant, quoique l'inventeur italien se fût bien rendu compte que sa machine pouvait être employée à la production de l'électricité, il ne devina pas l'importance considérable de sa découverte, et ne fit pas, comme plus tard M. Gramme, tous ses efforts pour la rendre pratique et industrielle. Comme Sinsteden et Hjorth, Pacinotti était en avance sur son temps.

Remettant au chapitre suivant la description et la théorie de la machine de Gramme, la dynamo la plus connue de tout le monde, nous poursuivons la revue des innombrables machines inventées depuis 1873, époque de l'apparition du générateur de M. Gramme.

Machine Siemens. — Les inducteurs présentent des pôles conséquents hémi-circulaires, l'armature est formée par une série d'hélices étroites juxtaposées circulairement, et les culasses des électro-aimants servent de support à l'appareil. Les collecteurs sont semblables à ceux de Gramme.

Machine Brush. — Dérive de l'anneau Pacinotti. L'armature est disposée de manière à ce que les inducteurs agissent sur l'anneau latéralement, ce qui permet d'utiliser à la production de l'induction ses deux faces. L'anneau tourne par suite verticalement entre les pôles épanouis de deux électro-aimants oblongs, en fer à cheval, opposés l'un à l'autre. L'anneau est d'une construction particulière qui l'allège autant qu'il est possible. Collecteurs Gramme.

Machine Lontin. — A suivi de très près l'invention de la machine Gramme. L'armature est un tambour de fer sur lequel sont implantés, sur quatre rangées et suivant des alignements obliques, des noyaux de fer entourés d'hélices magnétisantes groupées en tension, et appelé *pignon magnétique* par l'inventeur. Ce système tourne entre les pôles d'un fort électro-aimant méplat qui constitue l'inducteur. Les bobines, réunies entre elles comme les hélices d'un anneau Gramme, sont reliées par des fils de dérivation à un collecteur disposé comme dans la machine Gramme, mais d'une construction spéciale due à M. Bertin.

Machine Edison. — Modification des machines de Gramme et de Siemens (fig. 31). Inducteurs de grande dimension. Armature genre Pacinotti modifiée. Le socle de l'appareil, en contact avec les semelles des inducteurs et le circuit à partir des balais du collecteur, vient se bifurquer à la culasse pour exciter les inducteurs en dérivation. Ces machines sont créées surtout en vue des éclairages importants. Le plus petit modèle peut alimenter 150 lampes à incandescence, le plus grand 1,200.

Machines de Méritens. — Cet inventeur a créé plusieurs types de machines magnéto et dynamo-électriques. La forme de la magnéto Méritens se rapproche beaucoup de celle de l'*Alliance,* sauf pour l'armature, qui en diffère essentiellement et dérive plutôt de l'anneau Pacinotti (fig. 32). Par un dispositif très simple les courants recueillis sont *alternatifs* et conviennent parfaitement aux bougies Jablochkoff et aux régulateurs à arc voltaïque. Dans ses machines dynamos, M. Méritens donne une disposition circulaire aux

Fig. 31. — Machine dynamo d'Edison.

inducteurs en formant leurs pôles réunis et leur culasse de pièces de fer disposées en coin. L'armature est un anneau Pacinotti, modifié pour en rendre la construction et l'enroulement plus faciles. Ces machines, dont le rendement est bon, peuvent être également employées comme moteurs. Il en existe aussi des modèles mus à bras.

Fig. 32. — Machine magnéto-électrique de M. A. de Méritens.

Machine Schuckert. — Cette machine, actuellement très employée en Allemagne pour l'éclairage électrique, n'est qu'une modification de la machine Gramme à courants alternatifs. L'induit en est fixe, et l'inducteur, qui se compose de dix électro-aimants plats à pôles alternés et épanouis, tourne à l'intérieur. La seule différence sensible qui la sépare du modèle de Gramme est la construction de l'induit. M. Schuckert a aussi combiné une dynamo à courants continus, dans laquelle l'inducteur agit sur l'induit (constitué par un anneau Pacinotti) par ses faces latérales ; mais ce moyen n'est pas neuf, M. Gramme l'ayant déjà indiqué dans un de ses brevets, en 1872.

Machine Lachaussée-Lambotte. — Cette machine, appliquée surtout à l'allumage des lampes-soleil, se compose, comme la machine alternative de M. Siemens, d'un disque de bobines de forme ovale, placé entre deux rangées cir-

Fig. 33. — Machine Chertemps.

culaires d'électro-aimants ; mais ce qui les différencie, c'est que ce ne sont plus les bobines qui sont mobiles, mais bien les électro-aimants. Une petite machine de Gramme alimente les inducteurs, au nombre de douze de chaque côté. Le plus grand avantage de cette machine réside dans sa construction, qui permet le changement facile des bobines, les réparations et la visite des pièces mobiles.

Machine Chertemps. — Ce système présente la même disposition que la machine précédente (fig. 33). L'induit en est fixé entre deux rangs de bobines inductrices, et la construction est plus simple que dans la machine Lachaussée. La machine Chertemps est dite *auto-excitatrice*, car elle emprunte son courant excitateur, comme dans une machine imaginée par Wilde en 1877, à l'une de ses bobines, dont le courant se trouve redressé par un commutateur-inverseur spécial.

Ces machines sont les *types* principaux d'après lesquels un grand nombre d'autres modèles ont été construits, n'en différant que par certains détails de construction.

C'est ainsi que nous citerons les nombreux modèles créés en vue de différentes applications par la maison Siemens, tels que la machine à anneau plat, à division, unipolaire, etc ; la nouvelle machine de Wilde à induit mobile, de laquelle sont dérivés les systèmes de Farmer, de Ball, de Cance, Hopkinson, Muirhead, Gülcher, Bürgin, Weston, Maxim, Jurgensen, etc., etc. S'il nous fallait décrire en détail toutes ces machines, qui n'offrent en somme rien d'extraordinaire, ce volume ne suffirait pas, et d'ailleurs, les descriptions se ressemblant un peu toutes, nous craindrions fort de devenir fastidieux et de faire murmurer à nos lecteurs ce que répondait un illustre littérateur contemporain, que nous ne nommerons pas, à un savant mathématicien, M. Gaudin : « C'est bien beau, la science; mais comme c'est ennuyeux ! »

CHAPITRE VI.

Construction des machines électriques.

Si l'on a bien compris la description des machines magnéto-électriques exposée dans le précédent chapitre, rien n'est plus facile que de construire soi-même un appareil de ce genre, et en suivant nos indications on y parviendra facilement. Si l'on veut obtenir des courants *redressés* ou toujours du même sens, il faut adapter un commutateur-redresseur à la machine.

Aujourd'hui les machines magnétos ont bien perdu de leur ancienne vogue, qui est allée tout entière aux dynamos, d'une construction plus simple, moins encombrante, moins coûteuse par conséquent, et qui donnent à volonté des courants alternatifs ou continus.

Le véritable type du générateur électrique à courants continus est la machine Gramme avec anneau Pacinotti. Nous donnerons ici la théorie la plus généralement acceptée de ce fameux *anneau* dont nous avons déjà eu tant d'occasions de parler.

Mais, pour bien comprendre le principe sur lequel sont établies les machines à courant continu, il faut étudier les différents modes de production des courants d'induction d'une manière plus complète que nous ne l'avons fait jusqu'ici.

Examinons donc ce qui se passe lorsqu'une spirale de cuivre mise en rapport avec un galvanomètre se meut sur un barreau aimanté par une série de mouvements successifs.

On constate qu'à chacun de ces mouvements correspond un courant d'induction; ces courants sont de même sens jusqu'au moment où la spirale arrive au milieu d'un aimant AB, et de sens inverse si le mouvement continue au delà de ce point.

En effet, d'après les remarques d'Ampère, l'action d'un aimant est identique à celle d'un solénoïde, c'est-à-dire d'une bobine de fil de cuivre parcourue par un courant électrique dans un sens quelconque. A mesure que la spirale de cuivre se rapproche du pôle A, tous ses courants théoriques agissent sur elle de la même manière et font naître dans cette spirale des courants d'induction *inverses*, c'est-à-dire de sens opposé au leur; ceci a lieu jusqu'à ce que la spirale arrive sur le pôle A de l'aimant. Si l'on continue alors le mouvement jusqu'au milieu de la spirale, milieu que nous nommerons O, tous les courants particuliers de l'aimant compris entre A et O s'éloignent de la spirale, tandis que ceux compris entre O et B s'en rapprochent, et comme ces derniers sont en plus grand nombre, leur action est prépondérante; ils produisent donc dans la spirale un courant résultant de la différence de ces deux actions, qui sera un peu plus faible, mais de même sens que celui de tout à l'heure. Lorsque la spirale passe au milieu O de l'aimant, elle s'approche et s'éloigne du même nombre de *courants particuliers;* ces deux actions, agissant en sens contraire, s'annulent; à ce moment, il ne se produira donc aucun courant dans la spirale. En continuant le mouvement dans le même sens, les courants d'Ampère situés à gauche de la spirale reprennent le dessus et ont une action supérieure à

Fig. 34. — Machine Gramme (type d'atelier).

ceux de droite ; la spirale est alors parcourue par un courant de même sens que ceux de l'aimant, puisqu'ils sont dus à l'action de courants qui s'éloignent. A mesure que l'on continue le mouvement, le courant s'accroîtra ainsi jusqu'à ce que la spirale soit arrivée en B, où le courant d'induction possède son maximum de puissance.

La partie essentielle de la machine Gramme est un anneau en fil de fer recuit garni d'une hélice en cuivre, isolée, et enroulée sur toute l'étendue du fer. Les extrémités de cette hélice sont soudées ensemble de manière à former un fil continu.

Des pièces de cuivre formant bras réunissent chaque tour de fil à la lame correspondante d'un collecteur cylindrique. Des frotteurs, ou *balais*, viennent s'appuyer sur ce collecteur suivant une droite perpendiculaire à la ligne des pôles.

Dès qu'on place l'anneau ainsi constitué devant les pôles d'un aimant quelconque, le fer s'aimante par influence et il se produit dans l'anneau deux pôles conséquents que nous appellerons a et b opposés aux pôles A et B. Si l'anneau tourne entre les pôles de l'aimant permanent, les pôles conséquents développés dans l'anneau resteront toujours en regard des pôles B et A ; ils se déplaceront donc dans le fer lui-même avec une vitesse égale et de sens contraire à celle de l'anneau.

Quelle que soit la rapidité du mouvement, les pôles resteront donc fixes dans l'espace et chaque partie de la spire de cuivre passera successivement devant eux. En considérant un élément de cette spire, nous savons, d'après ce qui précède, qu'il sera le siège d'un courant d'un certain sens en parcourant le chemin AO' et d'un courant de sens inverse au premier en parcourant le chemin OB. Et comme tous les éléments de la spire possèdent la même propriété, toute la partie de cette spire placée au-dessus de la ligne $a'b'$ sera parcourue par un courant de même sens, et toute la partie placée au-dessous de cette ligne sera parcourue par un courant de sens inverse au précédent.

Ces deux courants sont évidemment égaux et opposés, ils se font donc équilibre. C'est exactement ce qui se passe lorsqu'on accouple en opposition deux piles voltaïques composées d'un même nombre d'éléments semblables. Or, pour utiliser des piles en opposition, on n'a qu'à réunir par un fil métallique les pôles communs des deux piles ; dès lors les courants des deux piles ne sont plus en opposition, ils sont associés en quantité.

C'est aussi de cette façon que M. Gramme recueille les courants développés dans l'anneau de sa machine. Il établit les frotteurs sur la ligne $a'b'$, où viennent se rencontrer les courants de sens contraire.

Nous n'avons analysé jusqu'ici que l'action de l'anneau de fer doux, magnétisé par l'influence de l'aimant permanent sur la spire de cuivre qui l'entoure ; il nous reste à examiner les effets secondaires produits directement par les pôles de l'aimant permanent sur la spire induite, que nous supposerons dépourvue de fer et tournant comme précédemment. Il nous suffira pour cela nous de reporter à l'expérience du barreau aimanté agissant sur la spire de cuivre et de sortir celle-ci du barreau pour la faire mouvoir latéralement ; nous remarquerons que toutes les parties de la spire regardant le barreau, jusqu'au milieu de cette spire, sont dans une certaine direction, tandis que les

5.

parties opposées sont placées dans une direction inverse. L'aimant fera donc naître un courant d'un certain sens dans les premières demi-spires et un courant en sens inverse dans les secondes. L'intensité du premier courant sera évidemment supérieure à l'intensité du second, puisque les parties influencées sont beaucoup plus rapprochées de l'aimant. La résultante de ces deux actions sera donc un courant faible, qui viendra naturellement s'ajouter à celui que nous avons analysé plus haut. D'après M. Gramme, l'anneau en fer doux de la machine a encore pour effet de rétrécir le champ magnétique de l'aimant permanent et de lui donner par suite une puissance inductrice plus considérable.

Dans la pratique, M. Gramme ne réunit pas chaque tour de fil de l'anneau au collecteur, il construit son anneau, pour le type d'atelier, par exemple, de 60 bobines de fil, qui sont les éléments de cette source d'électricité comme les couples voltaïques sont les éléments d'une pile (fig. 34).

Le bout sortant de chaque bobine est soudé au bout rentrant de la bobine suivante par l'intermédiaire d'une pièce de cuivre soudée elle-même à la lame du collecteur correspondante. L'âme de l'anneau est exécutée en fil de fer recuit, ce qui donne plus de sécurité, relativement à sa propriété de s'aimanter et de se désaimanter rapidement sans conserver de magnétisme.

On a prétendu que l'anneau de fer remplissait encore, dans la machine Gramme, d'autres fonctions peut-être même plus importantes que celles que nous venons d'analyser. Ainsi plusieurs physiciens admettent qu'il peut empêcher des inductions nuisibles en servant d'écran à l'inducteur sur les parties des spires des hélices mobiles qui ne lui font pas face. D'un autre côté, on croit qu'en servant d'armature aux pôles magnétiques il surexcite considérablement leur énergie et concentre l'action. Il peut y avoir du vrai dans ces allégations, surtout dans la dernière ; cependant les machines sans fer, telles que celle de Siemens, donnent des effets aussi énergiques.

Les machines Gramme du modèle ordinaire, dit du type A, n'ont guère que 65 centimètres de longueur, 41 centimètres de largeur et 50 centimètres de hauteur ; elles pèsent 175 kilogrammes, et, pour une force de 2 chevaux et demi, avec une vitesse de rotation de 850 tours par minute, elles donnent une lumière électrique équivalente à 2,500 candles ou 270 carcels.

On classe ordinairement les générateurs mécaniques d'électricité d'après trois rapports différents : la nature des courants produits, la nature de l'inducteur et la forme de l'induit. A côté de ces caractères principaux s'en trouvent d'autres, secondaires, tels que nature de la partie mobile, puissance de la machine, présence ou absence de fer dans l'induit, etc.

Nature des courants produits. — Les courants induits, comme nous l'avons vu précédemment, sont toujours alternatifs, — sauf toutefois dans les machines dites *unipolaires*, et qui ne sont pas encore entrées dans la pratique. — Certaines machines les redressent ; d'autres, caractérisées par un collecteur, les rendent sensiblement continus. De là trois classes de machines différant entre elles par les courants qu'elles produisent.

1° *Machines à courants alternatifs.* — Les courants développés sont recueillis tels que les bobines induites leur donnent naissance; ils se trouvent ainsi renversés jusqu'à 30,000 fois par minute.

2° *Machines à courants redressés.* — Un commutateur redresse les courants produits dans l'induit chaque fois qu'ils changent de sens; le courant passe donc par zéro à chaque commutation. Le type en est la bobine Siemens à double T.

3° *Machines à courant continu.* — Les induits fractionnés sont reliés à un *collecteur* qui produit des commutations partielles très nombreuses; l'allure du courant est sinusoïdale, et se rapproche d'autant plus d'une ligne droite que le fractionnement de l'induit ou des induits est plus grand, on peut le considérer comme *pratiquement* continu. Un téléphone branché sur la machine indique cependant, par ses vibrations, l'allure variable du courant. Les seules machines fournissant un véritable courant continu sont les machines dites *unipolaires*. Comme elles ne sont pas encore entrées dans la pratique courante, nous ne pouvons que les mentionner.

Nature de l'inducteur. — Ce caractère permet de diviser les machines en deux classes :

1° *Machines magnéto-électriques.* — L'inducteur est un *aimant;*

2° *Machines dynamo-électriques.* — L'inducteur est un *électro-aimant.*

Forme de l'induit. — Ce caractère est surtout important dans les machines à courant continu. On distingue les formes suivantes :

1° *Anneau :* Pacinotti, Gramme, Schuckert, Brush, etc. :

2° *Tambour :* Siemens, Edison, etc.;

3° *Pôle :* Lontin, Niaudet, Wallace-Farmer, etc.;

4° *Disque :* machine dite *Arago*, Ferranti-Thomson.

L'induit s'appelle, suivant sa forme, bobine, armature, anneau, tambour, etc.

Il existe plusieurs moyens d'*exciter* les machines dynamo-électriques, c'est-à-dire de leur fournir l'énergie électrique nécessaire au maintien du magnétisme de leurs inducteurs. Nous ne reviendrons pas sur les moyens primitifs employés par Wheastone et par Wilde, et dont nous avons parlé dans le chapitre précédent ; nous en arriverons aux moyens les plus ordinairement employés aujourd'hui.

Excitation séparée. — Alimenter les inducteurs par un courant distinct fourni par une machine spéciale qui prend le nom d'*excitatrice*, eu égard à ses fonctions. Une excitatrice peut exciter plusieurs machines à la fois, ce qui crée une certaine solidarité entre leurs champs magnétiques et, par suite, leur production et leur puissance.

Excitation en circuit. — Le courant même fourni par la machine traverse les inducteurs et maintient leur magnétisme. On les désigne sous le nom de *séries-dynamo*.

Excitation en dérivation. — Les inducteurs sont branchés sur les balais, le courant produit par l'induit se partage entre le circuit extérieur et les inducteurs. On désigne souvent les machines ainsi excitées sous le nom de *shunt-dynamo*.

Excitation en double circuit. — Indiquée pour la première fois par M. Brush. Les inducteurs sont enroulés de deux fils, l'un recevant le courant d'une excitatrice séparée ou établi en dérivation sur les balais, l'autre dans le circuit général. Appliquée par M. Marcel Deprez à son système de distribution, elle permet de proportionner dans une certaine mesure la production d'énergie électrique à la consommation dans le circuit extérieur, sans modifier l'allure. On a imaginé d'ailleurs de nombreuses variétés.

Conditions à réaliser dans la construction d'une bonne machine. — I. *Inducteurs*. — Un champ magnétique coûte d'autant moins cher à produire, a dit Edison, que les électro-aimants sont de dimension plus considérable. C'est là en effet une conséquence des lois générales qui régissent les électro-aimants ; aussi, dans toute bonne machine, les inducteurs doivent être aussi massifs que possible pour maintenir la constance du champ magnétique, malgré la rotation de l'induit, et ne pas atteindre trop tôt la limite de saturation magnétique.

Les inducteurs doivent être construits en fer aussi doux que possible, parce que le point de saturation est d'autant plus éloigné et les pièces polaires aussi rapprochées de l'induit que le permet la construction de la machine. On doit éviter les pointes et les arêtes vives : une armature en fer, intérieure, est favorable en ce sens qu'elle concentre le champ magnétique, mais elle présente des difficultés de construction lorsqu'on veut la maintenir immobile et ne pas perdre le travail dû à ses changements rapides de magnétisation, lorsqu'on la fait tourner avec l'induit, comme dans l'anneau Gramme, par exemple. Éviter également avec soin que le bâti en fonte de la machine ne trouble la distribution du champ magnétique en établissant une sorte de court-circuit magnétique entre les pôles.

II. *Induits*. — En général, l'induit doit être en fer très doux et fractionné en lames ou fils, séparés par un vernis isolant quelconque, gomme-laque, résine, ou du papier d'amiante, ou bien encore des feuilles de mica, pour résister à l'échauffement et au développement des courants de Foucault. On peut aussi, dans le même but, éviter les changements brusques de polarité de l'armature, choisir l'enroulement de manière à réduire au minimum les parties du fil non soumises à l'action directe et utile du champ magnétique, et employer le fil le plus conducteur possible (au moins 96 pour 100 de conductibilité). Enfin, lorsque l'induit comporte des faces polaires, le fil doit être roulé le plus près possible de ces pôles, parce que c'est à ce point où les variations sont le plus sensibles ; l'induit doit toujours être parfaitement ventilé pour éviter tout échauffement, toutes les pièces facilement accessibles pour en permettre l'examen constant et rendre le démontage facile et rapide, enfin toutes les bobines parfaitement isolées l'une de l'autre pour développer tous les effets de tension.

III. *Conditions générales à réaliser dans une machine puissante*. — Le courant développé dans un conducteur qui traverse un champ magnétique est d'autant plus grand que ce conducteur traverse un plus grand nombre de lignes de force par unité de temps. Il en résulte comme conséquences que, pour faire une machine puissante, il faut : 1° donner au conducteur une grande vitesse de translation ; 2° le déplacer dans un champ magnétique intense ; 3° lui faire faire le plus grand nombre de tours possible sur l'armature, et 4° diminuer le plus possible sa résistance électrique. La première condition est limitée par des considérations mécaniques ; on dépasse rarement en pratique 20 à 25 mètres par seconde pour la partie moyenne de l'armature. La deuxième condition explique l'emploi des machines dynamo-électriques, qui fournissent un champ magnétique intense, et qui, à vitesse égale, demandent un moins grand nombre de tours de fil sur la bobine que les machines magnéto-électriques pour développer la même f. e. m. On peut ainsi augmenter la grosseur du fil et diminuer sa longueur ainsi que la rés. intérieure de la machine. Le bénéfice réalisé compense, et au delà, la dépense supplémentaire d'énergie que cause l'excitation. La troisième condition indique qu'il faut faire un nombre de tours de fil d'autant plus grand que la f. e. m. doit être plus grande, ce qui oblige à diminuer le diamètre du fil pour le faire tenir dans le même espace. Ce n'est donc pas *parce que* les machines ont une grande résistance, comme on le dit encore quelquefois, qu'elles ont une grande f. e. m., mais parce qu'il est impossible de mettre un grand nombre de tours de fil dans un espace donné sans prendre du fil fin, et présentant par suite une grande résistance. Si la grande résistance était une condition nécessaire et suffisante, on construirait les bobines en maillechort ou en platine, tandis qu'on choisit toujours le cuivre le plus conducteur. La quatrième condition à remplir justifie d'ailleurs ce choix, car la loi de Ohm montre que l'intensité du courant diminue quand la résistance totale du circuit augmente.

Influence de la grosseur du fil. — Toutes choses égales d'ailleurs, la f. e. m. d'une machine n'augmente pas proportionnellement à la réduction de section du fil, comme l'admettent certains auteurs. Si une machine donnée développe, par exemple, 200 volts avec un fil de 2 mm., elle n'en développera pas pour cela 800 avec un fil de 1 mm.; cela tient à ce que l'épaisseur de l'isolant est d'autant plus grande par rapport au diamètre que le fil est plus fin : la seconde machine ne renfermera donc pas 4 fois plus de tours que la première, tant sur l'armature que sur les inducteurs ; la f. e. m. diminuera donc pour cette cause double, car le champ magnétique sera moins intense et le nombre de tours de fil sur l'armature moins grand que ne l'indique la proportionalité théorique. L'insuffisance des inducteurs diminue la force électromotrice d'une machine quelconque à mesure que l'intensité du courant fourni augmente. Ce fait résulte des réactions réciproques des champs magnétique et galvanique. (E. Hospitalier.)

Avec les quelques renseignements qui précèdent et en se conformant à ces règles et principes, établis par la pratique, chacun peut se rendre compte de la constitution d'une machine dynamo quelconque, et même essayer de la construction, s'il est outillé en conséquence. Mais rien n'est supérieur cependant à l'habitude et à l'étude manuelle et pratique, car il y a, en électricité comme en mécanique, des moyens de travail, des *ficelles d'atelier*, impossibles à décrire dans un ouvrage comme celui-ci, et qu'il faut avoir vus pour comprendre. On peut aussi, mais avec moins de chances de succès, recourir aux traités spéciaux de construction électrique technique, bien heureux quand on arrive à les comprendre suffisamment pour essayer ensuite de travailler.

CHAPITRE VII.

Unités et mesures électriques.

Nous avons reculé jusqu'ici ce chapitre qui aurait pu se placer au commencement du livre, aussitôt après la revue générale de l'électricité, pensant bien que la majeure partie de nos lecteurs est habituée aux termes de *volt* et d'*ampère*, qui n'ont plus rien de rébarbatif pour eux ; cependant, comme un plus grand nombre de personnes encore ignore absolument la valeur de ces termes, que certains emploient même à tort et à travers, nous en donnerons une explication aussi simple que possible.

Nous comparerons donc, si vous le voulez bien, le courant électrique produit par une pile ou une machine, peu importe, à un écoulement d'eau circulant dans une conduite, pour *matérialiser*, pour ainsi dire, les facteurs les plus importants de cette circulation.

Comme un écoulement d'eau se produit en vertu d'une différence de pression ou de niveau, le courant électrique se produit également sous l'influence d'une différence de niveau ou de pression, autrement dit de *potentiel*.

Ce courant est considéré comme allant du point où le niveau électrique (*potentiel*) est le plus élevé, ou *pôle positif*, au point où le *potentiel* est le moins élevé (*pôle négatif*).

Dans toutes les piles usuelles, le pôle négatif est toujours la lame de zinc; le pôle positif est constitué par l'autre lame, cuivre, charbon ou platine.

Dans un écoulement d'eau, nous avons à considérer :

La pression ou différence de niveau en vertu de laquelle cet écoulement se produit ;

Le débit de la conduite, exprimé par le nombre de litres d'eau qui la traversent pendant l'unité de temps (la seconde, par exemple) ;

Et enfin le frottement, ou résistance de la conduite, qui s'oppose à l'écoulement et tend à diminuer le débit.

De même, dans un courant électrique, la différence de *potentiel* entre deux points donnés d'un circuit est équivalente à la différence de niveau ; la *force électromotrice* est la cause qui produit cette différence de potentiel.

L'*intensité* du courant représente le débit de la conduite.

La *résistance* du conducteur est l'obstacle qu'il oppose au passage du courant ; c'est un facteur analogue au frottement dans la conduite d'eau qui nous sert de comparaison.

Le débit (l'intensité du courant) sera donc d'autant plus grand que la pression sera plus élevée et que la résistance du conducteur sera plus petite.

Ces relations entre les trois grandeurs électriques, *force électromotrice*, *résistance* et *intensité*, s'expriment à l'aide d'une loi fort simple, établie mathématiquement par Ohm, en 1827, et démontrée expérimentalement par Pouillet quelques années plus tard.

Cette loi, qui porte le nom de *loi de Ohm*, s'exprime par la formule très simple :

$$I = \frac{E}{R}$$

Elle exprime que l'intensité (I) d'un courant électrique est proportionnelle à la force électromotrice (E), et inversement proportionnelle à la résistance du circuit (R).

Pour pouvoir utiliser cette relation simple entre les trois principales grandeurs électriques, il faut une commune mesure pour les comparer.

Cette commune mesure est aujourd'hui universellement adoptée, grâce au *Congrès international des électriciens*, tenu à Paris en 1881, et aux décisions prises en 1884 par la *Commission internationale pour la détermination des unités électriques*.

Nous n'entreprendrons pas d'indiquer ici la filiation de toutes les unités électriques entre elles et avec les unités fondamentales : le *centimètre*, la *masse du gramme* et la *seconde*; nous nous bornerons à en donner une définition aussi exacte et aussi simple que possible, définition que nous emprunterons encore à M. Hospitalier.

Unité de force électromotrice. — L'unité pratique de force électromotrice est le VOLT. On peut se faire assez facilement une idée du *volt* par comparaison avec les piles connues. Ainsi la force électromotrice d'un élément Daniell est voisine de 1 volt; celle d'une pile Leclanché *neuve*, de 1 volt 48, d'un accumulateur Planté, de 1,9 à 2 volts.

Unité de résistance. — L'unité de résistance est l'OHM. C'est la résistance à 0° centigrade d'une colonne de mercure de 1 millimètre carré de section et de 106 centimètres de longueur. Un fil de cuivre pur de 48 mètres de longueur et de 1 millimètre de diamètre a également une résistance de 1 ohm. Il faut environ 100 mètres de fil télégraphique en fer de 4 millimètres de diamètre pour former cette même résistance de 1 ohm.

Unité d'intensité. — L'unité d'intensité est l'AMPÈRE. C'est l'électricité qui traverse un circuit de 1 ohm de résistance avec une différence de potentiel de 1 volt à ses deux extrémités.

Les sonneries d'appartement fonctionnent à un quart d'ampère environ; les lampes à incandescence usuelles exigent de 0,5 à 2 ampères; les arcs voltaïques prennent, suivant leur puissance, de 5 à 120 ampères; les fortes machines pour l'éclairage produisent plus de 800 ampères, et certaines machines à galvanoplastie ont pu fournir jusqu'à 3,000 ampères.

Par contre, les courants téléphoniques ne se chiffrent que par des millionièmes d'ampère.

Quantité d'électricité et unité de quantité. — Lorsqu'une conduite laisse écouler de l'eau pendant un certain temps, la quantité d'eau qui l'a traversée est proportionnelle au débit de la conduite et au temps de l'écoulement.

De même, lorsqu'un courant électrique traverse un conducteur avec une intensité déterminée pendant un temps donné, la quantité d'électricité qui a traversé le conducteur est proportionnelle au produit de l'intensité du courant par le temps. On arrive ainsi à la notion de quantité d'électricité et à la définition de l'unité de quantité.

L'unité de quantité est le COULOMB. C'est la quantité d'électricité qui traverse un conducteur pendant une seconde, lorsque l'intensité du courant est de 1 ampère.

La *loi de Faraday*, qui relie ces facteurs, donne pour l'unité de quantité :

$$1 \text{ coulomb} = 1 \text{ ampère} \times 1 \text{ seconde.}$$

Les industriels ont adopté une autre unité de quantité dérivée du coulomb : l'AMPÈRE-HEURE.

L'ampère-heure est la quantité d'électricité qui traverse un conducteur pendant une heure, ou 3,600 secondes, lorsque l'intensité du courant est de 1 ampère, c'est-à-dire lorsqu'il passe un coulomb par seconde dans le conducteur.

Il en résulte que :

1 ampère-heure égale 3,600 coulombs.

Unité de capacité. — L'unité de capacité d'un condensateur est le FARAD.

Un condensateur a une capacité de 1 farad lorsque, chargé au potentiel de 1 volt, il renferme une quantité d'électricité de 1 coulomb.

On se sert aussi de quelques autres expressions techniques moins répandues. Nous citerons particulièrement :

Le *watt* ou *volt-ampère*, proposé à l'Association Britannique en 1882 par sir W. Siemens et employé dans plusieurs travaux récents. Cette unité sert à mesurer le taux de la production ou du débit d'un appareil électrique en prenant le volt comme unité de force électromotrice et l'ampère comme unité d'intensité.

$$1 \text{ watt} = \frac{9{,}81}{1} \text{ kilogrammètre par seconde.}$$

1 cheval-vapeur (75 kilogrammètres) = 736 watts.

Le *cheval-heure,* employé surtout pour exprimer l'énergie fournie par les accumulateurs pendant leur décharge. Sa valeur réelle est :

$$75 \times 3{,}600 = 270{,}000 \text{ kilogrammètres.}$$

Étalons. — Les forces électromotrices se mesurent soit à l'aide d'appareils gradués qui donnent directement leur valeur en volts, soit en les comparant à d'autres, prises comme étalon ; en pratique, on se sert surtout d'éléments de piles hydro-électriques établies de façon à donner une force électromotrice constante et de valeur connue. Il n'existe pas d'étalon donnant une force d'exactement *un volt*. L'élément Daniell, dont nous parlions tout à l'heure, a une force de 1,079 volt ; les éléments Bunsen ou au bichromate ne peuvent servir que pour des approximations, leur fonctionnement étant trop irrégulier ; l'élément Latimer-Clark, très constant en circuit ouvert, a une f. e. m. de 1,457 volt ; etc.

Actuellement les piles étalons en usage régulier sont celles du Post-Office de Londres, qui appartiennent au genre Daniell, et dont la f. e. m. est de 1,05 volt ; de Ayrton et Perry (plaque de zinc et plaque de cuivre dans une solution saturée de sulfate de zinc, f. e. m. 1 volt), et de Reynier.

Cet élément se compose d'un zinc amalgamé et d'une plaque de cuivre plongeant dans une solution d'eau salée filtrée, à un quart en poids. La force électromotrice (0,82 volt) est absolument constante entre 5 et 40° centigrades. L'électrode cuivre, plissée et ajourée, développe une surface de 30 décimètres carrés, c'est-à-dire 300 fois plus grande que l'électrode négative dont la surface n'est que d'un centimètre (celle-ci n'est autre qu'un fil de zinc de 3 millimètres de diamètre). Cet étalon, très simple et très bon marché, est suffisant dans la plupart des cas.

M. Gaugain avait imaginé, vers 1859, un étalon thermo-électrique dont l'emploi ne s'est pas répandu et qui se composait simplement d'un élément bismuth-cuivre dont les soudures étaient maintenues aux températures de 0° et de 100°. La force électromotrice développée était très faible : $\frac{1}{197}$ de Daniell, ou $\frac{1}{182,6}$ de volt.

La plupart des unités d'intensité ont été fondées sur les actions électrolytiques. Les plus employées, avant l'*ampère*, furent l'*unité de Jacobi*, courant continu et constant produisant dans un voltamètre 1 centimètre cube de gaz à 0° et sous une pression de 760^{mm} ; l'*unité Daniell-Siemens*, courant pouvant déposer 1 gr. 38 de cuivre par heure, et le *courant atomique*, aujourd'hui en complète désuétude.

Les appareils pour la mesure de l'intensité des courants sont de plusieurs sortes ; les plus simples et ceux qui donnent les indications les plus justes sont les *galvanomètres*, fondés sur les actions électro-magnétiques et dont la disposition la plus simple est le modèle à aiguille mobile.

Les galvanomètres sont fondés sur la découverte d'Œrsted, en 1819, et celle du multiplicateur de Schweigger ; l'application des aiguilles astatiques aux galv. est due à Nobili, et celle du miroir à réflexion à sir W. Thomson.

Les galvanomètres variant à l'infini dans leurs formes et leurs dispositions, nous ne décrirons ici que les plus employés ; mais nous exposerons d'abord les principes généraux qui leur sont appliqués et qui, lorsqu'ils ont une importance prédominante, donnent le nom à l'appareil.

Galvanomètre des sinus. — La loi de déviation est liée au sinus de l'angle de déviation.

Galvanomètre des tangentes. — Loi de déviation liée à la tangente de l'angle de déviation.

Galvanomètre astatique. — L'action directrice de la terre est affaiblie, pour donner de la sensibilité, soit par un aimant séparé, soit par une paire d'aiguilles formant un système astatique.

Galvanomètre apériodique (en anglais *Dead beat*). — L'aiguille prend presque sans vibration sa position d'équilibre.

Galvanomètre balistique. — La mesure s'effectue par l'impulsion de l'aiguille produite sous l'action d'un courant instantané.

Galvanomètre différentiel. — Mesure la différence d'action de deux courants sur l'aiguille aimantée.

Galvanomètre à miroir ou *à réflexion.* — L'index est constitué par un rayon lumineux.

Galvanomètre de torsion. — L'action du courant est compensée et mesurée par la torsion d'un fil.

Galvanomètres à gros fil ou *de quantité, à fil fin* ou *de tension.* — Désignations vagues relatives à la nature du fil qui garnit les bobines. Cette désignation tend à disparaître pour faire place à l'indication pure et simple de la résistance du galvanomètre en ohms.

Galvanomètre d'intensité. — Galv. disposé dans un circuit pour mesurer directement l'intensité du courant qui le traverse.

Galvanomètre de force électromotrice. — Galv. à fil relativement long et fin, branché entre deux points d'un circuit dont on veut connaître la différence de potentiel (mesure indirecte).

Galvanomètre absolu. — Permet de mesurer directement l'intensité d'un courant en fonction des dimensions du galv. et de la composante horizontale du magnétisme terrestre.

Galvanomètre étalonné. — La graduation de l'échelle est tracée, non pas en degrés, mais en fonction de l'intensité du courant, ou tout au moins la graduation en degrés est accompagnée d'une table de réduction.

Comme on peut le voir par cette énumération, les galvanomètres sont nombreux et tous appropriés à une application spéciale. Il faut donc les choisir selon le travail auquel on les destine, la nature des mesures à effectuer et le personnel qui doit en faire usage.

Les appareils industriels pour la mesure des courants ont

Fig. 35. — Ampèremètre Deprez-Carpentier.

reçu le nom d'*ampèremètres*, ou *ammètres* et de *voltmètres*. Ils font connaître, par une lecture directe, la valeur en *ampères* du courant qui les traverse. Le plus communément employé est celui de M. Carpentier (fig. 35). On connaît aussi ceux de MM. Cormillot, Cloris Baudet, Marcel Deprez, etc. En principe, ce sont des galvanomètres à gros fil : ils demandent donc à être vérifiés très souvent, à cause des variations de puissance des aimants. Il est bon de les *armer* quand ils ne sont pas en service, mais on doit avoir soin d'enlever l'armature au moment des lectures. On peut faire de ces *ampères-mètres* des *volts-mètres* en remplaçant le gros fil par du fil fin et très résistant; on admet alors que l'introduction dans un circuit électrique donné de cette résistance ne change pas le régime; les différences de potentiel sont alors proportionnelles aux intensités. Pour avoir une indication plus précise, on ne fait passer le courant à mesurer qu'à intervalles intermittents en disposant un bouton interrupteur sur le trajet des fils.

L'ampère-mètre Deprez-Carpentier se compose d'une palette de fer doux mobile autour d'un axe dans l'intérieur d'une bobine formée par une lame de cuivre rouge enroulée plusieurs fois sur elle-même, et entre les pôles de deux aimants en forme de C placés en regard l'un de l'autre. Les deux extrémités de la lame sont reliées aux deux bornes de l'instrument. Cette lame a une largeur de $0^m,010$ et une épaisseur variable; sa résistance est très faible, son introduction dans le circuit ne modifiera dans presque aucun cas l'intensité du courant à mesurer. L'épaisseur de la lame est calculée pour permettre à l'appareil de servir d'une manière continue sans s'échauffer. L'axe de la palette de fer doux porte aussi l'aiguille indicatrice; son pivotage est tel que l'ampères-mètre peut être employé indifféremment dans une position horizontale ou verticale, placé sur une table ou accroché au mur. Les appareils indiquent constamment le sens du courant : quand les fils sont bien attachés, c'est-à-dire quand l'aiguille se meut dans le sens de la division, le courant entre à gauche et sort à droite de l'observateur. La déviation de l'aiguille sur le cadran donne à chaque instant en ampères la valeur de l'intensité du courant, toute table ou courbe est inutile et les lectures n'ont besoin d'aucune traduction. Pour atteindre ce résultat, la graduation de chaque appareil est tracée empiriquement sur le cadran.

Parmi les appareils qui figuraient à l'exposition de l'Observatoire en 1885, on a pu remarquer le nouveau galvanomètre à projection de M. L. Maîche, permettant de constater et de mesurer les courants électriques les plus faibles.

Cet appareil remplace avantageusement le galvanomètre à miroir, dont le maniement est, comme on le sait, très délicat. Celui de M. Maîche, au contraire, n'exige aucune précaution spéciale ; quant à la lecture, elle est facile et ne fatigue pas du tout la vue.

Il se compose de deux bobines dont le fil est enroulé dans un sens tel que les pôles de nom contraire soient en regard ; deux petits barreaux aimantés, placés verticalement dans l'axe des bobines, peuvent se rapprocher l'un de l'autre.

Une aiguille en acier de quelques millimètres de longueur est suspendue par l'action magnétique de l'aimant supérieur ; elle est dirigée par l'aimant inférieur.

Dans l'axe de chaque bobine est enfermé un petit aimant dont le pôle est de même nom que celui de l'aimant qui supporte l'aiguille, de sorte qu'au repos cette dernière est repoussée de tous côtés. Le plus faible courant qui parcourt les bobines détermine une variation dans les aimants qu'elles recouvrent, et, par suite de l'enroulement du fil, l'une d'elles repousse un peu moins l'aiguille, tandis que l'autre la repousse davantage. Il s'ensuit un déplacement de l'aiguille, amplifié par une petite lentille qui projette son image sur un écran de verre dépoli.

Il va sans dire que l'on devra éclairer l'aiguille du côté opposé à l'écran.

On comprend sans peine toute la sensibilité que peut acquérir un semblable appareil, appelé à rendre les plus grands services soit comme récepteur télégraphique pour les câbles sous-marins, soit comme appareil de mesure ou d'analyse pour les études électriques exigeant une grande précision.

MM. Ayrton et Perry ont imaginé un *ammètre à ressort* dont les indications sont suffisantes dans la majeure partie des cas de la pratique. Dans ce système, l'aiguille indicatrice en fer doux est placée presque à angle droit avec l'axe d'une bobine de fil, et fixée à un ressort spiral qui équilibre ainsi l'action du courant. Cet appareil fonctionne à volonté avec des courants alternatifs ou continus, et en réglant la tension du ressort on change à volonté l'échelle des indications. Avec du fil fin sur la bobine et une graduation spéciale, l'ammètre à ressort peut devenir un voltmètre.

Les *résistances* se mesurent au moyen d'appareils spéciaux appelés boîtes de résistance, composées de bobines sur lesquelles est enroulé un fil en alliage allemand représentant à peu près le maillechort, et qui sont mises en communication l'une avec l'autre au moyen de *clefs* en métal. On peut réaliser ainsi toutes les résistances de 1 à 10,000 ohms avec un très petit nombre de bobines (fig. 36).

Fig. 36. — Boîte de résistance.

En outre des *boîtes à pont*, on se sert aussi de l'*ohmmètre* de MM. Ayrton et Perry, de la *boussole de proportion* de M. Carpentier, ou bien on emploie les méthodes dites *du pont* de Wheastone, de Thomson, de Siemens, de Mance, de Munro, etc.

Les étalons de capacités employés en pratique sont des condensateurs dont la capacité varie entre un demi et 10 microfarads. Dans les recherches scientifiques, on fait quelquefois usage de condensateurs absolus à air, dont on calcule la capacité d'après la forme géométrique, mais ils n'ont pas encore été employés dans la pratique ordinaire. On se sert donc des *condensateurs* de Varley, de Clark et de Smith, qui ne sont que des bouteilles de Leyde à grande surface sous un petit volume.

Nous ne dirons que quelques mots des appareils accessoires employés pour les mesures électriques. Les plus communs sont les *commutateurs-interrupteurs* (fig. 37), à manette, à clef ou à cheville, à une ou à plusieurs directions, très commodes dans nombre de cas; les *commutateurs-inverseurs,* pour renverser instantanément le sens du courant; les *clefs d'inversion* servant à relier les galvanomètres aux appareils de mesure; les *clefs de court-circuit*

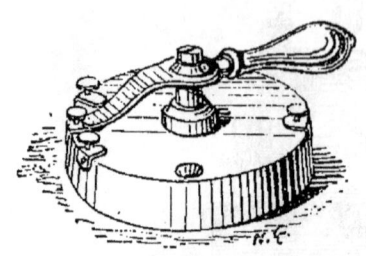

Fig. 37. — Commutateur.

ou *taper,* s'établissant entre les bornes d'un galvanomètre pour empêcher le passage accidentel de courants trop puissants à travers ses bobines; les *clefs de décharge,* dont le type est la clef de Sabine, qui sert à mettre un condensateur en relation avec le circuit; enfin les *clefs à double contact,* qui servent pour les mesures par la méthode du pont avec les boîtes à résistance ordinaires.

Enfin, et pour nous résumer, nous dirons que toutes les méthodes de mesure des courants électriques peuvent se rapporter à deux grandes classes : les *méthodes directes* et les *méthodes indirectes.* Dans le premier cas, on compare la quantité à mesurer à une quantité de même espèce; dans le second, la grandeur de la quantité à mesurer se déduit de la valeur de deux ou plusieurs autres quantités connues à l'aide d'une relation connue : par exemple, la chaleur dégagée dans l'arc voltaïque. Au premier cas, appartiennent les méthodes d'opposition, de substitution et de comparaison. Tous les appareils de mesure se rapportent à l'une ou l'autre de ces méthodes.

Nous n'avons plus que quelques mots à dire des appareils

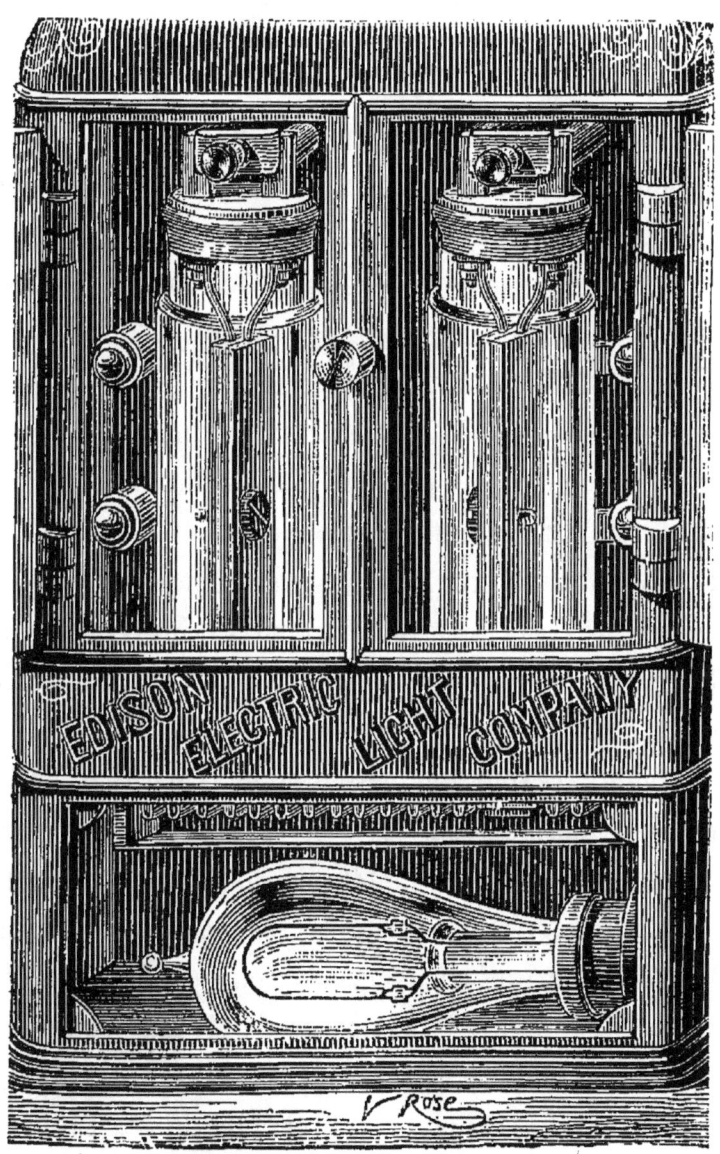

Fig. 38. — Compteur d'électricité Edison.

de mesure, et ce sont les *compteurs d'électricité* qui nous fourniront la fin de ce chapitre.

Les meilleurs *compteurs d'électricité*, les plus pratiques et les plus industriels, sont ceux imaginés par Edison et par M. Lippmann.

Les premiers étaient à sulfate de cuivre, les plus récents sont à sulfate de zinc. Ce sont des voltamètres établis en dérivation, et il y passe seulement le centième ou le millième du courant total. Les plaques de zinc qu'ils contiennent sont pesées tous les mois, et le nombre de coulombs se déduit de ce poids, en sachant que un ampère-heure (3,600 coulombs) dépose 1,228 milligrammes de zinc. Dans d'autres appareils plus compliqués du même inventeur, les plaques basculent par un mouvement automatique dès qu'elles ont gagné un excédent de poids calculé ; la plaque qui était cathode devient anode, et réciproquement, jusqu'à un nouveau basculement enregistré par un compteur à minuterie. Un calcul très simple permet ensuite de connaître le nombre de coulombs dépensé (fig. 38).

Ces compteurs sont fort employés en Amérique, surtout dans les grandes entreprises d'éclairage électrique par la lampe Edison. Mais il est préférable, lorsque la distribution se fait sous une pression constante, de connaître la quantité totale d'électricité qui a traversé le circuit pendant un temps donné, et dans ce cas le compteur de M. Lippmann, professeur à la faculté des sciences de Paris, est suffisant.

Le principe du compteur d'électricité de M. Lippmann (fig. 39) est basé sur l'emploi d'un conducteur mobile, constitué par du mercure renfermé dans un tube en U et une chambre parallélipipédique de très peu d'épaisseur, placée entre les branches d'un aimant fixe. La figure 39 représente cette disposition. La chambre à mercure $abcd$ a 3 centimètres de a en b, et 4 millimètres de a en c; son épaisseur est de 3/10 de millimètre. Le courant est amené au moyen de lames de platine, représentées en pointillé, et qui occupent, l'une la partie supérieure, l'autre la partie inférieure de la chambre. Lorsqu'on fait passer le courant, le mercure s'élève dans la branche A et s'abaisse dans la cuvette BC, proportion-

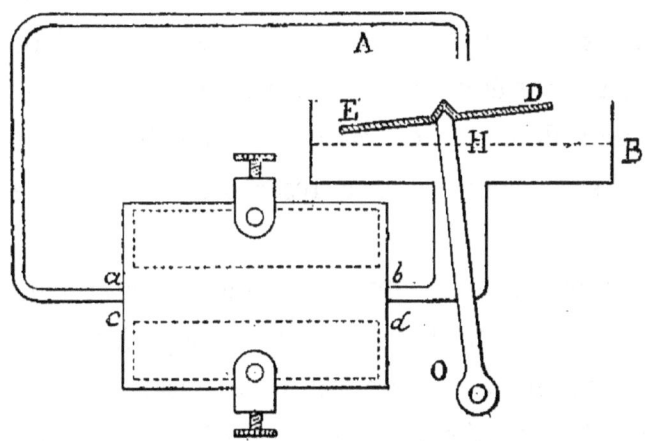

Fig. 39. — Figure schématique indiquant le fonctionnement du compteur Lippmann.

nellement à l'intensité du courant, et comme le tube A est recourbé à angle droit au-dessus du réservoir BC, on obtiendra un écoulement de mercure continu d'autant plus rapide que le courant qui le provoque sera plus intense, et la quantité de mercure écoulée dans un temps donné sera proportionnelle au nombre de coulombs qui auront traversé l'appareil.

Pour mesurer automatiquement cette quantité, l'une des branches du compteur se trouve élargie et transformée en un réservoir BC, assez large pour que le niveau du mercure reste sensiblement constant. Au lieu de recevoir directement dans le réservoir BC le mercure s'échappant de la branche recourbée A, on le recueille dans un petit auget D, fixé à l'extrémité d'une tige OH, pivotant en O de telle façon que, lorsqu'il est rempli de mercure, il fait osciller le système OHD vers la droite et vient se déverser dans le réservoir. Mais à ce moment un second auget E, semblable et symétrique au premier, vient se présenter sous la branche A et reçoit à son tour le mercure. Lorsque ce second auget est rempli, l'autre s'étant vidé, le centre de gravité se trouve de nouveau déplacé, le système oscille du côté gauche, l'auget E se déverse dans le réservoir, et ainsi de suite indéfiniment.

Les oscillations ainsi obtenues à gauche et à droite sont limitées par une fourchette fixée sur la tige OH, et qui agit sur un mouvement à ancre ordinaire faisant mouvoir une minuterie. Le premier mobile du système, celui sur lequel agit directement l'ancre, porte l'aiguille des unités.

Les trois autres mobiles portent aussi chacun une aiguille indiquant respectivement les dizaines, les centaines et les mille. Chaque division du cadran des unités correspond à une oscillation complète du système des augets, c'est-à-dire que chaque fois que l'un d'eux se déverse, l'aiguille ne marque qu'une demi-division. Les augets contiennent chacun un centimètre cube de mercure et, dans ces conditions, chaque division marquée sur le cadran des unités correspond à 150 coulombs.

Un ampère-heure est donc représenté sur cet appareil par 2 divisions 1/2 au cadran des centaines.

De même que les compteurs à gaz, ce compteur d'électricité ne peut dépasser certaines limites, suivant son mode de construction. Le premier modèle, construit sur les indications de M. Lippmann, ne peut guère être utilisé que pour un courant de 25 ampères au maximum ; mais pour atteindre des limites supérieures il suffira d'augmenter la section de la chambre à mercure.

Il existe encore quelques autres types de compteurs d'électricité, notamment les modèles imaginés par MM. Ayrton et Perry, Vernon de Boys, etc. Mais comme ils ne présentent rien de remarquable, nous ne ferons que les nommer, ce qui est suffisant.

CHAPITRE VIII.

Les moteurs à appliquer à la production de l'électricité.

On semble en revenir depuis quelque temps à la pensée d'utiliser pour la production de l'électricité les forces naturelles jusqu'ici sans emploi ; nous allons donc passer en revue les appareils qui pourraient être mus par ces forces et devenir des moteurs à peu près réguliers.

Comme dans notre ouvrage sur les *Moteurs* [1], nous diviserons ces forces en trois groupes distincts : l'air, l'eau et le feu. Au premier groupe appartiennent les moulins à vent, les machines à air raréfié et comprimé ; au second, les moteurs hydrauliques ; au troisième, les moteurs à vapeur, à air chaud et à gaz.

Quoique jusqu'à présent, à notre connaissance du moins, cette tentative n'ait pas été exécutée en grand, il est très possible d'appliquer la force du vent à la production de l'électricité. Qui empêcherait de recueillir le mouvement de rotation du moulin à vent le plus grossier pour charger des accumulateurs ? Si capricieuses que soient la vitesse et la force développées par un semblable moteur, en intercalant un *disjoncteur automatique* sur les fils des accumulateurs, on pourrait toujours arriver à les charger convenablement.

---

(1) 1 vol. illustré, *Bibliothèque des merveilles*.

Évidemment, pour une semblable application, meilleur sera le moteur, meilleur sera le rendement. On pourrait donc essayer, dans de semblables vues, les moulins *automoteurs*, c'est-à-dire s'orientant et se réglant automatiquement, et parmi eux le moulin Aubry, plus ordinairement appliqué aux élévations d'eau.

Nous ne décrirons pas ces moulins, dont on peut trouver le détail dans nos *Moteurs*, page 26 ; nous ferons seulement remarquer qu'ils sont applicables à l'électricité, avec toutes chances de succès. Ils s'orientent d'eux-mêmes, tournent avec une vitesse constante, quelle que soit la force du vent, se graissent automatiquement et peuvent développer une force de un à dix chevaux-vapeur. Nous n'insisterons donc pas sur cette excellente application qui s'impose d'elle-même.

Parmi les moteurs à air raréfié, citons les types de MM. Tatin, Boudenoot et Petit, etc. Ces derniers sont même appliqués tous les jours à la production de la force motrice chez les petits industriels du quartier Beaubourg. Ces moteurs sont absolument semblables, pour la construction, aux moteurs à vapeur à cylindres et à pistons. L'air raréfié dans le tuyau d'arrivée par une pompe aspirante, placée dans une usine à vapeur centrale, permet à l'atmosphère de travailler sur la face supérieure du piston avec sa pression ordinaire d'un kilog. environ par centimètre carré.

Dans les moteurs à air comprimé, c'est absolument le contraire ; l'usine centrale travaille à comprimer de l'air dans de vastes réservoirs, puis des tuyaux amènent cet air avec toute sa pression aux machines réceptrices, qui travaillent absolument comme par la pression de la vapeur.

Ce système, qui commence à se répandre à Paris, est dû à M. Popp, qui a établi une usine à Romainville pour actionner de là toutes les horloges *pneumatiques* des boulevards. Sur tout son parcours à travers les égouts parisiens, la conduite, qui va jusqu'à la rue Sainte-Anne, distribue la force motrice aux petits ateliers sur son passage, et à quelques grands établissements qui s'en servent pour obtenir la lumière électrique sans grands frais ni dangers d'incendie. Notre confrère M. G. Fournier, ingénieur de la société le *Chrome*, a même installé, suivant ces principes, l'éclairage électrique chez plusieurs commerçants de l'avenue de l'Opéra.

Dans tous les endroits où l'on possède l'eau sous pression, il est facile de l'employer comme force motrice. Le courant d'une rivière un peu rapide est même suffisant dans un grand nombre de cas.

Les appareils les plus communément employés pour recueillir la force de l'eau sont les *roues hydrauliques* et les *turbines*. Nous ne nous attarderons pas à décrire le premier de ces appareils, que tout le monde connaît, et nous arriverons tout de suite aux *turbines*. Les turbines sont des espèces de roues à aubes horizontales tournant sous l'eau, et mises en mouvement soit par une chute d'eau, soit par le courant d'une rivière. Leur invention remonte déjà à un certain temps, mais elles ont été perfectionnées à un tel point que leur rendement arrive à 90 et même 96 pour 100. Les plus ordinaires se composent d'une cuve en bois cerclée, ou en fonte, de forme tronconique, au fond de laquelle est placée une roue à aubes ou à hélice tournant horizontalement. Elles se prêtent facilement à toutes les vitesses et à toutes les forces de chute. M. Fourneyron en a établi dans la Forêt-Noire qui sont mises en mouvement par une chute du Rhin de 108 mètres de hauteur. Leur vitesse est de 3,200 tours par minute et elles développent une puissance de 40 chevaux-vapeur.

Malheureusement, dans un grand nombre de circonstances où l'on pourrait établir des usines électriques mues par l'eau, les endroits qu'il s'agit d'éclairer sont à des distances trop considérables pour valoir la dépense des conducteurs qu'il faudrait établir pour conduire le courant à destination. Ce fait s'est encore produit dernièrement avec deux villes qui nous avaient demandé une semblable installation, et dont l'usine se fût trouvée éloignée de plusieurs kilomètres.

Dans l'intérieur des villes, quand on peut avoir l'eau sous une pression de trois à quatre atmosphères, on peut s'en servir pour actionner un petit moteur à grande vitesse. L'accouplement avec la dynamo se fait à l'ordinaire, directement avec une simple courroie.

Les meilleurs petits moteurs de ce genre sont ceux de Humblot, de Goubet et de Mégy. En général, l'eau appuie sur une cloison mobile excentrée ou en forme de tambour, lui fait accomplir une révolution, et s'échappe ensuite sans pression et après avoir rendu tout son effet utile.

Nous en arrivons aux moteurs qui tirent de la chaleur leur puissance. Disons deux mots d'abord des machines à air chaud, avant de parler des nombreux types de machines à vapeur créés spécialement en vue de la production de l'électricité.

La première machine à air chaud qui ait été imaginée fut créée par le capitaine Ericson en 1840, mais elle ne donna pas les résultats attendus. Perfectionnée ensuite par Franchot, Lehmann et Laubereau, elle arriva à développer une certaine puissance, mais non encore en rapport avec la dépense de chaleur nécessitée. L'invention des moteurs à gaz mit fin à ces recherches et relégua dans les musées les machines à air chaud. Aujourd'hui les moteurs de Hooke, de Rider, etc., ne sont plus guère considérés que comme des curiosités, et le seul pratiquement employé est celui de Bénier, dont la récente apparition a causé sensation.

Lors de l'invention des premières grandes machines magnéto-électriques, on mit en mouvement les bobines induites par un moteur à vapeur ordinaire, et jusqu'à ces années dernières on prit n'importe quelles machines à piston pour actionner les dynamos. Ce n'est que depuis que l'éclairage électrique prend une extension considérable qu'on songe à combler cette lacune. Passons en revue les meilleurs moteurs proposés.

Parmi les machines à piston, le type le plus souvent employé pour la commande des dynamos a été celui de Brotherhood à trois cylindres Compound équilibrés, qui est encore employé dans le génie militaire pour les locomobiles à lumière.

Cette machine possède, avons-nous dit, trois cylindres placés selon des angles de 120 degrés l'un par rapport à l'autre et sont en communication avec une chambre centrale. Les tiges des pistons servent de bielles et sont attachées toutes trois sur le bouton de la manivelle, dont l'extrémité est fixée sur un disque servant de tiroir. Les ouvertures d'introduction et d'échappement de ce tiroir sont, par suite de ce mouvement de rotation, mises successivement en communication avec les conduits de vapeur de chacun des cylindres. La chaudière peut être d'un type quelconque, pourvu qu'elle soit suffisante pour fournir la quantité de vapeur nécessaire.

On a pu voir à l'Exposition d'électricité de 1881 et à l'Exposition des inventions à Londres (1885), divers types de machines à grande vitesse applicables à la mise en marche des dynamos. Citons la machine Elwell, la machine Westinghouse et le moteur Parsons, ou *cycle-turbine*, dont la vitesse atteignait douze mille et même dix-huit mille tours par minute. Au lieu de renvois de transmission pour augmenter le nombre de tours faits par le volant en une minute, il en faut au contraire dans ces machines pour réduire cette vitesse vertigineuse. L'Exposition du travail (1885) nous montrait aussi un petit moteur dû à un officier d'artillerie, M. Jacomy, et dont voici la description.

Cette machine se compose de deux parties identiques formant chacune une machine distincte, symétriquement placées et agissant sur les vilebrequins de l'arbre coudé dont les manivelles sont diamétralement opposées. Le bâti forme enveloppe de vapeur et sépare les deux machines.

Dans chaque machine, le piston monté sur la manivelle de l'arbre, au moyen d'un coussinet en deux parties, est constitué par un cadre rectangulaire qui se meut verticalement dans un autre cadre rectangulaire formant cylindre et dont les côtés verticaux lui servent de glissières. Ce second cadre est lui-même un piston qui se meut horizontalement dans une cage rectangulaire ménagée dans le bâti et dont les faces horizontales lui servent de glissières. La distribu-

Fig. 40. — Moteur Jacomy.

tion de vapeur se fait par quatre tiroirs commandés par un excentrique calé sur l'arbre (fig. 40).

On comprend aisément le fonctionnement de cette machine : la vapeur arrive dans la boîte à tiroir formée par le plateau, agit sur une des faces du petit piston, s'échappe dans la partie intérieure comprise entre les parois de ce piston, puis vient se détendre sur le grand piston et s'échappe, soit à l'air libre, soit dans un condenseur.

L'utilisation de la vapeur a lieu dans les meilleures conditions ; les pistons sont à double effet, et l'application du système Compound permet une économie considérable.

M. Jacomy a combiné également une chaudière à vapeur spéciale avec trois retours de flamme, pour compléter son moteur. Elle paraît posséder certaines qualités d'économie ; son poids et son volume sont assez restreints. Ce moteur est construit par la maison Buchin-Tricoche.

Le moteur à vapeur de MM. Salomon et Tenting mérite aussi dans cette revue rapide une mention spéciale.

Le piston est percé dans sa masse de deux conduits, correspondant avec la boîte à vapeur, et débouchant chacun d'un côté du cylindre ; la distribution a lieu par un mouvement de déplacement latéral du piston, combiné avec son mouvement longitudinal ordinaire. Ce mouvement latéral fait communiquer chacune de ses faces soit avec l'admission de vapeur, soit avec l'échappement. Le mouvement de va-et-vient est transmis à l'arbre par les moyens mécaniques ordinaires (coulisse, bielle, etc.).

Le piston est évidé en son milieu et sur une grande partie de sa longueur, pour ménager la place des organes de transmission. Il présente en outre une échancrure permettant le passage de l'arbre.

Un excentrique, tournant avec l'arbre dans cette échancrure, provoque le mouvement de déplacement latéral, principe même de la distribution dans ce moteur. Par suite de cette disposition et de la suppression du tiroir, le piston acquiert une longueur de course suffisante, et les organes de transmission les dimensions indiquées pour un bon fonctionnement. Le rendement mécanique est presque comparable à celui des machines à vapeur ordinaires, la dépense de vapeur étant à peine de 25 kilogrammes par cheval et par heure pour les forces de 1 à 10 chevaux.

Un appareil parfaitement applicable à la mise en marche des machines électriques est l'*automoteur* Pifre, dont la vitesse est suffisante pour le chargement des accumulateurs, et qui présente l'avantage de n'être chargé de combustible qu'à des périodes très éloignées l'une de l'autre. L'alimentation se faisant avec l'eau de condensation, il n'y a pas d'échappement ni de besoin de bacs réchauffeurs, ou accessoires du même genre.

L'automoteur Pifre, qui se construit dans des forces variant d'un quart de cheval à quatre chevaux-vapeur, dispense celui qui s'en sert d'un chauffeur. La machine se suffit à elle-même ; on charge la chaudière de coke toutes les trois ou quatre heures, et l'eau est tour à tour vaporisée et condensée. C'est une invention très ingénieuse et appelée à un grand avenir.

Parmi les moteurs à gaz, nous en citerons particulièrement trois ou quatre modèles récents, qui présentent sur leurs devanciers un avantage économique marqué. Le premier est celui de Lenoir, fonctionnant au gaz d'éclairage ordinaire, ou à l'air carburé, produit par un carburateur spécial monté sur la machine (fig. 41). Il ne brûle que

750 litres de gaz ou 400 grammes d'essence de pétrole à

Fig. 41. — Moteur {air carburé.

650 degrés par heure et par cheval. Malheureusement son prix est un peu élevé.

Le moteur *Simplex* de MM. Deboutteville et Malandin,

construit par M. Powel de Rouen, est encore supérieur comme économie à la dernière machine Lenoir (construction Rouart frères). Il ne brûle que 580 litres de gaz d'éclairage par cheval-heure, ainsi qu'il résulte des expériences de

Fig. 42. — Moteur à gaz Forest (Camille Dupont, constructeur).

M. Aimé Witz. C'est le plus économique des moteurs à gaz, et il marche aussi bien, que ce soit de l'air carburé, du gaz bicarboné ou du gaz pauvre (gaz Dowson) qui serve à son alimentation.

Le moteur à gaz Forest, construit par M. Camille Dupont,

ne vise pas à l'économie, il brûle même beaucoup de gaz ; mais, en revanche, il possède des avantages qui le font estimer avec juste raison par les petits industriels. Tandis que le moteur Simplex ne donne tous ses résultats que pour 8 chevaux-vapeur, le moteur Forest, moins ambitieux, ne donne que de 5 à 75 kilogrammètres par seconde. Il est peu encombrant, absolument silencieux, et ne demande ni à être chauffé pour être mis en marche, ni une circulation d'eau pour refroidir son cylindre. Toutes ces qualités l'ont fait apprécier, et c'est l'un des plus employés dans la petite industrie (fig. 42).

Quoique, en somme, ce soit un calcul peu économique que de brûler du gaz d'éclairage dans un moteur pour obtenir de la lumière électrique, il faut convenir que les moteurs à gaz, inoffensifs et silencieux, ont rendu de grands services aux électriciens pour leurs installations, et il est probable qu'ils seront encore longtemps employés dans ce but, — ce que je souhaite d'ailleurs à tous les constructeurs de ces intéressantes machines.

CHAPITRE IX.

Câbles et conducteurs.

Les fils électriques, câbles et conducteurs, occupent une place trop importante en électricité pour que nous les passions sous silence. Nous en ferons donc ici un court historique, suivi d'une étude rapide.

Lors de l'apparition des premiers télégraphes, les conducteurs furent composés de fils de cuivre d'un diamètre de 2 millimètres : c'étaient les meilleurs au point de vue de la conductibilité, mais on reconnut bientôt leurs inconvénients. Ils deviennent cassants sous l'influence des brusques variations de température qu'ils ont à supporter, ne peuvent pas être fortement tendus sans se briser et perdent rapidement toute élasticité. Aussi on n'emploie plus aujourd'hui que le fil de fer galvanisé, c'est-à-dire recouvert d'une mince couche de zinc.

Le zinc ainsi employé est doublement préservateur. La couche très légère d'oxyde de zinc qui se forme à la surface est complètement insoluble dans l'eau. Elle forme donc une espèce de gaine imperméable qui empêche l'oxydation ultérieure. Le zinc agit de plus comme électro-négatif. On sait que toute combinaison chimique exige au moins deux corps en présence et provoque toujours un dégagement plus ou moins considérable d'électricité. Humphry Davy a découvert que dans toute combinaison l'oxygène se porte au pôle positif; on sait d'ailleurs que, deux métaux étant en présence, le plus oxydable joue par rapport à l'autre le rôle de pôle positif. Dans le fer et le zinc réunis, le zinc est le plus oxydable; il est donc électro-positif par rapport au fer. C'est donc sur lui que l'oxygène va se porter, et non sur le fer, qui représente le pôle négatif. Le zinc seul sera oxydé. La galvanisation des fils a donc pour but de porter l'oxydation sur le zinc en laissant le fer intact.

Les fils nus sont peu employés dans les appareils; on les recouvre en général d'un isolant. Cet isolant est le plus souvent une couche de coton ou de soie, simple ou double, imbibée, après enroulement, de paraffine, d'arcanson ou d'un vernis isolant spécial (voy. la 3ᵉ partie). Dans les machines, les fils sont recouverts de bitume de Judée ou de gomme laque. Enfin, comme conducteurs de transmission (télégraphie, téléphonie, lumière, force, etc.), ils sont recouverts, pendant la fabrication, d'un isolant plus ou moins complexe; ils prennent alors le nom de *câbles*.

Les câbles sont *armés* ou *non armés*, suivant qu'ils sont recouverts ou non d'une *armature* en fils de fer ou d'acier destinée à les protéger et leur donner la solidité nécessaire pour résister aux efforts de traction auxquels ils sont soumis, particulièrement dans les câbles sous-marins.

La fabrication des câbles a pris une grande extension et s'est perfectionnée lorsque la gutta-percha fut importée en Europe, en 1849. Cette substance, qui provient d'incisions pratiquées dans l'écorce de *l'isonandra gutta*, magnifique végétal très commun à Bornéo, à Java et à Ceylan, est inattaquable à l'eau de mer ou aux acides et est un parfait isolant électrique. On l'appliqua donc dès cette époque dans la construction des conducteurs et des câbles électriques.

 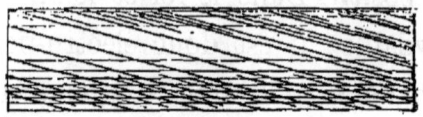

Fig. 43. — Câble télégraphique et coupe.

Le premier câble télégraphique sous-marin qui fut construit est celui de Calais à Douvres. M. Küper en était le constructeur (fig. 43).

Ce câble se composait de quatre fils de cuivre de 1^{mm} et demi de diamètre, contenus dans une gaine de gutta-percha de 7 millimètres de diamètre. Ces quatre fils se trouvaient entrelacés avec quatre cordes de chanvre ; le tout était agglomeré par un mélange de suif et de goudron, formant un câble unique d'environ 3 centimètres de diamètre. Une seconde corde de chanvre entourait la première. Enfin, pour préserver de rupture l'appareil intérieur, le tout était fortement serré au moyen de dix fils galvanisés de 8 millimètres de diamètre. Ce système composait une sorte de câble métallique, souple et solide à la fois, de 32 millimètres de diamètre, et qui avait 10 lieues de long. Il avait été fabriqué en trois semaines et coûta 375,000 francs, soit 9 fr. 375 par mètre ; son poids, par kilomètre, était de 4,400 kilogrammes.

Les procédés de fabrication des câbles sont subordonnés ordinairement aux circonstances. Les plus célèbres sont ceux qui ont été posés au fond de l'océan Atlantique pour réunir le nouveau monde au continent européen à travers 4,500 kilomètres d'Océan, dont la profondeur moyenne est de trois à quatre mille mètres.

Le premier câble fut construit dans les usines de MM. Glass et Elliot, à Greenwich, et celle de MM. Newall, à Birkenhead. Commencé en février 1857, il fut terminé au mois de juillet de la même année.

La distance à franchir était de 3,100 kilomètres.

Le câble avait 4,000 kilomètres de long; il pesait dans l'eau 1,760,000 kilogrammes, et dans l'air 2,536,000 kilogrammes, c'est-à-dire 634 kilogrammes par kilomètre, ainsi répartis :

Fil de cuivre.....................	26 kilog.
Gutta-percha.....................	64 —
Cordes de chanvre................	63 —
Armature de fer..................	475 —
Goudron et poix..................	6 —
	634 kilog.

Il pouvait supporter un poids de 4,000 kilogrammes et avait coûté à la compagnie près de 5 millions.

On sait ce qu'il en advint. Après des difficultés inouïes, on procéda à la pose; mais, peu de temps après sa mise en service, les courants d'induction qui se développaient dans l'armature extérieure pendant le passage du courant télégraphique (lequel émanait d'une machine magnéto-électrique de Clarke) mirent le câble hors de service. C'était payer cher son apprentissage; cependant, malgré cette rude leçon, on tenta une seconde épreuve en 1865. Cette fois, le câble cassa et tomba au fond de l'Océan. On en fit alors un troisième sans perdre courage, et on procéda l'année suivante à son installation. Un seul navire, l'immense *Great-Eastern*, portait tout le fil dans ses vastes flancs et devait le poser entre Valentia et Terre-Neuve. Cette troisième tentative devait être couronnée du succès le plus complet, succès qui donna l'idée de repêcher l'autre câble et de le remettre en état, ce qui put se faire encore sans trop de difficultés.

Le câble se composait d'un faisceau de sept fils de cuivre, dont six étaient enroulés autour du septième (fig. 44).

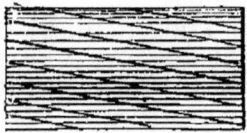

Fig. 44. — Câble transatlantique sous-marin, et coupe.

Le fil central, autour duquel étaient enroulés les autres, était enduit de *mastic Chatterton*, qui augmentait la solidité de la corde et empêchait les fils de ballotter à l'intérieur.

Quatre couches de gutta-percha, alternant avec autant de couches de *mastic Chatterton*, entouraient ce noyau; une couche de *jute*, matière textile tirée des Indes, incorruptible dans l'eau de mer, protégeait la gutta-percha contre le contact d'une gaine métallique, formée de dix solides fils de fer galvanisés, entourés chacun de cinq fils de chanvre de Manille, et roulés en spirale autour de l'enveloppe de *jute*.

Le diamètre du câble était de 27 millimètres, son poids dans l'air de 865 kilog. par kilomètre, et dans l'eau de 400 kilog.; il pouvait supporter un poids de 8,250 kilogrammes (8 tonnes et quart).

Depuis cette époque, on ne compte plus le nombre de câbles sous-marins et aériens qui ont pu être posés. Le globe terrestre est cerclé de voies télégraphiques. L'Australie est reliée à l'Europe, l'Amérique aux îles océaniennes, un vaste réseau électrique enserre notre planète de ses replis.

M. Hospitalier, dans son *Formulaire de l'électricien*, auquel nous avons déjà eu l'occasion de faire des emprunts, dit ce qui suit, au sujet des conducteurs électriques :

Le *cuivre* est le métal le plus employé dans les applications de l'électricité ; c'est lui qui compose presque exclusivement les bobines des appareils électriques de toute nature et de toute puissance, l'âme des câbles souterrains et sous-marins, les conducteurs de lumière électrique et d'installations domestiques, etc., etc.

Le *fer* est surtout employé pour les lignes télégraphiques aériennes ; l'*acier*, le *bronze phosphoreux* et le *bronze silicieux* pour les conducteurs téléphoniques aériens.

A côté de ces métaux et alliages d'un emploi courant, on fait aussi quelquefois usage des métaux suivants, à cause des qualités qui leur sont propres et précieuses pour satisfaire à un besoin donné :

Argent. — Pour appareils sensibles et de haute conductibilité.

Alliage de platine et d'argent. Maillechort. — Pour des résistances peu sensibles aux variations de température.

Platine. — A cause de son inoxydabilité ou de sa grande résistance et de son point de fusion élevé.

Mercure. — Pour établir des étalons de résistance, à cause de son homogénéité après purification.

Aluminium. — Pour certaines bobines mobiles. Présente

l'avantage d'être le plus conducteur de tous les métaux à poids égal par unité de longueur. Les conducteurs industriels doivent présenter la plus grande conductibilité possible et les plus grandes facilités de refroidissement. Le meilleur isolant serait l'air, puis le caoutchouc vulcanisé, qui est assez diathermane et peut être porté jusqu'à 100° C. sans accident. La gutta-percha est inférieure au caoutchouc, elle se ramollit en chauffant et permet aux conducteurs de venir en contact. Les fils sous plomb restent bien secs et sont moins exposés aux accidents, mais ils se refroidissent difficilement. La couche isolante doit être aussi mince que possible pour faciliter le refroidissement ; un défaut d'isolement des fils plongés sous l'eau produit de l'instabilité dans la lumière par suite du dégagement des gaz dus à la décomposition de l'eau. Il est prudent d'essayer chaque jour la conductibilité des conducteurs et leur isolement. L'isolant, détaché du conducteur et placé sur une enclume, ne doit pas se briser lorsqu'on le frappe avec un marteau. Le bon caoutchouc reprend immédiatement sa forme, la gutta-percha met un temps plus long. Vieux l'un et l'autre, ils éclatent et s'émiettent sous le marteau. Les isolants qui s'écaillent ou se fendillent sous le choc doivent être rejetés, car un choc accidentel pourrait produire les mêmes effets nuisibles et compromettre l'isolement des conducteurs.

On commence à employer, pour les câbles télégraphiques et téléphoniques, le bronze *phosphoreux* ou *silicieux*, qui n'est autre chose qu'un alliage d'étain dans lequel le phosphore ne joue qu'un rôle transitoire à un certain moment de la fabrication. Dans le bronze silicieux, la silice remplace le phosphore et permet d'obtenir des câbles très bons conducteurs et très tenaces. Les portées peuvent atteindre 400 et même 500 mètres avec un fil de 0,8 à 1,2 millimètre, et dont le poids kilométrique varie de 5 à 7 kilogrammes.

Le tableau ci-dessous donne, suivant la *India Rubber Works*, l'échelle de quelques-uns des fils qu'elle fabrique, avec leur résistance.

NOMBRE DE FILS.	DIAMÈTRE DE CHAQUE FIL EN MILLIMÈTRES.	RÉSISTANCE EN OHMS PAR KILOMÈTRE, A 15,5 C.	NOMBRE DE FILS.	DIAMÈTRE DE CHAQUE FIL EN MILLIMÈTRES.	RÉSISTANCE EN OHMS PAR KILOMÈTRE, A 15,5 C.
7	0,9	3,93	12	1,6	0,72
7	1,2	2,07	14	1,6	0,60
7	1,6	1,21	19	1,6	0,43
7	0,6	0,95	19	1,8	0,35

L'usage général est d'employer pour les sonneries, les circuits de peu de longueur, du fil de $\frac{2}{10}$ à 1 millimètre de diamètre. Les fils de dérivation pour la lumière électrique ont de 1 à 4 millimètres. Les fils de piles ont de 1 à 2^{mm}. Pour les courants puissants et les conducteurs principaux de machines, on peut aller jusqu'à 12 et 15 millimètres. Ce sont alors de véritables barres de cuivre, d'un poids et d'un prix excessifs. Dans tous ces cas, la limite inférieure de diamètre des fils dépend de la conductibilité du fil, de sa forme, des facilités de refroidissement qui lui sont offertes et du but poursuivi dans son emploi.

Les conducteurs en fil de platine pour allumoirs et petites lampes à incandescence doivent rougir, mais ne pas fondre. Les fils de sûreté des conducteurs de lumière électrique doivent fondre et couper automatiquement le circuit dès que l'intensité du courant sur chaque branchement devient double ou triple de celle pour laquelle ils ont été établis normalement. Les fils de machines et les conducteurs recouverts ne doivent jamais atteindre la température à laquelle leur isolement serait compromis. On peut, dans les machines dont le fil ne dépasse pas 2^{mm} de diamètre, faire passer 5 à 6 ampères par millimètre carré, et 3 ampères seulement par millimètre carré pour le fil de 5^{mm}. Pour les conducteurs en cuivre *sous plomb*, dont le refroidissement est difficile, il ne faut pas dépasser 2 ampères par millimètre carré pour une conductibilité de 80 à 90 pour 100 et des courants inférieurs à 20 ampères. Pour les conducteurs de lumière électrique, *sir W. Thomson* indique le chiffre de 60 ampères par centimètre carré.

Dans les grandes entreprises de distribution électrique,

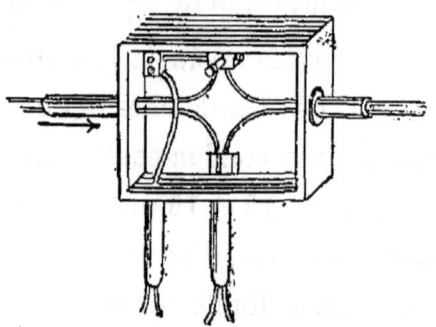

Fig. 45. — Boîte de jonction de câbles à lumière, à New-York. (Système Edison.)

telles que celles d'Edison à New-York, Brush, Maxim, Bréguet, etc., la jonction des fils de dérivation au câble principal s'opère au moyen d'une pince en laiton serrant fortement le câble et le fil. Un fil de sûreté en plomb, appelé en France *coupe-circuit*, et *cut-off* en Amérique, réunit les sutures de l'autre câble, et le tout est enfermé dans un coffret en fonte (fig. 45). Des boîtes spéciales ont été imaginées pour envelopper les conducteurs dans tous les endroits où ils se rejoignent et changent de direction.

En résumé, presque tous les conducteurs employés en électricité sont en cuivre de différents diamètres, isolés au moyen de caoutchouc ou de gutta-percha et entourés d'armatures en métal ou simplement recouverts d'une tresse de soie ou de coton. Leur prix de revient est donc toujours en rapport avec leur diamètre, leur poids et les matières employées pour l'isolement.

DEUXIÈME PARTIE.

CHAPITRE X.

Histoire de la lumière électrique.

Comme on a pu le voir dans le premier chapitre de cet ouvrage, la lumière électrique fut obtenue et produite pour la première fois par le célèbre chimiste anglais Humphry Davy en 1807, à l'aide de la puissante batterie galvanique de l'*Institution Royale* d'Angleterre et de cônes de charbon de bois éteints dans le mercure. La lumière obtenue avec ces six cents grands éléments avait une intensité prodigieuse, et, quoique placés dans un récipient vide d'air, les charbons s'usaient rapidement. En les examinant avec un verre noirci, on reconnut que la lumière avait la forme d'un croissant s'appuyant sur les extrémités des deux électrodes. On donna à ce croissant le nom d'*arc voltaïque*. Pendant de longues années on ne connut que cette lumière électrique.

Le premier perfectionnement apporté à la production de l'arc voltaïque consistait dans la substitution de crayons en charbon de cornue à gaz aux cônes de charbon de bois, puis dans le perfectionnement des appareils maintenant à une distance toujours régulière les charbons au fur et à mesure de leur combustion.

Les premiers *régulateurs à arc voltaïque*, pour employer le terme consacré, étaient d'une construction très rudimentaire. En 1840 ce n'étaient encore que des espèces d'*excitateurs* dont les boules étaient remplacées par des baguettes de charbon qu'on avançait à la main en tournant une vis, à mesure que la combustion des charbons se continuait. Ce ne fut que plusieurs années après cette époque qu'on chercha à rendre l'avancement des charbons automatique en assujettissant les porte-charbons à des mécanismes d'horlogerie, ou à des effets électro-magnétiques capables de réagir à la manière d'une balance, c'est-à-dire à la moindre variation d'intensité du courant.

La première lampe électrique automatique paraît avoir été imaginée en 1845 par M. Thomas Wright; mais ce n'est réellement qu'en 1848, quand MM. Staite et Petrie en Angleterre, M. Foucault en France, imaginèrent leurs régulateurs, qu'on y prêta quelque attention. Encore fallut-il pour qu'on pût regarder ces appareils comme susceptibles d'application que de nombreux électriciens, notamment MM. Archereau et Duboscq, s'en servissent pour les projections. A partir de ce moment, et surtout après que la machine magnétique de l'*Alliance* eut été construite et eut donné des résultats magnifiques, on comprit l'immensité du champ qui s'ouvrait devant les esprits investigateurs, et les systèmes de *régulateurs à arc* se multiplièrent presque à l'infini.

Les régulateurs de lumière électrique proprement dits

peuvent, selon M. du Moncel, être classés au point de vue de leur construction en quatre grandes catégories : 1° les régulateurs à mouvements progressifs, par déclanchement ; 2° les régulateurs à effets différentiels ; 3° les régulateurs à charbons circulaires ; 4° les régulateurs à réactions hydrostatiques. A la première catégorie se rapportent les régulateurs de MM. Foucault, Serrin, Jaspar, Gülcher, Bürgin, Rapieff, etc. ; à la seconde, ceux de MM. Tchikoleff, Lontin, Siemens, Piette et Krisik, Crompton, Cance, Berjot, Weston, Brush, de Mersanne, Mondos, Abdanck-Abakanowikcz, Gramme, etc. ; à la troisième, ceux de MM. Heinrich, Dubos, Mandon, etc. ; enfin à la quatrième, ceux de MM. Lacassagne et Thiers, Marçais, Molera et Cébrian, Sedlazeck, etc.

Nous allons passer en revue, et selon cet ordre, tous ces régulateurs, suivant la classe à laquelle ils appartiennent.

Lampes de MM. Foucault et Duboscq. — M. Foucault est, comme nous l'avons vu, l'un des premiers qui aient conçu le régulateur à point lumineux fixe et fonctionnant sous l'influence de déclanchements successifs effectués électro-magnétiquement (fig. 46). Dans ce système, les deux porte-charbons sont sollicités l'un vers l'autre par des ressorts, mais ils ne peuvent aller à la rencontre l'un de l'autre qu'en faisant défiler un rouage dont le dernier mobile est placé sous la domination d'une détente. C'est ici qu'intervient l'électro-magnétisme : le courant qui illumine l'appareil passe à travers les spires d'un électro-aimant dont l'énergie varie avec l'intensité du courant ; cet électro-aimant agit sur un fer doux sollicité, d'autre part, à s'en éloigner par un ressort antagoniste. Sur ce fer doux mobile est montée la détente qui enraye le rouage ou le laisse défiler. Lorsque la distance interpolaire diminue ou augmente, par suite des variations du courant, les charbons se rapprochent au fur et à mesure de la combustion ; mais ce rapprochement ne peut aller jusqu'au contact par suite de l'aimantation de l'électro qui leur op-

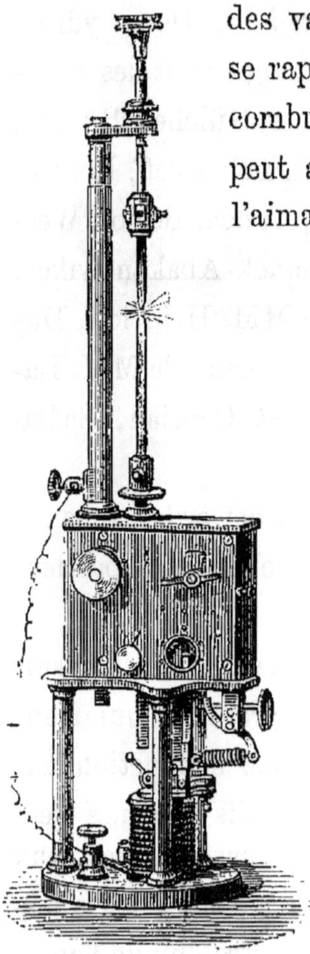

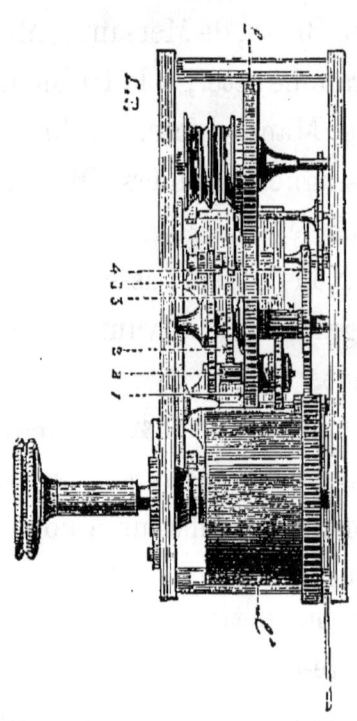

Fig. 46. — Régulateur Foucault
(Ph. Pellin, sr de J. Duboscq, constructeur)

Fig. 47. — Mécanisme du régulateur Foucault.

pose une résistance presque insurmontable (fig. 47). Ce régulateur, perfectionné ensuite par l'inventeur et par M. Duboscq, est encore d'un usage très répandu dans les laboratoires, cours et collèges pour les projections lumineuses.

Régulateur de M. Serrin. — Ce modèle est le meilleur

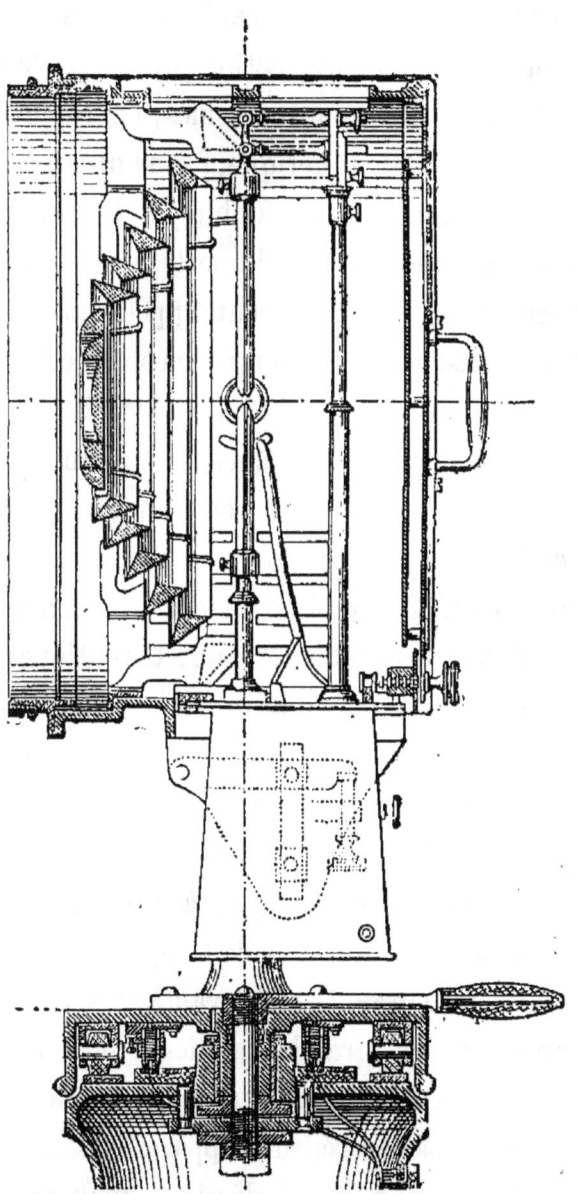

Fig. 48. — Régulateur électrique Serrin employé dans le projecteur Mangin (Sautter-Lemonnier, constructeurs).

peut-être de tous. Inventé en 1866, il a été appliqué avec le succès le plus complet pour l'éclairage des phares, les mines, travaux de nuit, art militaire, signaux, etc. Il se compose en principe de deux mécanismes reliés l'un à l'autre, mais exerçant chacun une action propre sur la marche des charbons. L'un de ces mécanismes, en rapport direct avec le système électro-magnétique, forme un *système oscillant*, constitué par une sorte de double parallélogramme auquel sont adaptés les accessoires du porte-charbon inférieur. L'autre mécanisme, que l'on peut appeler *mécanisme de défilement* et qui est relié aux porte-charbons, est constitué par une crémaillère et une chaîne de traction. Quoique commandé par le premier système, ce mécanisme réalise définitivement l'effet mécanique commencé par le premier appareil, et il régularise le rapprochement des charbons suivant leur usure. Ce système, modifié et construit par M. Suisse, a donné les meilleurs résultats pratiques.

Lampe pendulum Siemens. — Ce modèle, dont le mécanisme est analogue au précédent, date de 1878. Son allumage s'opère automatiquement et il possède un dispositif qui a pour but d'intercaler dans le circuit, en cas d'extinction subite, une résistance égale à celle de l'arc, ce qui empêche la machine génératrice de *s'emporter*.

Régulateur Gülcher. — L'avantage de ce système consiste surtout dans sa grande simplicité, qui le rend applicable au service de l'éclairage public. Son principe est le même que celui des précédents appareils, sauf quelques légères modifications; aussi ne décrirons-nous pas son mécanisme. Le rendement est bon; pour un courant de 15 ampères, la lumière produite est de 113 becs carcel (1881).

Régulateur Bürgin. — Ce dispositif est déjà assez ancien. Il a été construit en 1877, appliqué en Suisse à divers éclairages, et a donné des résultats satisfaisants. Son principe est très simple : les deux porte-charbons tendent sans cesse à se rapprocher l'un de l'autre sous l'influence d'un barillet ou d'un contrepoids, mais ils ne peuvent céder à cette action que quand un frein, commandé par une action électro-magnétique, permet le défilement des chaînes qui retiennent les porte-charbons ; de sorte que, suivant la puissance plus moins grande du courant, il y a défilement ou repos de ces porte-charbons.

Régulateur de Gaiffe. — Cet appareil est le perfectionnement du premier régulateur électrique automatique construit par Archereau en 1850. Il est basé sur l'action magnétique et attractive d'un solénoïde. Le charbon supérieur est fixe, et le charbon inférieur seul mobile. Au repos, un barillet sert d'antagoniste et amène les charbons au contact. Aussitôt que le courant passe dans le solénoïde, le charbon inférieur s'écarte, par suite de son attraction, jusqu'à ce que l'arc s'établisse. Au fur et à mesure que la résistance de l'arc augmente par suite de l'usure des charbons, la force du ressort l'emporte sur l'action électro-magnétique, et les charbons se rapprochent jusqu'à ce qu'il y ait de nouveau équilibre ; les choses se renouvellent ainsi jusqu'à usure complète des deux baguettes de charbon. Cette lampe, d'un fonctionnement assez régulier, a été perfectionnée par M. Carré, qui l'a appliquée avec succès aux projections.

Régulateur Jaspar. — Basé comme les précédents sur les actions électro-magnétiques des solénoïdes. Le ressort est remplacé par un contrepoids. Il a l'inconvénient d'exiger un circuit spécial, soit une machine par lampe. Les applications en sont assez nombreuses en Belgique.

Régulateurs Cance. — Assez compliqués, mais marche régulière. Le principe est toujours l'emploi d'un solénoïde avec un antagoniste pour l'allumage et l'avancement des charbons. Nombreuses applications en France. Ont obtenu un succès mérité aux expositions.

Parmi les régulateurs appartenant à la seconde série, on peut particulièrement citer les suivants :

Lampe différentielle de Siemens. — C'est le type le plus parfait du genre. Elle fonctionne indifféremment avec

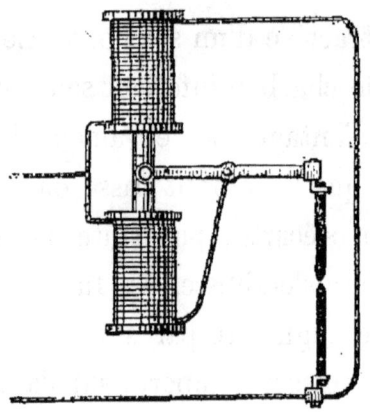

Fig. 49. — Figure schématique indiquant le fonctionnement du régulateur différentiel Siemens.

des courants continus ou alternatifs. Le principe du mouvement de cet appareil résulte de la différence d'énergie présentée en marche par deux systèmes électro-magnétiques établis en dérivation et commandant l'un des porte-charbons (fig. 49). Ce principe a également été employé dans la *lampe de Brush*, qui a fonctionné avec succès à l'Exposition d'électricité de 1881, dans le *régulateur Weston*, dans la *lampe Piette et Krisik*, dans les régulateurs de Gramme, Berjot, Jurgensen, Crompton, Lontin, Killingworth-Hedjes, etc., dont certains aujourd'hui sont complètement oubliés. Actuellement on connaît plutôt les *lampes Mondos* et les *régulateurs de Mersanne*, qui éclairent la place du Carrousel.

Parmi les régulateurs de la troisième catégorie, on remarque surtout les modèles de MM. Puviland, Heinrich et Mandon, à charbons circulaires, dont la difficile construction a empêché la propagation. Ce seraient les plus simples des régulateurs.

Enfin, dans la dernière classe, régulateurs à effets hydrostatiques, on remarque quelques modèles intéressants, mais qui n'ont pu prévaloir en pratique.

Le premier des appareils de ce genre serait dû, paraît-il, à MM. Lacassagne et Thiers, qui l'imaginèrent vers 1856 et rendirent le charbon inférieur mobile en le plaçant sur un flotteur, dans un tube rempli de mercure. Après eux, vinrent MM. Marçais et Dubos, qui construisirent une sorte de lampe-modérateur dont la crémaillère du piston réagissait sur les deux porte-charbons par l'intermédiaire d'une double grenouillette ; puis MM. Molera et Cebrian.

Actuellement on ne connaît guère, comme *régulateurs à effets hydrostatiques*, que les modèles de MM. Sedlazeck et C. Baudet, que l'on trouve chez quelques marchands de vieille ferraille et dont la construction absurde a empêché la vente.

Mais il existe d'autres moyens de produire la lumière électrique sans avoir besoin de régulateurs, dont le meilleur est d'un mécanisme trop délicat pour être confié au premier venu : les *bougies Jablochkoff* (fig. 50) et les *lampes à semi-incandescence*.

Les premières, qui portent le nom de leur créateur, se composent de deux crayons de charbon artificiel, séparés par une couche de matière isolante. En leur fournissant un courant alternatif suffisant, l'arc s'établit entre les pointes des crayons placés côte à côte, et l'usure est régulière aux deux pôles. Ces *bougies* ont été perfectionnées depuis par MM. Wilde, Debrun et Jamin, qui ont supprimé l'isolant et ont placé les baguettes la tête en bas, de manière à ce que la lumière de l'arc soit projetée vers le sol.

Fig. 50.
Bougie Jablochkoff et plan.

Les secondes sont de divers modèles, dont les plus connus sont ceux de MM. Staite, de Baillehache, Tihon et Rezard, Harrison, Clerc, Solignac, etc. Le système de M. Clerc, connu sous le nom de *lampe-soleil*, consiste dans l'intercalation d'un petit bloc de marbre de Carrare percé entre les deux charbons. L'allumage se fait au moyen d'un petit charbon traversant le bloc et mû par un solénoïde. Dans le système Tihon et Rezard, les charbons sont appuyés sur une lame de magnésie calcinée ; tandis que dans celui de M. Solignac ils sont séparés par une petite baguette de verre qui permet leur rapprochement par son ramollissement. Enfin d'autres inventeurs tels que, MM. Sawyer, Werdermann (fig. 51) et Reynier, pour ne citer que les plus connus, ont proposé une autre solution et ont imaginé des lampes dont un pôle est une baguette de charbon assez fine et l'autre électrode est un bloc compact. Pendant le passage d'un courant, la baguette devient incandescente et produit un arc en s'éloignant du bloc. La lumière est d'une fixité et d'une teinte que ne possède pas l'arc voltaïque simple. On a donné à ces appareils le nom de *lampes à semi-incandescence*. Elles brûlent aussi bien à l'air libre que dans le vide.

Nous en arrivons aux lampes à incandescence dans le vide. Les premières recherches dans cette voie furent faites, en 1844, par M. l'ingénieur de Changy, qui essaya de mettre à exécution cette idée de Jobard, qu'un « *petit charbon employé comme conducteur d'un courant électrique dans une chambre vide d'air donnerait une lampe électrique d'une lumière fixe et durable.* » M. de Changy se servit d'abord de baguettes très minces de charbon de cornue, puis de fils de platine, mais il n'obtint pas de résultats pratiques. Cette idée fut aussi étudiée, mais sans grands résultats par King et Star (1845), Lodyguine et Kosloff (1874), et il faut arriver à Edison (1879), à qui revient bien l'honneur d'avoir créé la véritable lampe à incandescence pratique. Plusieurs perfectionnements y ayant été apportés de-

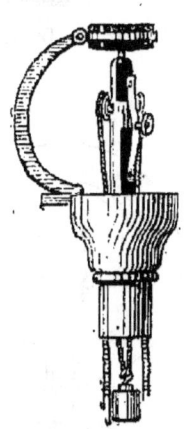

Fig. 51. — Lampe à semi-incandescence, système Werdermann.

puis, nous passerons en revue les principaux types de *lampes à incandescence*.

Lampe Edison. — Filament de bambou carbonisé, replié en forme d'U renversé et renfermé dans un globe de verre où l'air est raréfié à un millionième d'atmosphère. On en fabrique de deux types différents : l'un pour donner une lumière de 16 bougies, et qui doit présenter après la carbonisation une résistance de 140 ohms ; l'autre de 8 bougies, et dont la résistance est de 60 à 70 ohms. L'air est raréfié et l'on introduit le filament dans l'ampoule de verre au moyen d'une pompe à mercure de Sprengel, pendant que l'on fait passer un fort courant dans le filament ; puis on ferme le globe au chalumeau et on le garnit d'une bague en laiton (fig. 52).

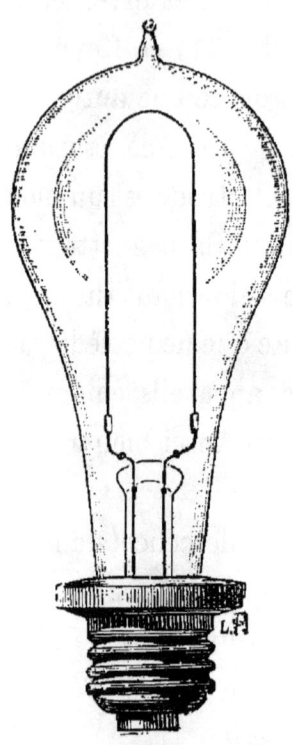

Fig. 52. — Lampe Edison.

Lampe Swan. — Filament formé de fils ou tresses de coton plongés dans l'acide sulfurique affaibli d'un tiers de son poids d'eau, puis carbonisés en vase clos avec de la poussière de charbon très fine (fig. 53). Ce filament replié ensuite en forme de boucle est renfermé dans une ampoule de cristal, dans laquelle on

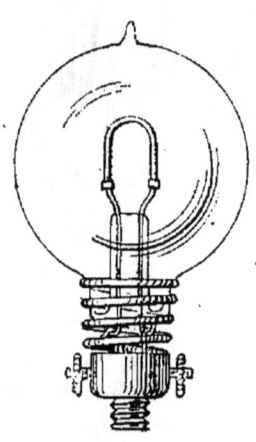

Fig. 53. — Lampe de Swan avec son support.

produit le vide selon les procédés de M. Edison. La résistance varie alors de 30 à 100 ohms et la lumière peut atteindre de 12 à 25 bougies.

Lampe Lane-Fox. — Filament composé de brins de chiendent vulcanisé et imprégné d'oxychlorure de zinc, puis carbonisé avec soin. Selon l'inventeur, un moteur de deux chevaux-vapeur maintient allumées 15 de ces lampes, dont le pouvoir éclairant est de 10 bougies, ce qui constitue un fort mauvais rendement. La résistance à froid varie de 75 à 100 ohms.

Lampe Maxim. — Filament constitué par un morceau de carton de Bristol découpé en forme de M, non carbonisé, puis placé dans une atmosphère d'hydrogène fortement carburé dans le but de boucher les pores du carton et de lui donner une conductibilité suffisante. La résistance est de 40 à 60 ohms et la puissance lumineuse de 25 candles.

Lampe Siemens et Halske. — Toutes les lampes construites par cette maison fonctionnent avec une différence de potentiel de 100 volts. Elles appartiennent à trois types de différentes intensités lumineuses et donnant 12, 16 et 25 bougies respectivement avec 4, 5 et 8 dixièmes d'ampère. Leur résistance est, à chaud, de 244, 182 et 125 ohms.

Lampe Nothomb. — Le filament est en cellulose carbonisée dans une atmosphère carburée ; il a un millimètre de largeur et 0,4 mm. d'épaisseur. Elle fonctionne en prenant une intensité de un à trois ampères et de 45 à 100 volts, en donnant respectivement 30, 50 et 100 bougies. Les lampes de 300 bougies ont trois filaments couplés à volonté en tension ou en quantité.

Lampe Muthel. — Cette lampe à incandescence d'un genre nouveau vient de faire son apparition en Allemagne, où elle a été brevetée par M. Muthel. Comme forme, elle rappelle les lampes à incandescence dans le vide, mais elle en diffère en ceci : le filament, au lieu d'être combustible comme le charbon employé jusqu'ici, peut être porté au rouge blanc sans se brûler, ce qui dispense de faire le vide dans le globe qui le contient. Les filaments consistent en une terre argileuse réfractaire imprégnée d'un mélange de platine et d'iridium ; pour les obtenir, on commence par étirer en fil fin un mélange de terre à porcelaine, magnésie, silicate de magnésie et autres substances réfractaires ; puis, après avoir porté le fil au rouge, on l'imprègne de sels des deux métaux : il suffit alors d'opérer la réduction de ces sels par une matière organique ou l'électricité, pour avoir un filament dont les caractères sont les suivants : sa résistance est assez grande, puisqu'une bonne partie en est constituée par des corps mauvais conducteurs de l'électricité, mais il conduit cependant cette dernière à cause des métaux qui forment une espèce de réseau ; de plus, lorsque le passage du courant échauffe le métal, celui-ci partage sa chaleur avec la masse qui l'emprisonne et ne peut pas fondre, ou en tout cas, s'il fond, il n'en reste pas moins dans les pores de la matière réfractaire, et le filament conserve sa forme. On ne s'explique pas très bien cependant comment il n'y a pas, à la longue, combustion du platine.

Lampe Cruto. — Filament de platine sur lequel on a déposé du carbone en le plaçant dans la vapeur d'un carbure d'hydrogène et en le portant au rouge par le passage d'un courant énergique. Le platine est *volatilisé* ensuite en ne laissant qu'un tube de charbon dont la résistance est de 70 à 140 ohms selon le type. — Nous n'insisterons pas sur cette lampe, dans laquelle on *volatilise du platine!* suivant l'inventeur, et nous passerons de suite à un autre type.

Lampe Gérard. — C'est la même composition que la première lampe étudiée par M. de Changy en 1844. Ce sont deux baguettes excessivement minces en charbon artificiel formant un angle et placées dans une atmosphère simplement raréfiée. Leur consommation est assez grande : 6 kilogrammètres pour la lampe *zéro,* donnant de 10 à 12 bougies de lumière.

Lampe Bernstein. — Filament constitué par un tube de soie tissée à mince paroi, puis carbonisé sur un lit de graphite. Le type de 50 bougies fonctionne avec un courant de 5 ampères et 28 volts, soit 15 kilogrammètres par seconde ; celui de 90 bougies demande 8,5 ampères et 34 volts aux bornes, soit 29 kgm., et il a pu être poussé jusqu'à 11 ampères et 46 volts sans brûler. Il donnait alors une intensité lumineuse de plus de 450 bougies.

Cette énumération, qui ne pourrait être poussée plus loin sans devenir fastidieuse, montre combien l'esprit des inventeurs s'est déjà appliqué à la solution de l'éclairage par l'électricité. Nous ne parlerons pas ici des expériences curieuses de M. Jablochkoff, de M. Gaulard, etc., qui ne sont pas entrées dans la pratique, nous contentant d'avoir examiné sommairement les principes sur lesquels les inventeurs se sont basés pour en arriver à des résultats pratiques et industriels.

CHAPITRE XI.

Construction et installation de lampes électriques.

Le régulateur automatique le plus simple et le plus facile à construire est celui qui fut imaginé par Archereau en 1850 et perfectionné plus tard par MM. Gaiffe et Carré.

On prend une bobine ordinaire, que l'on *paraffine*, et sur laquelle on enroule une vingtaine de mètres de gros conducteur entouré de soie ou de coton, en ayant soin de multiplier le nombre de tours de fil au pied de la bobine (fig. 54). On prend ensuite une tige de fer très doux

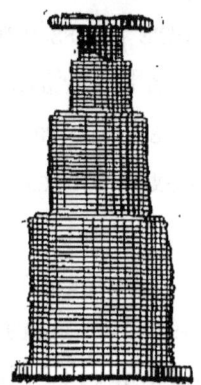

Fig. 54. — Solénoïde.

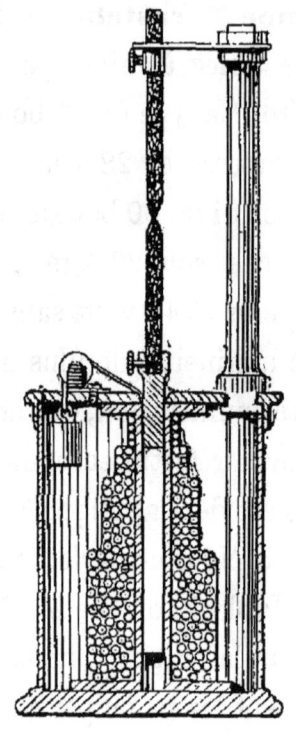

Fig. 55. — Régulateur terminé avec son contrepoids (coupe).

sur laquelle on peut visser un porte-charbon en cuivre et

qu'on enfonce dans l'*âme* de la bobine à frottement doux, après l'avoir toutefois muni d'un fil à l'extrémité duquel on suspend un contrepoids. Les deux bouts du fil enroulé sur la bobine correspondent d'une part à une borne et de l'autre au charbon contre lequel on l'appuie par l'intermédiaire d'un galet. Ainsi monté, et le porte-charbon supérieur étant fixe, ce régulateur rudimentaire (fig. 55) peut être d'un fonctionnement satisfaisant pour des expériences de courte durée, et il présente l'avantage de pouvoir être allumé à distance avec un nombre relativement minime d'éléments. Une batterie de 24 piles au bichromate groupées en tension permet d'obtenir un arc de un demi à 1 millimètre.

Lorsqu'on alimente un régulateur par des courants alternatifs, l'usure des charbons est la même si les charbons sont horizontaux; s'ils sont verticaux, le charbon supérieur s'use un peu plus vite que le charbon inférieur, pour des charbons de même qualité et de même diamètre. Avec un courant continu, le charbon positif, qui se place en général à la partie supérieure, s'use environ deux fois plus vite que le charbon négatif et se creuse en forme de cratère. Lorsqu'on veut maintenir le point lumineux fixe dans l'espace, ce qui peut être très important, pour les projections, par exemple, on doit donc tenir compte de l'usure, très différente selon les courants employés.

Les crayons employés dans tous les régulateurs électriques sont artificiels, les résultats qu'ils donnent par suite de leur constitution homogène étant de beaucoup supérieurs à ceux donnés par les crayons de charbon de cornue à gaz. Les meilleurs sont ceux de M. Carré et de M. Gauduin. La formule suivante donne la composition des charbons du premier :

Coke très pur en poudre fine........	15 parties.
Noir de fumée calciné..............	8 —
Sirop de sucre.....................	7 à 8 —

Le tout est ensuite trituré fortement et additionné de 1 à 3 parties d'eau pour compenser l'évaporation et selon le degré de dureté que l'on veut donner à la pâte, que l'on comprime ensuite à la presse hydraulique et que l'on fait passer à la filière pour donner la forme cylindrique aux charbons. Après cette opération, on étage les baguettes dans un creuset et on les soumet pendant un temps déterminé à une haute température.

Les procédés de M. Gauduin sont différents. Après de nombreux essais, l'inventeur s'est arrêté à la disposition suivante. Il prend du bois sec et lui donne la forme du crayon définitif, puis il le convertit en charbon dur et l'imbibe finalement d'hydrocarbures. La distillation du bois s'opère lentement, de manière à chasser les corps volatils, et le séchage final est obtenu dans une atmosphère réductrice d'une température très élevée. Ces charbons, encore imparfaits et d'un prix de revient assez élevé, ne se sont pas beaucoup répandus.

M. Napoli a aussi imaginé des charbons agglomérés en coke et goudron de houille triturés et passés à la filière, puis soumis à une cuisson au rouge sombre. Quoiqu'ils fussent, paraît-il, supérieurs aux charbons Carré, leur usure étant de trois à quatre fois moins rapide, ils sont aussi rares aujourd'hui que les charbons Gauduin, sinon plus.

On a essayé de métalliser les charbons avec du cuivre ou du nickel dans le but de les rendre plus conducteurs ; mais il ne paraît pas que cette idée ait eu un grand succès, quoique, dans des expériences faites par M. Reynier, le nickel ait prolongé de 50 et même de 60 pour 100 la durée des charbons.

La Commission d'expériences, lors de l'Exposition d'électricité de 1881, s'est servie de quelques termes, dont nous devons donner ici l'explication, pour mesurer les éléments de travail des arcs voltaïques. Ce sont :

Cheval électrique, cheval d'arc. — Énergie électrique produite par une machine, ou énergie électrique consommée par une machine, calculée par les f. c. m., les résistances et les intensités, exprimée en chevaux-vapeur de 75 kilogrammes par seconde.

Rendement mécanique total. — Rapport entre le travail électrique total et le travail moteur effectif, déduction faite de celui qui est employé pour la transmission mécanique.

Rendement mécanique des arcs. — Rapport entre l'énergie électrique consommée dans les arcs et le travail moteur effectif.

Rendement électrique des arcs. — Rapport entre le travail électrique des arcs et le travail électrique total.

Les arcs donnent le meilleur rendement lumineux de tous les appareils d'éclairage électrique, et ils présentent l'avantage de donner une intensité de lumière quelconque, depuis 30 jusqu'à 3,000 carcels, suivant la puissance du générateur employé. On donne le nom de *monophotes* aux régulateurs dont le système de réglage est tel qu'il ne permet qu'un seul foyer sur une source d'électricité donnée, pile ou machine ; et on les dit *polyphotes* lorsqu'on peut en placer plusieurs, soit en tension, soit en dérivation, soit en plusieurs groupes, suivant la qualité et la puissance des machines qui les alimentent. Le plus souvent le réglage s'opère par des actions magnétiques.

Les *bougies électriques*, type Jablochkoff, sont d'une fabrication simple et facile. On place côte à côte deux baguettes de charbon Carré de 1 à 2 millimètres de diamètre, et dans l'écartement, qui ne doit pas excéder 5 à 6 millimètres, on coule le *colombin* ou isolant fondant, plâtre, craie, etc., qu'on laisse durcir. Une fois sec, on taille en pointe l'extrémité supérieure des charbons et on les trempe dans un mélange de gomme arabique et de plombagine servant d'*amorce* à l'arc. Il est bien évident qu'on ne peut se servir que de courants alternatifs pour l'allumage de cette bougie et que les piles ne peuvent absolument pas être employées pour la production du courant.

Il est impossible à un amateur de construire une lampe à incandescence dans le vide, car, comme on a pu le voir dans le chapitre précédent, cette fabrication demande un outillage très compliqué. D'ailleurs le prix des lampes est tellement minime aujourd'hui qu'il est préférable de les acheter directement aux fabricants, qui en vendent à raison de 110 fr. le cent, soit *un franc dix centimes* la lampe. Inutile de dire que ces lampes, dont la durée maximum est de quelques heures, ne valent pas plus. Elles consomment beaucoup d'électricité; nous en avons vu qui ont pu être poussées sans brûler jusqu'à 13 ampères avec une tension de 20 volts, et qui avaient été vendues pour 1 ampère et 16 volts.

La pose des lampes à arc, à semi-incandescence ou à incandescence dans le vide, dépend du courant fourni par la source électrique. Nous allons étudier, l'un après l'autre, les différents cas qui peuvent se présenter.

Installation domestique de 6 lampes avec pile primaire. — Nous ne nous occuperons pas du modèle de pile employé, considérant seulement que le courant fourni est de 15 ampères et 20 volts, ce qui suppose une batterie d'au moins douze éléments à grand débit. On peut les grouper en *dérivation* ou en *série*. Dans le premier cas, un fil d'assez fort diamètre, parfaitement isolé, va de la pile à la dernière lampe, puis revient au pôle négatif de la pile et sur son parcours des fils plus fins empruntent une partie du courant et la conduisent aux autres lampes. Tous les pôles positifs des lampes sont par conséquent montés sur le même fil, et tous les pôles négatifs sur l'autre. On peut ainsi éteindre chaque lampe à volonté sans intéresser les autres ni les éteindre. Il est seulement à remarquer que l'intensité du courant doit diminuer en raison du nombre d'extinctions, sans quoi les dernières lampes, poussées à un

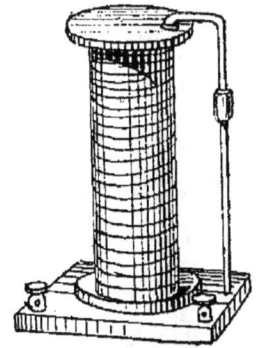

Fig. 56. — Rhéostat.

régime excessif, brûleraient. Pour éviter cet accident, on intercale ordinairement sur le circuit un *rhéostat* (fig. 56), bobine de fil de résistance calculée et semblable à celle d'une lampe, et qui reçoit le courant de la lampe éteinte sans que le débit de la source électrique ait besoin de varier.

Pour grouper les lampes en série, on les place sur un même fil qui, partant du générateur électrique, y retourne sans interruption. Le grand inconvénient de ce montage est que, lorsqu'on éteint une lampe, le circuit se trouve ouvert et toutes les autres s'éteignent.

Installation d'un éclairage de 6 lampes avec accumulateurs. — Nous prenons de préférence le chiffre de six lampes parce qu'il nous paraît être le plus convenable pour l'éclairage des appartements ordinaires. Dans le cas qui nous occupe, les accumulateurs peuvent être chargés continuellement par des piles au bichromate ou au sulfate de cuivre. Le modèle d'accumulateur peut être quelconque, pourvu que, son courant de charge étant de 4 ampères, il en puisse débiter normalement de 7 à 8 pendant six à sept heures. Le matériel d'un semblable éclairage se compose donc de :

Une pile primaire d'un débit de 4 à 5 ampères ;

Une batterie d'accumulateurs d'une capacité de 200 à 400,000 coulombs ;

Un coupleur à main, pour charger les accumulateurs en quantité et les décharger en tension ;

Les lampes avec leurs supports, leur appareillage, les fils et les rhéostats.

Le générateur et les accumulateurs peuvent être placés dans un endroit où ils ne gênent aucunement : au grenier, dans la cave, dans la cuisine, dans un placard, sur des planches, etc. Les fils arrivent aux lampes en suivant le long des plinthes et des corniches, ou sous les tentures, de ma-

CONSTRUCTION DE LAMPES ÉLECTRIQUES. 155

nière à être dissimulés autant que possible. Les lampes peuvent être placées à l'extrémité d'appliques (fig. 58), de bras

Fig. 57. — Lampe portative Aboilard.

de lumière, dans une suspension, sur des chandeliers, lustres ou candélabres : les ornements ne manquent pas.

Mais dans aucun cas nous ne recommanderons les lampes portatives contenant leur pile, autour desquelles on a fait tant de bruit à un certain moment, et que nous avons le premier fabriquées et essayées. Si bien construits et si

Fig. 58. — Applique ornementée pour lampes électriques.

ornementés que soient certains modèles, les services rendus ne peuvent pas être mis en comparaison avec les ennuis inhérents au chargement et au nettoyage de la pile, toujours délicate et compliquée. Quant aux modèles que l'on vend 22, 16 et même 10 francs, nous n'en parlerons que pour flétrir les agissements éhontés de ces camelots sans vergogne qui trompent le public sur la valeur de leurs appareils ineptes et trouvent le moyen de gagner cinquante pour cent sur une marchandise bon marché, mais qui ne fonctionne que chez eux et grâce, il faut le dire, à des *trucs* plus ou moins malhonnêtes. Quoique le nom de ces industriels soit au bout de notre plume, nous ne l'écrirons pas, certain qu'ils se reconnaîtront suffisamment.

Éclairage électrique avec machines. — Jusqu'à six lampes de huit bougies, le prix d'une installation par la pile seule, par la pile et les accumulateurs, ou par la machine, est à peu près le même, et, pour l'entretien de la

ÉCLAIRAGE PAR L'ARC VOLTAIQUE.

TYPES DE MACHINES.	FORCE dépensée en chev.	F. E. M. aux bornes.	DÉBIT ampères.	NOMBRE d'arcs allumés.	VALEUR en carcels de ch. arc.	NOMBRE DE CARCELS					RENDEMENT mécanique.
						par ampère.	par ch. d'arc.	par ch. élect.	par ch. méc.	par arc.	
Gramme.........	16	102	109	1	950	8,85	128	65	60		0,92
Edison.........	10	110	45	»	»	»	»	»	»		»
Siemens.........	4 1/2	80	35	1	306	8,74	121,5	80	68,9		0,86
Maxim.........	4	85	33	1	239	7,24	103,5	64	58,7		0,91
Brush.........	13	840	10	16	608	3,80	63	53,5	45,5		0,85
Gérard.........	15	100	20	»	»	»	»	»	»		»
Bréguet.........	12	80	30	1	2200	3,70	85	68	65		0,90
Hipp..........	11	110	55	1	1700	3,5	88	67	61		0,85
Méritens.........	12 1/2	36	35	5	150	3,6	60	62	68		0,85
Ferranti-Th.....	82	95	520	»	»	»	»	»	»		»
Weston.........	13	398	23	10	850	3,7	85	68	66		0,95

ÉCLAIRAGE PAR L'INCANDESCENCE,

la semi-incandescence et les bougies électriques.

	BOUGIE JABLOCHKOF.	BRULEUR JAMIN.	LAMPE WERDERMAN.	LAMPE REYNIER.	LAMPE NAPOLI.	INCAN-DESCENCE. EDISON.	INCANDESCENCE. SIEMENS.	GÉRARD.	SWAN	MAXIM.
Force absorbée........	72 kgm.	8 ch.	34 kgm.	15 kgm.	38 kgm.	1 chev.	1 chev.	1 chev.	1 ch.	1 ch.
Puissance lumineuse de chaq. lampe en carcels..	37,5	50	34	12	40	15	2,5	2	3	2,4
Nombre de lampes par cheval.................	1	3	2	5	2	16	8	9	10	125
Consomm. par lampe..	38 kgm.	25 kgm.	34 kgm.	15 kgm.	38 kgm.	3,8	7,5	7,9	7 kg.	0,6 kg.
Résistance des lampes..	3 kgm.	»	»	0,2	0,7	70	182	»	150	»
Chute de potentiel.....	42 v.	50	6,7 v.	5,4	6,5	50 v.	109	20	50	3,7
Énergie...............	8 amp.	5	50,5	27	40	0,75	0,55	1,5	0,63	17

lumière, c'est l'installation avec accumulateurs et piles qui obtient le prix du bon marché. Les tableaux qui précèdent (pages 157-158) établissent le parallèle qui existe entre les machines de tous systèmes, travaillant sur différents appareils de lumière, au point de vue du rendement industriel et du prix de l'unité de lumière.

Le prix d'entretien de la lumière est facile à déduire d'après ces tableaux, qui donnent la force absorbée par les lampes et machines de différents systèmes. Au cas où le générateur d'électricité serait une pile primaire, il faudrait se rapporter aux calculs de la page 45, qui donnent le chiffre de revient du kilogrammètre produit par ces appareils.

CHAPITRE XII.

La force motrice électrique.

On trouve, encore aujourd'hui, dans un livre qui est dans toutes les mains et qui a la prétention d'initier le lecteur aux merveilles enfantées par la science moderne, le passage suivant :

« On s'est quelque temps flatté de l'espoir de remplacer par l'électricité la force motrice de la vapeur, mais l'expérience et la théorie sont venues renverser ces espérances. Écarter les inventeurs et les praticiens d'une entreprise chimérique étant leur rendre un signalé service, c'est là ce que nous allons essayer de faire. »

Aujourd'hui, cinq ans après l'Exposition d'électricité, le personnage qui a commis cette erreur devrait bien faire une autre édition ; qu'en pense notre lecteur ?

Il n'est pas besoin de dire ici quelle extension prend tous les jours la distribution de la force motrice électrique, la revue suivante va faire voir d'ailleurs quelle expansion colossale a prise cette idée depuis la découverte de l'*électro-magnétisme*, en 1820, par Œrsted et Arago.

La première tentative sérieuse de création d'un moteur électrique est due à Jacobi et elle date de 1838. Lors de l'expérience que ce physicien exécuta sur la Néva, la pile était du système de Grove et se composait de deux batteries de 64 éléments chaque et groupées en tension. Le mécanisme moteur (fig. 59) était une armature en forme d'étoile tournant entre deux rangées d'électro-aimants en fer à cheval et qui attiraient chaque branche à des intervalles calculés, par le jeu d'un commutateur actionné par la machine elle-même. Malgré l'énorme quantité d'électricité développée par la pile, la force motrice ne se trouva être que de 0,7 de

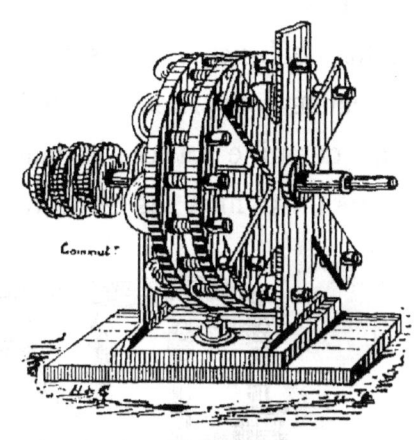

Fig. 59. — Moteur électro-magnétique de Jacobi.

cheval-vapeur, résultat hors de proportion avec les dépenses d'acide et de zinc occasionnées.

Après Jacobi, il faut franchir un laps de dix ans avant de retrouver trace d'un moteur électrique de quelque valeur. C'est en Amérique qu'un nommé Page imagina une nouvelle machine dont le principe était absolument différent de celui du moteur Jacobi et reposait sur l'emploi des électro-aimants creux qui furent employés plus tard par M. Bourbouze dans la construction de son grand moteur de la faculté des sciences de (fig. 60) Paris. Selon les journaux des États-Unis de cette époque, la machine de M. Page était d'une force de plusieurs chevaux, possédait un balancier qui battait 80 coups à la minute, et était mise en action par une pile placée dans le socle. La machine complète ne pesait que 1,000 kilogrammes avec la pile.

L'avantage le plus certain de cette disposition était la

construction des bobines, qui jouaient un peu le rôle de solénoïdes et permettaient de donner une certaine amplitude à la course des barreaux aimantés glissant à l'intérieur desdites bobines. Les essais de M. Page furent subventionnés par le gouvernement américain, qui perdit là une centaine de mille francs, la machine du professeur n'ayant jamais pu donner les résultats prédits.

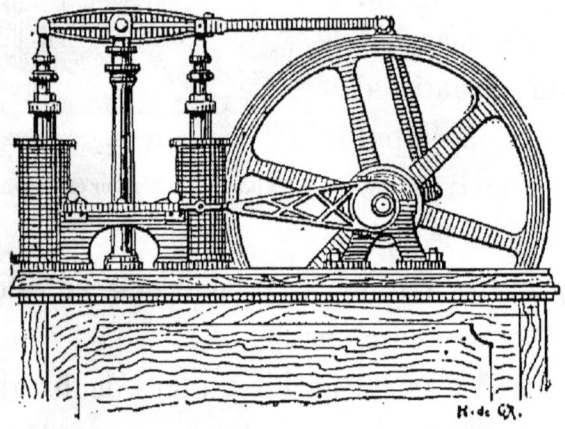

Fig. 60. — Moteur Bourbouze à électro-aimants creux.

De 1865 à 1865 la question des moteurs électriques fut reprise en France et consciencieusement étudiée par un célèbre constructeur d'appareils de précision, M. Froment, qui créa plusieurs dispositifs différents et dont le plus grand exemplaire pouvait déployer une puissance de 1/2 cheval-vapeur environ et avait une hauteur de deux mètres.

Le principe du moteur Froment est une roue de cuivre sur laquelle sont fixées, à égales distances les unes des autres, des lames de fer très doux. Cette roue tourne de façon à ce que les lames se trouvent très rapprochées d'une série d'électro-aimants agissant successivement pour les attirer, grâce au jeu d'un simple commutateur, et se désaimantant par le même moyen. Ce principe et celui de la machine Page ont été copiés à l'infini et avec des différences de peu d'importance par tous les marchands d'électricité qui vendent de semblables moteurs pour la mise en marche de petits appareils de démonstration, tubes de Geissler, etc.

Nous ne jetterons même pas un regard de compassion en passant sur les moteurs électro-magnétiques actionnés par les piles et qui furent imaginés de 1865 à 1872 par MM. Roux, Larmenjat, Allen, Casal, etc., etc. Des centaines d'appareils de ce genre furent construits à cette époque et ont naturellement échoué, leur principe étant absolument insuffisant. L'invention des machines dynamo et magnéto-électriques leur a donné le coup de grâce et les a rejetés dans l'oubli le plus complet, car, comme on s'en est aperçu rapidement, tout générateur mécanique d'électricité à courants alternatifs, redressés ou continus, est susceptible, par réversibilité, de constituer un moteur électrique. En pratique, on ne se sert que de machines à courants continus ou redressés comme moteurs.

Parmi ceux-ci nous trouvons quelques types de construction très simple et de passable rendement électrique, et qui méritent d'être décrits. Citons :

Moteur Marcel Deprez. — M. Marcel Deprez est le premier qui ait créé un moteur employant comme induit l'armature de Siemens à double T et que nous avons décrite.

Dans ce modèle, la bobine tourne dans un champ magnétique constitué par un aimant en fer à cheval. Un commutateur de construction ordinaire sert à redresser les courants.

Moteur Trouvé. — Ce modèle, qui est le premier en date après celui de M. Marcel Deprez dont il dérive, emploie aussi la bobine Siemens, mais son inventeur a modifié cette armature en excentrant les faces polaires pour diminuer l'effet du point mort. Un commutateur spécial permet les changements de polarité qui doivent se produire deux fois par tour. La bobine tourne entre les branches d'un électro-aimant ordinaire. Le rendement est faible, cependant c'est avec ce moteur qu'ont été exécutés divers essais de locomotion électrique terrestre et aquatique, à l'aide d'un tricycle et d'un bateau à hélice.

Moteur Cloris Baudet. — La pièce principale de cet

Fig. 61. — Moteur réversible à deux bobines, de Cl. Baudet.

appareil est encore une bobine de Siemens, modifiée en ce sens que le fil est enroulé sur de petits barreaux de fer doux qui réunissent les deux faces polaires de la bobine. Il présente l'avantage de n'avoir pas de point mort, d'être d'un poids et d'un volume restreints et de travailler avec un courant d'une puissance quelconque en donnant un bon rendement mécanique (fig. 61). Il ne se produit pas d'étincelle au collecteur, ce qui empêche cette pièce de s'user aussi rapidement ; mais il a l'inconvénient d'exiger des rouages pour diminuer la vitesse de rotation, ce qui est cause d'un tapage assourdissant. On l'a appliqué avec un certain succès à la mise en marche de divers petits outils et d'un bateau à roues.

Moteur Griscom. — Dans ce système, la bobine Siemens tourne à l'intérieur d'un anneau cylindrique creux, en fonte malléable, anneau recouvert d'enroulements de fil le divisant en deux moitiés et combinées de manière à créer deux pôles conséquents aux deux extrémités d'un même diamètre vertical. Ce moteur donne des résultats satisfaisants. Il est petit et léger et sa vitesse fort grande ; on l'a appliqué *directement* sur des machines à coudre pour les actionner.

Fig. 62. — Moteur Radiguet (sans engrenages).

Moteur Radiguet. — Ce modèle, sur le rendement duquel nous n'avons pas de renseignements précis, présente l'avantage de supprimer les rouages, absolument nécessaires dans tous les autres types de petits modèles, et d'être, par suite, absolument silencieux. En principe, il se compose de deux anneaux de fer doux entourés de fils et jouant, l'un le rôle d'inducteur, l'autre le rôle d'induit (fig. 62). Selon le nombre d'éléments de piles et la force du courant, ce moteur peut développer de 4 à 5 kilogrammètres. Il est assez oublié maintenant.

Moteur Ayrton et Perry. — Ce type, basé sur un faux principe, n'a donné que des rendements mécaniques au-dessous de la moyenne, soit de 25 à 33 p. 100 de la force électrique qui leur était fournie. Ils demandent 25, 50 ou 100 volts avec une intensité de courant correspondante pour développer un tiers de cheval-vapeur à peine.

Moteur Jablochkoff, dit *écliptique*. — La partie mobile de ce moteur est formée par une bobine plate placée obliquement sur l'axe de rotation. Cette bobine est en fer, et l'ensemble forme ainsi un court électro-aimant. La partie fixe est une bobine plus grande, à cadre de cuivre, disposée obliquement à l'axe comme la première, mais dans le sens opposé. L'arrangement du commutateur est tel que le courant parcoure la bobine mobile toujours dans le même sens et que les changements de sens à chaque demi-révolution aient lieu seulement dans le solénoïde fixe. Les actions de courants croisés qui s'exercent entre ce dernier et l'armature produisent la rotation de celle-ci. Ce moteur a évidemment, comme le suivant, une forme très originale et montre qu'on cherche aujourd'hui à appliquer aux moteurs toutes les réactions dynamiques des courants.

Moteur sphérique Bürgin. — Cet inventeur a eu l'idée de prendre comme inducteur une sphère qui joue le rôle de cadre galvanométrique et qui est recouverte de fil formant une série de spires presque suivant des parallèles horizontaux. A l'intérieur, un noyau de fer mobile sur un axe horizontal est également entouré de spires formant encore des couches parallèles. Lorsqu'on lance le courant, ces deux séries de spires tendent à se mettre parallèles, et si on renverse le courant au moment où, dans la rotation, cette position est atteinte, le mouvement continue. On voit qu'ici il n'y a plus d'aimantation variable, la partie de l'appareil où les courants sont renversés ne renferme que du fil conducteur. Il y a donc là un principe curieux et différent des autres. On perd, il est vrai, dans ce procédé, l'action énergique exercée par le magnétisme du fer doux. La forme sphérique adoptée par M. Bürgin est assez singulière, elle doit rendre les enroulements difficiles ; elle donne à la machine un aspect très étrange, on ne voit qu'une boîte close d'où sort un axe animé d'un mouvement très rapide.

Tels sont les principaux types de petits moteurs créés dans ces dernières années. Actionnés par des batteries de piles primaires ou secondaires, ils ont eu un certain nombre d'applications. Le modèle de M. Trouvé a été successivement adapté à la commande des machines à coudre, des pianistas (orgues mécaniques), des tours à dentiste, et surtout à la locomotion. Tout le monde a vu manœuvrer sur la Seine le coquet petit bateau le *Téléphone*, marchant à l'hélice, et que deux batteries de six éléments au bichromate de potasse actionnaient. Le moteur de Baudet a reçu aussi quelques applications. Comme nous le disions tout à l'heure, on s'en est servi pour la commande de petits appareils : tours ; outils à fraiser, à tailler les engrenages ; pompes centrifuges, machines à coudre, ventilateurs, et locomotion par bateau à roues et par tricycle, au moyen d'accumulateurs, ou de piles impolarisables du même inventeur.

Pour les puissances supérieures à 10 ou 12 kilogrammètres, l'emploi des générateurs primaires et des petits moteurs que nous venons de décrire n'est plus possible, et l'on se sert de machines dynamos ordinaires. Il faut alors deux machines : l'une produisant l'électricité grâce au travail mécanique d'un moteur, ou *génératrice;* l'autre, la *réceptrice*, tournant par réversibilité, et qui est le véritable moteur. Les types les plus généralement employés sont les suivants :

Moteur dynamo de Méritens. — Ce type est absolument le même modèle qui sert de générateur. Mis en rapport par deux fils aux bornes d'une autre machine, il se met en marche et transmet de 40 à 60 pour 100 du travail dépensé par la génératrice. (fig. 63)

Moteurs de Gramme. — Il en existe de plusieurs modèles. Le type *supérieur* (fig. 64) est une excellente réceptrice, d'une disposition spéciale, dans laquelle les deux électro-aimants sont verticaux, et qui présente une forme robuste et ramassée. Pour les transmissions de force de quelque importance, le type octogonal est souvent préféré, il est plus massif que le précédent et peut sous un petit volume constituer un très fort moteur.

Moteur Siemens. — Ce n'est autre chose que la dynamo-type D, que nous avons déjà décrite page 71. C'est une des

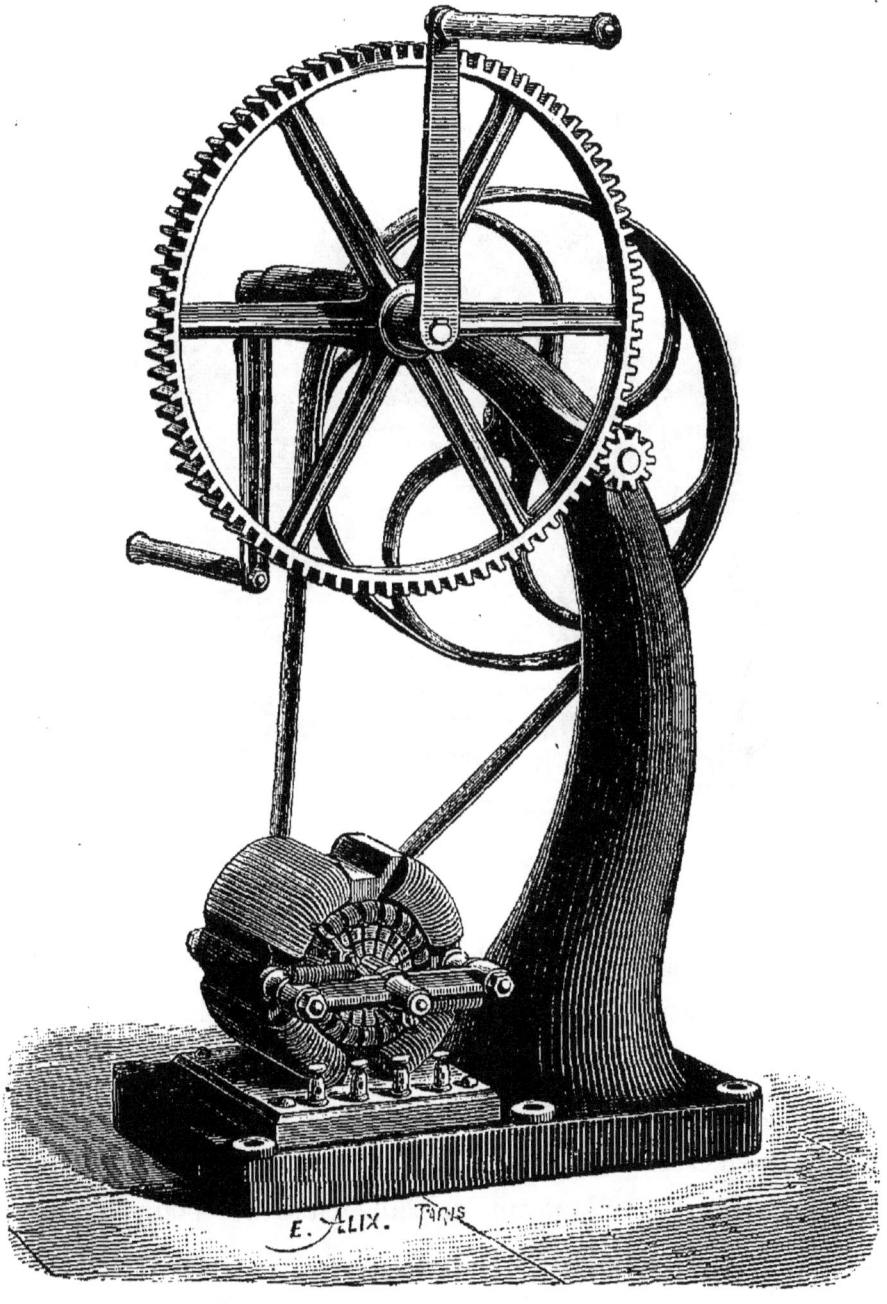

Fig. 63. — Moteur électrique de Méritens transformé en dynamo à lumière par une transmission à bras.

plus employées pour la locomotion, comme nous allons le voir.

Le premier essai de transmission de force électrique à distance est dû à M. Hippolyte Fontaine qui l'exécuta à

Fig. 64. — Machine Gramme, type supérieur.

Vienne en 1876 ; mais celui qui fit le plus de bruit fut exécuté en grand par MM. Chrétien et Félix à la sucrerie de Sermaize en 1879. Une puissante machine génératrice transmettait la force à plusieurs réceptrices à des distances relativement assez considérables, et celles-ci actionnaient divers appareils demandant une certaine puissance pour être mis en jeu, comme des grues et des charrues automatiques.

C'est la même année que fut accomplie l'application de l'électricité à la traction des véhicules, par la maison Siemens et Halske qui construisit une petite locomotive électrique pour l'Exposition de Berlin. Dans cette locomotive, la réceptrice recevait le courant de la génératrice par l'intermédiaire d'un rail central et de frotteurs, et transmettait le mouvement aux roues par une combinaison mécanique très simple. La terre remplaçait le fil de retour.

Ce moyen fut légèrement modifié par les mêmes inventeurs pour leur tramway électrique de l'Exposition d'électricité de 1881, et, au lieu de faire venir le courant électrique par un rail central, ce qui pouvait présenter quelque danger, on le fit venir par deux conducteurs aériens sur lesquels glissaient de petits chariots munis de galets. La machine génératrice était donc toujours fixe, et la machine réceptrice seule mobile avec la voiture.

La même maison avait créé et exposé la même année un ascenseur électrique assez original et dans lequel des roues d'engrenage mues par une dynamo réceptrice étaient mises en contact avec les dents d'une crémaillère verticale sur lesquelles elles engrenaient, faisant par suite monter lentement une plate-forme sur laquelle plusieurs personnes avaient pris place.

Parmi les essais de traction électrique les plus remarquables depuis Siemens, on peut citer ceux de **M. Dupuy**, dont la locomotive, mue par des accumulateurs, fonctionnait à l'Exposition industrielle de Caen (1883) et servait à l'inventeur, blanchisseur de son métier, pour étaler son linge sur d'immenses haies et le retirer, une fois sec.

M. Raffard, l'ingénieur bien connu, fit la même année plusieurs voyages avec un tramway prêté par la Compagnie générale des omnibus de Paris, et dont le moteur était une dynamo Siemens actionnée par deux batteries d'accumulateurs Faure-Sellon-Volkmar, et qui communiquait son mouvement de rotation aux roues à l'aide d'une chaîne de Galle.

Lors de l'Exposition du travail (1885), M. Lartigue promena les visiteurs dans son *porteur* à rail unique, dont le moteur était une dynamo réceptrice et transformait en travail moteur le courant qui lui était envoyé par une génératrice placée à distance et fixe. A l'Exposition suivante, celle des sciences et arts industriels, ce porteur était remplacé par un tramway système Jullien, conduisant les visiteurs de la place de la Concorde à l'Exposition, et mû, comme dans le tramway de M. Raffard, par une dynamo et des accumulateurs.

Dans un autre ordre d'appareils de locomotion, on s'est aussi servi de l'électricité comme force motrice. Nous voulons parler des *tricycles*. Le premier a été construit et essayé par M. Trouvé en 1881, et notre gravure (fig. 65). donne l'aspect d'un semblable appareil, mû et éclairé par l'électricité. Cette construction, imaginée par M. Aboilard, l'ingénieux créateur de tant d'intéressantes choses en électricité, et dont nous avons donné le dessin des lampes portatives, est simple et rationnelle.

Une batterie d'accumulateurs très légers est placée sous le siège où se tient le conducteur du tricycle. Elle actionne à volonté un moteur dynamo qui communique son mouvement aux roues par l'intermédiaire de deux engrenages, ou, passant dans le filament d'une lampe à incandescence munie d'un réflecteur, produit une vive et éclatante lumière. La vitesse de ces tricycles est bonne, le fonctionnement des accumulateurs assuré pendant six heures environ ; il est donc

Fig. 65. — Tricycle électrique de M. Aboilard.

à souhaiter que cet appareil de luxe se répande : c'est un moyen très agréable et très commode de voyager, et on ne se fatigue point les jambes.

La navigation électrique a également fait quelques progrès depuis 1881, où M. Trouvé se promenait sur la Seine avec son coquet canot le *Téléphone*. En Angleterre et dans quelques autres pays, le moteur électrique est souvent appliqué à la mise en marche de petits bateaux à hélice.

Le dernier canot électrique de M. Gustave Trouvé est

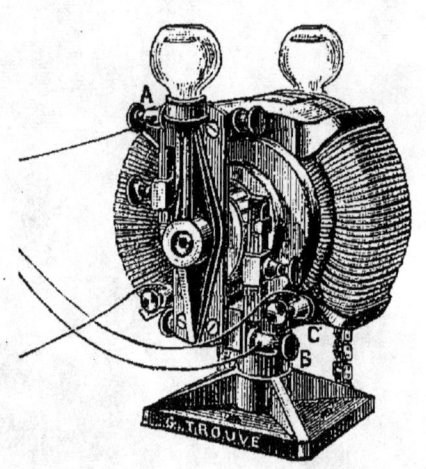

Fig. 66. — Nouveau moteur Trouvé (genre Gramme).

mû par un moteur nouveau, beaucoup plus énergique que le premier qu'il a imaginé et dont nous avons parlé page 164. Ce moteur, du système Gramme, a été étudié pour donner le rendement le plus considérable sous le moindre poids et le moindre volume possibles (fig. 66). Il est actionné par le courant de plusieurs batteries de piles au bichromate très énergiques pendant trois ou quatre heures. Le moteur est toujours monté sur la tête du gouvernail et met l'hélice propulsive en marche, à raison de 2,500 tours par minute, à l'aide d'une simple chaîne Galle ou Vaucanson. Les batteries de piles peuvent allumer en même temps une forte lampe à incandescence et faire fonctionner la *sirène électrique* du bateau (fig. 67).

En dehors de ces applications, on a cherché depuis quelques années à transmettre au loin la force électrique pour

Fig. 67. — Canot électrique Trouvé luttant de vitesse avec une yole à 4 rameurs.

l'utiliser sous forme de travail mécanique. M. Fontaine a été le premier qui ait, en 1873, à l'Exposition de Vienne, recueilli sur une machine Gramme, mise en mouvement par une génératrice placée à distance, un travail mécanique appréciable. Après lui, M. Marcel Deprez, autour des expériences de qui on a fait beaucoup trop de bruit pour ce qu'elles valent, croyons-nous, s'est attaché à la solution du problème. Plusieurs expériences ont été faites entre Grenoble et Vizille (14 kilomètres), Miesbach et Munich, et Creil et Paris.

Un million a été dépensé sans rendre la solution du problème pratique.

M. Marcel Deprez s'est attaché à transmettre de grandes forces à grande distance au moyen d'une génératrice et d'une réceptrice uniques. Il est parvenu à recueillir 45 pour 100 du travail dépensé, mais au prix de quels sacrifices ! Les machines coûtent des prix fous, exigent d'énormes frais de construction et d'établissement, et ne peuvent se prêter à toute la variété de services que l'on est en droit de demander aujourd'hui à l'électricité. Le transport de la force par les procédés de M. Deprez n'est actuellement accessible qu'aux millionnaires.

Nous préférons de beaucoup les moyens pratiques proposés et employés par M. Hippolyte Fontaine. Ce savant ingénieur a transmis 50 chevaux-vapeur de force à 54 kilomètres de distance avec un rendement industriel de 52 pour 100, en employant, au lieu d'une machine génératrice unique et coûteuse, 4 machines Gramme, du type supérieur de la Compagnie électrique, couplées en tension et donnant les mêmes effets que la dynamo de Creil. Le courant, envoyé à travers une résistance de 100 ohms, ainsi qu'il résulte des chiffres du rapport de M. Mascart à l'Académie des sciences, était reçu par trois dynamos réceptrices. La machine à vapeur de la station de départ développait 98 chevaux, et les trois machines à l'arrivée en recevaient 52.

On voit donc de suite la supériorité de l'expérience de M. Fontaine sur celle de M. Deprez. Elle rend le transport de grandes forces motrices à distance, par un simple fil télégraphique, absolument pratique, en permettant de coupler ensemble plusieurs machines d'un prix ordinaire au lieu d'édifier une seule dynamo excessivement coûteuse. Certes, le rendement en travail est encore faible, mais il faut espérer que l'on arrivera à mieux faire encore à ce point de vue, et nous en sommes certain, pour notre part du moins, ne voulant pas tomber dans l'erreur que nous relevions en tête de ce chapitre et que l'on peut commettre en assignant une limite aux progrès de la science et surtout de l'électricité.

CHAPITRE XIII.

Construction des moteurs électriques.

Ainsi que l'on vient de le voir, il existe plusieurs catégories bien distinctes de moteurs électriques, qu'on peut ainsi énumérer :

Les petits moteurs électro-magnétiques de démonstration ;

Les petits moteurs pour l'industrie, de 1/2 à 8 kilogrammètres ;

Les grandes machines réceptrices pour des forces de 1 à 50 chevaux.

Nous allons examiner à tour de rôle les conditions de fonctionnement de chacun de ces moteurs.

Le type de la première catégorie dérive du moteur Froment, à roues à plaques de fer doux attirées par le jeu d'un électro-aimant actionné par une pile à intervalles convenables et réglés par l'intermédiaire d'un commutateur; mais on peut varier à l'infini les dispositions de la roue, le nombre des électros et la forme du commutateur, dont le but est de rétablir, au fur et à mesure de la rotation de la roue, le courant dans le fil de l'un ou de l'autre électro. Ces moteurs n'ont qu'une force très minime : 0,2 à 0,3 kilogrammètre, et ils peuvent fonctionner avec une pile donnant un courant de 2 volts et 1 ampère.

Pour la rotation rapide des *tubes de Geissler*, on peut

donner une autre disposition plus simple encore au moteur (fig. 68). On dispose un électro-aimant, en fer à cheval ou à culasse plate, sur une planche, les faces polaires en haut, puis on place l'armature en fer doux à quelques millimètres au-dessus et on la soutient à une extrémité par

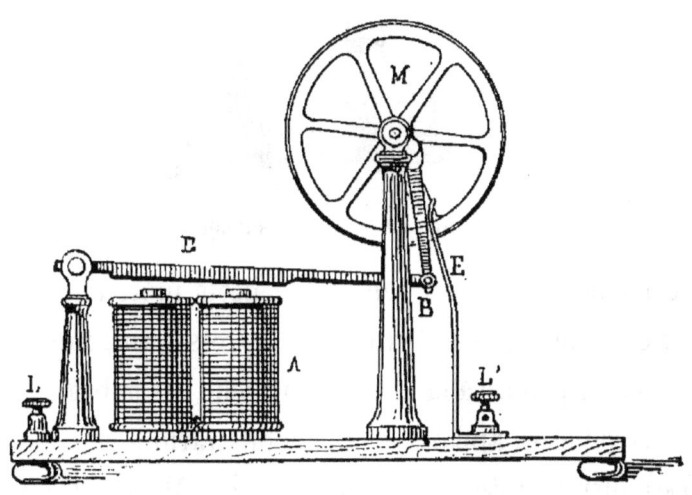

Fig. 68. — Moteur pour tubes lumineux (A, L'électro-aimant, — B, armature, — E, ressort-commutateur, — M, volant, — L, l'bornes d'arrivée du courant).

un pivot à charnière. L'autre extrémité, munie d'une bielle en cuivre facile à confectionner, est mise en rapport avec un arbre à vilebrequin, sur lequel est calé un petit volant régulateur et un porte-tube. Un fil de la pile se rend directement de la borne à l'électro-aimant, tandis que l'autre est placé de manière à toucher la bielle au moment où l'armature est le plus éloignée des pôles de l'aimant. Le pivot en cuivre soutenant l'armature est relié d'autre part et par un autre fil au fil de sortie de l'électro-aimant. La marche du moteur se comprend facilement. On met la pile en action et on donne une petite impulsion au volant. Au moment où le fil touche la bielle, le circuit se trouve fermé, l'électro fonctionne et attire fortement l'armature; puis, l'arbre ayant fait un demi-tour, la bielle se trouve écartée et le circuit ouvert : l'électro (fig. 69) se désaimante, et la roue, emportée par la vitesse acquise, termine son mouvement de rotation.

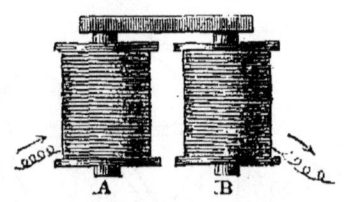

Fig. 69. — Électro-aimant.

Ainsi construit, un semblable petit moteur peut coûter deux ou trois francs et un peu d'adresse. Sa grande vitesse le rend très propre à la mise en marche des tubes de Geissler ou autres petits appareils de démonstration.

Les autres moteurs industriels, type Marcel Deprez, sont d'une construction un peu plus difficile. En général, on peut en monter un qui donne des résultats satisfaisants en procédant comme il suit. Ayant une bobine Siemens ordinaire ou une armature à plusieurs noyaux magnétiques, on la place contre deux contre-pointes suffisamment serrées et on dispose parallèlement à ses deux faces polaires soit un faisceau d'aimants permanents ou les deux branches d'un électro-aimant en fer entouré de fil isolé. On fixe tout le système sur un socle quelconque et sur le prolongement de l'axe de la bobine; on dispose le commutateur, sur lequel viennent appuyer des balais en fil de cuivre.

Le fonctionnement d'un semblable moteur est facile à comprendre. Lorsqu'un courant passe dans les spires de l'électro-bobine, il s'y établit deux pôles magnétiques ainsi que dans l'électro-aimant qui lui fait face. On s'arrange, dans la disposition du commutateur, pour que chacun des pôles de l'électro-aimant repousse le pôle de la bobine qui lui fait face : celle-ci se met alors en mouvement ; lorsqu'elle a fait un demi-tour, les frotteurs qui amènent le courant, étant restés immobiles tandis que la bobine tourne, s'appuient sur le commutateur dans une position inverse, de manière que le courant y passe en sens inverse et que les pôles se trouvent renversés. Ce changement de polarité de la bobine doit donc s'effectuer deux fois par tour pour que le mouvement de rotation soit continu.

On peut donner la forme que l'on veut à l'électro-aimant, à sa culasse et au socle qui le porte. Plus le fil qui s'y trouve enroulé est long et fin, plus il est résistant. La seule pièce qui demande une étude sérieuse est le commutateur, et le seul montage difficile est dans le *calage des balais* sur les joues du commutateur. Ordinairement ce dispositif se compose d'un anneau isolant, sur lequel sont fixées, dans des conditions spéciales, deux autres plaques en métal et communiquant avec chaque bout du fil de la bobine induite.

Suivant M. Marcel Deprez, les moteurs à aimants permanents sont supérieurs et donnent des résultats beaucoup plus économiques que ceux qui possèdent des électro-aimants. Dans le premier cas, le travail mécanique correspondant à la dissolution d'un kilogramme de zinc est de 70,000 à 90,000 kilogrammètres, tandis que dans le second cas il varie de 90,000 à 130,000 kilogrammètres. Mais les moteurs à aimants permanents sont très lourds et très volumineux eu égard au travail développé, et au bout d'un certain temps le fer a perdu son aimantation. On en est donc revenu aux moteurs dynamos.

Le tableau suivant, et qui s'explique de lui-même, permet d'établir un parallèle entre les principaux moteurs dynamo-électriques imaginés dans le courant de ces dernières années, surtout au point de vue de la consommation du zinc, la majeure partie de ces appareils étant destinés d'ailleurs à être actionnés par des générateurs chimiques d'électricité.

Nous avons mis en rapport ici le rendement mécanique de moteurs actionnés par des générateurs mécaniques (Gramme et Siemens) et des moteurs actionnés par des piles. Parmi ces derniers, on peut remarquer que le rendement le plus élevé est obtenu par la machine Gramme à aimants permanents. Dans les expériences faites aux Arts et Métiers, en remplaçant l'aimant primitif trop faible par un faisceau des machines de l'*Alliance*, on a retrouvé en travail sur le moteur 50 pour 100 de l'énergie calorifique produite par l'action chimique de la pile. Une machine de Gramme de plus grand modèle a fourni, avec 8 éléments Bunsen, 12 volts aux bornes, et un courant de 1,72 ampère, un travail effectif de 92 kgm. par minute et jusqu'à 368 kgm. par gramme de zinc dissous, soit 73 pour 100 de l'énergie calorifique totale. Le moteur a transformé en travail 75 pour 100 de l'énergie qui lui a été effectivement fournie de borne à borne.

Dans le cas de la mise en marche d'un moteur électrique par une pile primaire, la règle pratique suivante permet de placer l'ensemble dans les conditions de travail maximum. On cale le moteur et on mesure l'intensité du courant; on

TYPES.	NOMBRE d'éléments	FORCE électrom.	INTENSITÉ	NOMBRE de tours par minute.	TRAVAIL par minute en kgm.	TRAVAIL par gramme de zinc.	RENDE-MENT électrique.	RENDE-MENT mécanique.	OBSERVATIONS.
Marcel Deprez...	5	5 v.	4,41	205	51	134	»	26 p. 0/0	Aimant permanent.
Gramme........	6	7,5	4,4	200	100	368	0,73	0,75	Petit modèle.....
Gramme........	44 kgm.	39	11,3	»	19,5	»	»	0,44	Grand modèle.....
Siemens........	70 kgm.	38	18	»	40	»	»	0,57	»
Trouvé (1er)....	6 élém	12	20	1800	3.75	293	»	0,42	»
Ayrton et Perry.	12	23	25	2000	250	»	»	0,39	»
Méritens........	12	20	20	850	875	»	0,37	0,51	»
C. Baudet.......	12	24	6	1500	125	»	0,42	0,65	Modèle double.

laisse alors tourner le moteur jusqu'à ce que l'intensité diminue de moitié, et on maintient la vitesse correspondant à cette nouvelle intensité. Le travail produit est alors maximum et le rendement égal à 50 pour 100. En laissant tourner le moteur plus vite, on augmente le rendement et on diminue le travail produit par unité de temps. Pour une même quantité de travail produite par seconde à différentes allures, l'allure la plus rapide correspond toujours au meilleur rendement électrique.

Nous conclurons donc, pour ces moteurs actionnés par des piles, que la question n'est pas encore close et que certainement on verra surgir de nouveaux types, de rendement supérieur, lorsque l'on disposera d'une source électrique convenable et pas trop chère. Selon nous, la pile électrique, telle qu'elle est actuellement, est inacceptable dès qu'on veut arriver à la production continue d'un travail de quelque importance : elle est à la fois dispendieuse, inconstante, et surtout très incommode. Qu'on arrive à la perfectionner, cela est probable ; mais il est à supposer qu'on arrivera d'abord à produire l'électricité en grandes quantités, à l'aide de fortes machines, pour la répartir ensuite par petites fractions en différents points : en un mot, on peut espérer qu'on arrivera avant quelques années à distribuer l'électricité. Nous ne reviendrons plus sur cette question ; le jour où ce problème sera complètement et pratiquement résolu, les types de petits et moyens moteurs électriques qui viennent d'être décrits se répandront immédiatement, et nous en verrons sans aucun doute apparaître beaucoup d'autres, au grand avantage du travail individuel.

Voici, en passant, l'énoncé de quelques théorèmes relatifs aux moteurs électriques :

1° *Énergie électrique absorbée par un moteur W*. — Cette énergie est égale au produit de l'intensité du courant qui le traverse par la différence de potentiel aux bornes. La formule se trouve ainsi établie :

$$W = \frac{E\,I}{9,81} \text{ kilogrammètres par seconde.}$$

2° *Échauffement du moteur*. — Cet échauffement est égal à la différence entre l'énergie électrique qu'il absorbe et l'énergie qu'il transforme en travail électrique. Lorsqu'on connaît la résistance intérieure du moteur et l'intensité du courant, la formule se trouve ainsi posée :

$$E = \frac{RI^2}{9,81} \text{ kilogrammètres par seconde.}$$

Pour le transport des forces motrices à distance par l'électricité, on peut considérer le rendement comme indépendant des résistances et, par suite, de la distance des deux machines dans le cas d'un isolement parfait de la ligne. Il est évident que l'on peut théoriquement transporter une quantité indéfinie de travail sur une ligne de distance quelconque en prenant des f. e. m. suffisamment élevées. En pratique, on est très rapidement limité par le danger que présentent les tensions élevées et l'influence nuisible des dérivations qui augmente très rapidement avec ces tensions. Si, par exemple, on s'impose la condition de ne pas dépasser à la génératrice une f. e. m. de 3,000 volts, et qu'on accepte sur la ligne une perte d'énergie par échauffement égale à

20 pour 100 du travail dépensé, un calcul très simple fait connaître la limite théorique du travail qu'on peut transporter, celle de l'intensité du courant et celle du travail recueilli, en supposant un rendement final de 50 pour 100. En pratique, le travail dépensé est toujours plus grand et le travail recueilli toujours plus petit que les valeurs respectives données par les formules, à cause des frottements, actions secondaires, pertes par dérivations, etc.; aussi convient-il de modifier les formules en les affectant de coefficients pratiques, dont beaucoup malheureusement restent encore à établir, ce qui explique comment il peut se faire que les mesures directes soient souvent en désaccord profond avec les indications de la théorie.

Voici, pour terminer, quelques conseils pratiques sur la manière d'entretenir et de guider les moteurs électriques.

Dans les machines dynamo-électriques fonctionnant comme *moteurs*, le calage doit être fait en sens inverse du mouvement de rotation; l'angle de calage doit être d'autant plus grand que le champ magnétique est plus faible et le courant plus intense. Ces faits sont des conséquences de l'influence réciproque des champs magnétique et galvanique de l'inducteur et de l'induit.

Les balais doivent être serrés modérément et calés sur le diamètre de commutation qui donne le moins d'étincelles; on doit les avancer légèrement au fur et à mesure de leur usure. Si les étincelles viennent à souder quelques fils, il faut passer les balais à la meule jusqu'à ce que tous les fils soient dégagés. Lorsqu'ils se détachent et se hérissent, on doit les redresser avec une pince plate. Il est bon de les nettoyer à l'alcool de temps en temps. On peut aussi graisser le collecteur avec un linge *très légèrement* imbibé d'huile, mais il faut éviter de l'encrasser. On le frotte quelquefois avec du mercure, mais c'est une mauvaise méthode. Enfin on doit égaliser le collecteur de temps en temps en le frottant avec du papier émeri.

CHAPITRE XIV.

Sonneries électriques et allumoirs.

Le commerce des sonneries et autres bibelots électriques a pris une telle extension depuis quelques années, que nous ne pouvons faire autrement que de leur consacrer un chapitre spécial dans ce volume.

Les sonneries à trembleur sont déjà assez anciennes; elles ont été appliquées pour la première fois au télégraphe Bréguet vers 1840. Revoyons rapidement comment s'opèrent leurs mouvements (fig. 70).

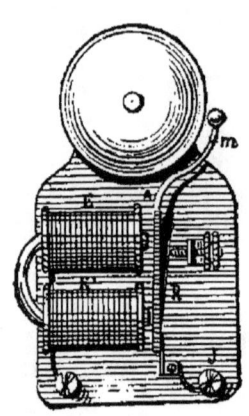

Fig. 70. — Sonnerie électrique ordinaire à trembleur.

Le courant arrive dans l'électro-aimant EE', par le bouton J, le ressort R et la tige A. La tige A n'est autre chose que le manche du petit marteau m. Aussitôt que le courant passe, l'électro-aimant attire vivement la tige A, le marteau frappe un coup. Mais au moment où la tige A quitte le ressort R, le courant est interrompu, la tige et le marteau retombent en arrière, le contact avec le ressort a lieu de nouveau, la tige est encore une fois attirée et le marteau frappe un second coup. Ce mouvement alternatif s'effectue très rapidement et produit une sonnerie continuelle. Pour que le marteau revienne plus facilement en arrière, on donne généralement à la tige une position inclinée.

Le complément indispensable de la sonnerie électrique est l'interrupteur au moyen duquel on ferme le circuit. C'est toujours ou un levier-commutateur à une seule direction, ou un bouton en matière isolante qu'un ressort maintient, et qui par un simple effet de pression met en communication deux pièces de cuivre éloignées l'une de l'autre à l'état de repos, et qui rétablissent le circuit par leur contact.

La pile qui actionne les sonneries est toujours faible, mais très constante. On emploie surtout à cet usage les Leclanché ou des piles au sulfate de mercure. L'entretien se réduit à peu de chose et la dépense est minime. Lorsque la sonnerie à actionner est très éloignée, ou lorsqu'il y en a plusieurs à mettre en mouvement, on utilise quelquefois les piles au bichromate à vase poreux ou les piles Daniell modifiées. L'administration des télégraphes s'est longtemps servie des piles au bichromate à écoulement de M. Chutaux pour le service des grandes lignes.

L'installation des sonnettes électriques dans les appartements présente de grands avantages sur les autres systèmes mis en jeu par une combinaison de fils de fer, pourvus en certains points de leviers coudés pour suivre les sinuosités des appartements ou des étages, et qui passent à travers les murs et les planchers. Les inconvénients de ces fils sont nombreux; ils se rouillent et se cassent, s'allongent l'été, se raccourcissent l'hiver et se cassent encore, tandis que rien de pareil ne se produit avec l'électricité. Les fils suivent sans difficulté toutes les sinuosités d'un édifice; ils

11.

se dissimulent facilement, par suite de leur enduit isolant recouvert de coton et teint de la couleur des pièces à traverser; on les fait passer d'un appartement ou d'un étage à l'autre sans difficulté et à travers un trou imperceptible. Enfin les sonnettes fonctionnent à toutes les distances, et c'est un grand progrès sur le système des fils de fer.

Depuis 1840, c'est à peine si la forme des sonnettes électriques a varié; c'est toujours le *trembleur de Neef* avec un électro-aimant. Les efforts des constructeurs semblent avoir surtout porté sur les moyens de les rendre moins volumineuses, plus élégantes, et surtout meilleur marché. Aujourd'hui avec une dépense de cinq à six francs le premier venu peut avoir les pièces essentielles pour monter une sonnette électrique suffisante. Pour deux francs de plus, on peut avoir la sonnette toute montée, avec sa pile.

Fig. 71. — Sonnette électrique ronde de Redon.

Un modèle nouveau, et qui paraît obtenir un certain

succès, est celui de la *sonnerie ronde,* imaginée par M. de Redon (fig. 71). Dans ce système, la boîte qui contient l'électro-aimant est cylindrique et se trouve surmontée du timbre. Le trembleur, avec le marteau, est d'une disposition particulière; c'est un arc en acier, mince et élastique, et qui vibre lors du passage d'un courant dans le fil de l'électro. L'amplitude de sa course est très considérable (plusieurs centimètres), elle permet d'empêcher la boule qui remplit l'office de marteau, d'atteindre, autrement que sous l'action d'un courant électrique, le bord du timbre. Cet avantage est appréciable surtout pour les compagnies de chemins de fer, car une semblable sonnette ne marche pas par la simple vibration produite par le passage d'un train, comme les sonneries munies du trembleur de Neef.

Une sonnerie électrique à un coup a été également imaginée (fig. 72), il n'y a pas longtemps. Dans ce système, le courant électrique actionne un rouage par l'intermédiaire d'un électro et produit un déclanchement qui laisse tomber un coup seulement du marteau sur le timbre. Cette sonnerie est certainement un progrès au point de vue

Fig. 72. — Sonnette à un coup.

du tapage que les autres produisent et qui va jusqu'à rendre fous les concierges, suivant M. Figuier. Je crois pour ma part que les sonnettes sont inutiles pour arriver à ce résultat.

Les systèmes de tableaux indicateurs (fig. 73) ont été aussi perfectionnés par divers constructeurs. Dans le type ordinaire, le déclanchement du *lapin* se produit par le jeu d'un électro-aimant ordinaire. Tous les fils électriques, partant de boutons disséminés dans toutes les pièces d'un appartement, aboutissent au tableau, qui possède un électro et un *lapin* avec numéro d'ordre pour chaque circuit. A chaque appel, de quelque endroit qu'il vienne, la sonnerie, qui correspond avec tous les fils, fonctionne, et le *lapin* spécial au circuit se décroche. Il faut le replacer à la main pour obtenir la reproduction du même signal. Ce perfectionnement à la sonnerie a été apprécié

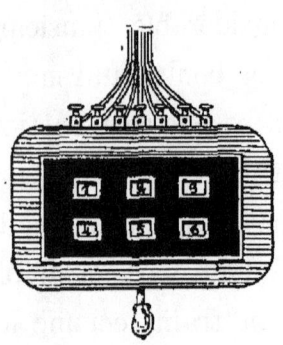

Fig. 73. — Tableau indicateur.

et s'est beaucoup répandu. On peut même dire que les tableaux indicateurs, ayant prouvé leur utilité, doivent faire partie de toute installation rationnelle : magasins, appartements, châteaux, usines, etc., etc. Ils complètent les sonneries d'une façon ingénieuse et très efficace.

L'horlogerie électrique a, aujourd'hui encore, moins de vogue que les sonneries et les indicateurs. Cependant nous ne la passerons pas sous silence et nous reverrons rapidement les progrès accomplis par cette application depuis Steinheil en 1839.

La première idée pour créer une horloge électrique fut de construire un cadran régulateur, transmettant télégraphiquement un courant électrique à intervalles réguliers, et actionnant un système électro-magnétique qui, par une combinaison mécanique quelconque, aurait mis en mouvement les aiguilles des cadrans récepteurs. On disposa donc une horloge, parfaitement réglée, qui, à chaque course du balancier, rétablissait le courant et l'envoyait dans toutes les autres horloges, où se trouvait un électro-aimant actionnant les rouages des aiguilles.

Cette disposition eut un certain succès et on crut voir déjà là la solution de l'unification de l'heure. M. Bréguet s'occupa de la question, et un grand nombre de cadrans semblables furent disposés contre les lanternes à gaz à Paris; puis il en monta encore quelques autres dans divers établissements de la ville en 1859.

Quelques années plus tard, on eut l'idée de supprimer la pendule régulatrice et de mettre directement en action les rouages de l'horloge par l'électricité. Les variations, les défauts des horloges ordinaires résidant dans les mouvements de dilatation et de contraction du métal constituant la tige du balancier, il était évident que si l'on pouvait donner à un balancier calculé une force toujours égale et uniforme sans employer aucun mouvement d'horlogerie, on simplifierait beaucoup les appareils destinés à la mesure du temps.

La première horloge électrique se composant d'un électro-aimant attirant à intervalles réguliers la tige d'un balancier, fut construite par M. Bain, ancien ouvrier de Wheatstone et inventeur d'un télégraphe imprimant, en 1857; puis elle fut perfectionnée par le physicien Liais, qui créa le principe, encore mis à profit aujourd'hui, de pousser le balancier par un ressort se détendant toujours de la même quantité et se retendant par la force d'un électro-aimant.

Mais l'emploi des ressorts dans ce cas particulier présentant divers inconvénients notamment la variation de volume du métal du ressort, on eut recours à un autre artifice et on remplaça le ressort par un poids de cuivre tombant toujours de la même hauteur et imprimant par sa chute un mouvement au pendule. L'horloge électrique de M. Froment, qui employait ce système, était l'une des merveilles de l'Exposition de 1867 ; mais depuis on a encore fait mieux. Citons, parmi les personnes qui se sont occupées spécialement de la question de l'horlogerie électrique, MM. Bréguet, Garnier, Vérité, en France ; Stöhrer, Scholle et Nollet à l'étranger. Quoique, à vrai dire, l'horlogerie électrique n'ait pas pris l'extension à laquelle on pouvait s'attendre, il n'en est pas moins vrai qu'elle rend dans beaucoup d'endroits de véritables et signalés services, que l'horlogerie pneumatique elle-même ne pourrait rendre.

On se sert pour l'horlogerie électrique d'une pile de courant aussi constant que possible, Daniell ou Smée, de manière à n'avoir à la recharger que le moins souvent possible et à avoir une provision d'électricité suffisante pour une longue durée.

Parmi les nombreux bibelots électriques qui ont vu le jour dans le courant de ces dernières années, citons en première ligne les *allumoirs électriques*, qui remplacent avec avantage et économie le vénérable briquet à gaz hydrogène de Gay-Lussac, appareil qu'on a essayé de ressusciter en ces derniers temps en l'affublant du nom pompeux de *pyrophore*, qui ne signifie en somme pas grand'chose.

Le type le plus simple se compose d'une simple pile-bouteille, modèle Grenet (fig. 74), dont la tige de soutien du zinc est munie d'un ressort à boudin et dont les deux bornes sont mises en rapport avec un fil de platine assez mince. Le fonctionnement de la pile et de ce dispositif se comprend facilement. En appuyant sur la tige, le zinc se trouve plongé dans le liquide acide et un courant est produit. Ce courant échauffe par son passage le fil de platine, qui rougit et peut arriver à l'incandescence si le bain est neuf. En appliquant sur ce fil la mèche d'une lampe quelconque, l'allumage est presque ins-

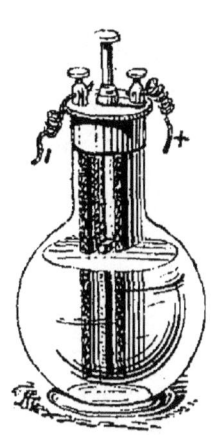

Fig. 74. — Pile-bouteille de Grenet.

tantané, et en relevant la main le zinc remonte automatiquement par l'élasticité du ressort à boudin.

On a donné une autre forme à cet allumoir qu'on a affublé du nom de *luciphore,* et on l'a complété d'une façon ingénieuse. C'est un vase de porcelaine peinte et à large col supportant une petite lampe à essence, montée sur pivots, et un fil de platine. A l'intérieur se trouvent un charbon en forme de cylindre creux et une lame de zinc amalgamé avec une solution de bichromate de potasse suivant la formule ordinaire. Lorsqu'on veut se servir de l'appareil, on le retourne dans une position horizontale : le liquide vient attaquer le zinc et produit un courant qui rougit le

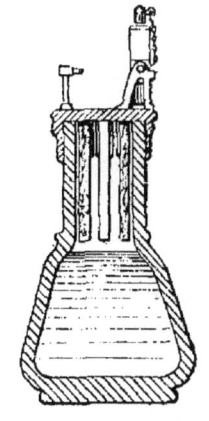

Fig. 75. Luciphore (coupe).

platine, contre lequel est venue automatiquement buter la

mèche de la lampe. On redresse l'appareil, et la lampe reste allumée. Inutile de dire que le vase est hermétiquement bouché pour éviter toute fuite de liquide pendant tous ces mouvements (fig. 75).

Un semblable appareil, d'un prix de construction très modique, permet de produire, avec une charge qui coûte six à huit centimes et quelques centimes d'essence, plusieurs milliers d'allumages. N'est-ce pas là la solution pratique du remplacement des allumettes chimiques, dont on connaît tous les inconvénients quand par hasard on parvient à les allumer ?

Divers autres systèmes d'allumoirs électriques ont été également proposés. Citons les modèles de M. Arnould et de M. Jacques Ullmann (fig. 76), très utiles pour l'allumage des becs de gaz. Dans l'un, l'électricité est produite par une petite machine d'induction statique composée d'un tube d'ébonite frottant sur des coussins ; dans l'autre, c'est une pile au bichromate actionnant une petite bobine de Ruhmkorff. L'étincelle se produit, dans les deux cas, entre les extrémités des deux rhéophores qui sont dans un tube de laiton d'une certaine longueur qui surmonte la boîte cylindrique en ébonite où se trouve enfermé le producteur d'électricité.

Fig. 76.
Allumoir
J. Ullmann.

Ces appareils, très commodes dans certaines circonstances, commencent à se répandre, et ils conquièrent peu à peu la faveur du public. Mais nos préférences seraient pour le système statique, avec lequel il n'est pas besoin de pile à recharger, — à moins que toutefois, d'autre part, il soit d'une construction peu soignée et exigeant de fréquentes réparations.

M. Née a également donné une ingénieuse solution à l'allumage instantané du gaz (fig. 77). Il a disposé un ressort qui vient toucher, lorsqu'on tourne le robinet pour donner passage au gaz du bec, une pièce métallique en rapport constant avec le pôle d'une pile Leclanché de quelques éléments. L'étincelle qui jaillit au moment de la rupture du contact entre le ressort et la pièce fixe, allume un petit courant de gaz, — une *fuite*, pratiquée sur le bec en un point choisi de sa surface extérieure, — et l'inflammation se propage jusqu'au sommet du bec en une fraction de temps inappréciable.

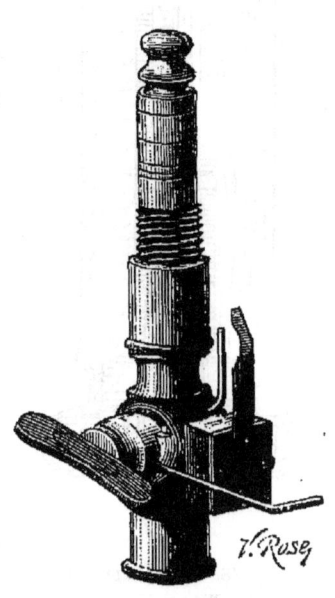

Fig. 77. — Bec de gaz muni de l'allumeur Née.

Avec l'invention simple et commode de M. Née, les allumettes deviennent inutiles. Les becs s'allument chaque fois d'euxmêmes, en tournant le robinet de chacun d'eux, et la même batterie de piles, qui peut être celle servant continuellement au service des sonnettes ou au téléphone de la maison, peut servir à l'allumage de tous les becs d'un appartement, maison de commerce, quelque nombreux que soient ces becs.

Les avertisseurs d'incendie sont également d'un usage

assez étendu, vu leur incontestable utilité (fig. 78). Le modèle représenté par la gravure ci-contre est un des modèles les plus ingénieux, car il sert à la fois de bouton d'appel, d'intercommunication en un mot, et d'avertisseur feu. Lorsque la température s'élève à un degré anormal, ce ressort à boudin fléchit, le circuit se trouve fermé et la sonnerie d'alarme résonne.

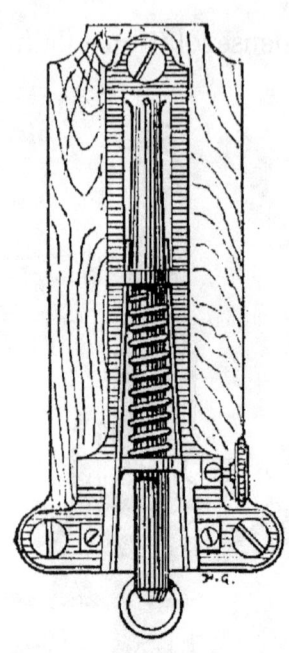

Fig. 78. — Avertisseur d'incendie.

Les bijoux électriques ont eu aussi leur heure de succès.

Dès 1878, ces gracieux petits chefs-d'œuvre étaient employés dans les théâtres de Londres et d'Amérique, pour rehausser les effets du clinquant et des pierres fausses des actrices ; mais l'honneur de les avoir importés en France revient à M. Trouvé, l'ingénieux électricien, des créations de qui nous avons déjà eu l'occasion de parler plusieurs fois.

Les bijoux lumineux, dont il a été fait un grand nombre de modèles, se composent d'un ornement quelconque : broche, tête d'épingle, boucle d'oreille, etc., creux et orné de cristaux taillés. Dans le vide laissé se trouve une petite lampe à incandescence actionnée par le courant d'une pile ou d'un accumulateur placé dans une poche et relié au joyau par deux fils invisibles.

Lorsque, par le jeu d'un petit commutateur, la lampe fonctionne, les facettes du bijou jettent un éclat et reflètent des rayons tels que jamais le Régent ou le Kohi-Noor n'en ont lancé. Pourtant le courant qui les anime est quelquefois bien faible ; avec 4 volts aux attaches et un débit

Fig. 79. — Bijoux électro-lumineux Trouvé.

d'un ampère la lumière produite équivaut à un demi-carcel. Ordinairement on se sert d'une petite pile Skrivanow qu'on met dans une poche, ou d'une batterie d'accumulateurs que l'on dissimule... où l'on peut. C'est là que l'on doit reconnaître les avantages de la *tournure* si développée des dames...

Nous avons vu fonctionner de très gracieux modèles de bijoux électriques créés par M. Trouvé. Tout le monde connaît son *lapin battant du tambour*, sa *tête de mort animée*, son *oiseau de paradis* en diamant, enfin ses broches, épingles, fleurs et étoiles lumineuses. Quel singulier effet et quels étincelants joyaux ! Il n'est pas de scène de théâtre où n'aient été employés ces curieux spécimens de ce que peut faire la lumière électrique (fig. 72).

Un volume tout entier ne suffirait pas à relever tout ce que les inventeurs ont imaginé se rapportant à l'électricité, soit comme petits moteurs, petites lampes, allumoirs, bijoux, etc. Contentons-nous d'admirer ces chefs-d'œuvre de patience, et ayons foi dans l'avenir d'une science qui sait se prêter à toutes les applications, petites ou grandioses, et dont nous devons enregistrer chaque jour un travail nouveau et un pas de plus accompli sur la route radieuse du progrès !

CHAPITRE XV.

Électro-chimie et électro-métallurgie.

« Volta, dit M. Figuier, avait à peine découvert au commencement de notre siècle la pile électrique, qu'il observa une de ses propriétés les plus remarquables, c'est-à-dire la décomposition chimique que cet appareil fait éprouver aux substances soumises à son action. Ce physicien célèbre constata, dès l'année 1800, que la dissolution d'un sel métallique, soumise à l'influence du courant de la pile, se trouve aussitôt réduite en ses éléments, de telle sorte que le métal vient se déposer au pôle négatif. Ce phénomène devint bientôt l'objet d'un nombre considérable d'études et d'expériences théoriques qui agrandirent largement le champ de nos connaissances en électricité. »

Quelques années plus tard, Brugnatelli, élève et collègue de Volta, qui professait la physique à l'université de Pavie, fit les mêmes observations sur la dissolution des sels métalliques par l'électrolyse. En 1802, il parvint même à dorer l'argent par ses procédés.

Mais il y avait encore loin de là à reproduire par voie de dépôt électrique un objet quelconque. Le métal ne se déposait que sur le fil conducteur de la pile, et sous forme d'une poussière sans cohésion. Cruiskhank, Daniell et de la Rive eurent, eux aussi, l'occasion de voir de semblables effets, mais aucun ne songea aux résultats auxquels on pouvait arriver dans cette voie qui s'ouvrait.

C'est à Jacobi, professeur de physique à l'université de Dorpat, qu'on est redevable de la création de la *galvanoplastie*. Il trouva, imprimées sur une feuille de cuivre qui provenait de la réduction du sulfate de cuivre dans une pile de Daniell, des raies et des éraillures qui correspondaient avec la plus rigoureuse exactitude à des raies et à des coups de lime semblables qui existaient sur le cylindre de cuivre servant d'élément à cette pile. Quand il se fut bien assuré que c'était à la décomposition lente du sulfate de cuivre au sein de la pile qu'était dû ce dépôt, il recommença volontairement l'expérience sur une plaque gravée au burin et obtint une copie en relief qu'il présenta avec un mémoire à l'Académie des sciences de Saint-Pétersbourg, le 5 octobre 1838. Cette découverte eut le retentissement le plus considérable en Russie.

Au début, lorsque M. Jacobi commença à opérer, l'objet à copier faisait partie de la pile, il formait l'élément négatif et plongeait dans une dissolution de sulfate de cuivre. M. Jacobi trouva que la décomposition se faisait beaucoup mieux avec une pile séparée du bain de sulfate de cuivre et dont les deux pôles plongeaient dans ce bain au moyen de deux conducteurs. De plus, et pour éviter l'appauvrissement rapide de la liqueur saturée de sel métallique, il imagina de suspendre dans le bain au pôle positif une plaque de ce métal, se dissolvant au fur et à mesure du dépôt sur le moule et de l'appauvrissement des parties constitutives du bain.

L'invention des *anodes électriques solubles* fut un fait capital qui fit descendre la galvanoplastie au rang des opérations industrielles les plus simples. Elle permit de séparer le couple voltaïque qui engendre le courant de l'appareil dans lequel l'empreinte s'effectue. Le procédé galvanoplastique devint ainsi plus simple, l'opération moins longue, et on peut obtenir des dépôts métalliques de toute forme et de toute dimension.

M. Jacobi parvint encore à supprimer le moule métallique conducteur, absolument nécessaire, par un moule en matière plastique quelconque, pourvu qu'elle fût recouverte d'un enduit métallique. Le hasard lui indiqua que la plombagine (graphite) était la meilleure substance à employer, et ce fut depuis lors qu'on imagina de faire les moules et de prendre les empreintes avec de la cire, de la gutta-percha, ou du plâtre gâché (fig. 80).

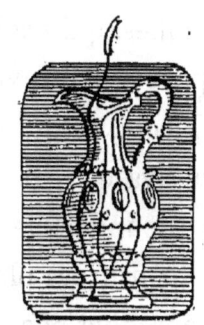

Fig. 80. — Coupe d'un moule pour la reproduction galvanoplastique d'un vase.

C'est de la Russie que la galvanoplastie reçut la plus vive impulsion. L'empereur Nicolas ayant immédiatement compris l'avenir de cette invention, acheta 25,000 roubles (plus de cent mille francs) le brevet russe de M. Jacobi, et le duc de Leuchtenberg fit établir en Russie une immense manufacture galvanoplastique, occupant plus de 2,500 ouvriers et où les procédés de M. Jacobi furent appliqués sur une échelle considérable. Plusieurs églises russes sont remplies de statues et de colonnes en fonte dorées par la pile, et provenant de l'*Institut galvanoplastique* du duc de Leuchtenberg.

A partir de cette dernière invention de M. Jacobi, la galvanoplastie prit une extension énorme et ses procédés se répandirent par toute l'Europe. En 1839, en Angleterre, M. Spencer exécutait les premières reproductions de médailles, qui excitèrent l'admiration et le firent même passer pour avoir inventé la galvanoplastie en même temps que Jacobi, ce qui a été depuis reconnu faux. De là l'invention arriva en France, et MM. Christofle et Oudry portèrent cette industrie au summum de la perfection.

Parmi les plus beaux travaux exécutés en France comme reproductions galvanoplastiques, on peut citer un groupe, modelé par M. Gumery et qui a pris place parmi les décorations de l'Opéra. Ce groupe, qui a 5 mètres de hauteur, a été exécuté tout entier en cuivre galvanoplastique dans les ateliers de la maison Christofle, qui a dû, pour produire cette pièce magistrale, creuser un puits de dix mètres de profondeur et de trois mètres de diamètre et remplir ce puits de dissolution saturée de sulfate de cuivre, avec une abondante provision de ce sel, pour renouveler le métal au fur et à mesure de son dépôt dans le moule.

Citons également, au nombre des belles pièces galvanoplastiques exécutées en France, un grand bas-relief de l'arc de triomphe de Constantin, un des plus précieux monuments du forum de l'ancienne Rome, et qui fut surmoulé par ordre de Napoléon III pour être reproduit en galvanoplastie.

Ce bas-relief, haut de $3^m,60$ et large de $2^m,20$, comprend huit personnages plus grands que nature, et pour la plupart très en relief; plusieurs sont même traités tout à fait en ronde bosse. M. Léopold Oudry, directeur de l'usine électrométallurgique, employa plus de 3,000 kilos de gutta-percha pour mouler cette pièce. L'opération voltaïque, opérée dans un seul bain, dura deux mois. L'épaisseur moyenne du cuivre déposé est de plus de 3 millimètres. Cette œuvre remarquable fut fort admirée à l'Exposition universelle de 1867.

Depuis cette époque, la galvanoplastie a encore fait de grands progrès et on est parvenu à déposer les métaux les uns sur les autres par la voie électrolytique. Les premiers pas dans cette route féconde ont été faits par MM. Elkington (de Birmingham) et Ruolz (de Paris), et nous ne devons pas, dans cette histoire sommaire, oublier les noms de ces chercheurs à qui l'on est redevable de la suppression de l'industrie mortelle de la dorure au mercure.

La galvanoplastie a été d'un heureux secours, principalement pour l'imprimerie, en permettant de transformer en un cliché résistant les planches gravées ne pouvant supporter un long tirage sans s'écraser. On a transformé des gravures en taille-douce, sur cuivre ou sur acier, en clichés en relief pouvant être tirés en typographie. Pour les bois gravés, on prend une empreinte en gutta-percha et on reproduit par un dépôt cuivreux la matrice qui a servi d'original. On est même parvenu à transformer une plaque daguerrienne en cliché typographique, en l'attaquant au moyen de l'acide chlorhydrique froid, qui dissout le mercure et respecte l'argent de la plaque. Enfin un grand nombre de procédés, dus à Smée, à Dulos, à Coblence, utilisent la galvanoplastie dans l'art de la gravure.

Aujourd'hui la galvanoplastie et ses dérivés, l'électrométallurgie et l'électro-chimie, sont des sciences entrées dans la pratique courante de l'industrie et dont les affaires se chiffrent par millions tous les ans. On reproduit par la galvanoplastie tous les objets, quels qu'ils soient : feuilles d'arbres, fleurs, insectes, qui deviennent ainsi de ravissants objets d'art, dont on a pu voir de très curieux spécimens à l'Exposition du travail en 1885.

Par voie de dépôt électro-chimique, on arrive au *cuivrage* à grande épaisseur des objets en métal, en bois, etc. C'est par la méthode électrolytique que s'opère le cuivrage des candélabres et de tous les becs de gaz de la ville de Paris. Une maison qui a joui à un certain moment d'une réelle célébrité, le Val-d'Osne, opère encore, dans d'immenses bains, le cuivrage d'objets énormes en fonte moulée : statues, colonnes, appliques, etc.

Aujourd'hui les appareils de galvanoplastie sont bien changés. Aux piles, dont le courant était coûteux et ennuyeux à produire, on a substitué, dans toutes les installations électro-métallurgiques un peu importantes, la machine Gramme, ou les dynamos spéciales à cet objet. On peut ainsi faire très grand et doubler en cuivre d'un seul coup toute la carène d'un bâtiment. C'est ce qui a été fait pour la première fois à Toulon en 1867, par un nommé Bernabi, et a parfaitement réussi d'ailleurs ; ce qui a encouragé à doubler par voie galvanoplastique tous les nouveaux navires, et dans des bassins de radoub spéciaux.

Nous allons étudier maintenant et successivement les procédés de galvanoplastie des petites et des grandes pièces, tout en renvoyant le lecteur, pour la composition des liquides à employer, au chapitre des procédés et recettes utiles.

Pour la galvanoplastie des petites pièces, l'appareil se compose toujours : 1° de la source d'électricité, plus ou moins puissante, ordinairement une batterie de piles Daniell couplées en quantité ; 2° de la cuve électrolytique, remplie d'un bain chimique, et dans lequel on suspend les pièces à recouvrir

Fig. 81. — Cuve galvanoplastique. (Le courant est fourni par trois accumulateurs.)

de métal (fig. 81). Quelle que soit l'opération qu'on ait en vue : moulage, métallisation, électrotypie, etc., le bain est toujours à peu près le même, et il est ordinairement préparé ainsi qu'il suit :

On place dans un vase une certaine quantité d'eau, à laquelle on ajoute, par petites quantités à la fois et en agitant constamment, 8 à 10 pour 100 en volume d'acide sulfurique ; on fait ensuite dissoudre dans cette eau acidulée autant de sulfate de cuivre qu'elle en peut prendre à la température ordinaire, et agitant. Le bain saturé doit avoir une densité de 1,21 ; il s'emploie toujours à froid et doit être maintenu saturé par l'addition de cristaux ou l'emploi d'anodes convenables. Il doit être mis dans des vases en grès, porcelaine, verre, faïence dure ou gutta-percha ; pour les grands bains, faire usage de cuves en bois recouvertes intérieurement d'une couche mince de gutta-percha, de glu marine ou de feuilles de plomb verni. Ne jamais doubler les cuves de fer, de zinc ou d'étain.

Pour les moules, le corps le plus anciennement employé est le plâtre; mais comme il est poreux, il faut l'imperméabiliser, ce qui complique son emploi. On moule aujourd'hui à la stéarine, à la cire, à la glu marine, à la gélatine, à la gutta-percha et aux alliages fusibles.

Le moulage s'opère à la presse, au contre-moule, au four ou par affaissement, à la main ou au pétrissage, et par coulage. Lorsque les moules sont creux, on dispose à l'intérieur une carcasse métallique en fils de platine, reliée à l'anode, qui sert à répartir le courant et à égaliser le dépôt. Ces fils sont entourés d'une spirale de caoutchouc pour éviter tout contact entre la paroi du moule et l'anode. MM. Lenoir, Christofle et M. Planté ont substitué à ces fils de platine, destinés à former la *carcasse* intérieure du moule, des fils de plomb oxydé superficiellement. Une économie importante a été ainsi réalisée.

Lorsqu'on recouvre plusieurs pièces à la fois, il est prudent de relier chacune d'elles au pôle négatif par un fil de fer ou de plomb, de grosseur appropriée à la pièce; s'il se produit un contact intérieur dans la pièce correspondante, ce fil fond, et retire ainsi automatiquement cette pièce du circuit. On métallise les moules à l'aide de plombagine pure, de plombagine dorée ou argentée; on doit frotter le moule avec une brosse dite d'*horloger* ou une brosse à reluire; la cire demande des pinceaux très doux. On métallise aussi par voie humide (solution d'azotate d'argent étendue sur l'objet à 2 ou 3 reprises et réduite par la vapeur d'une solution concentrée de phosphore dans le sulfure de carbone). La voie humide convient aux pièces délicates et fouillées, dentelles, fleurs, feuilles, mousse, lichens, insectes, etc. On peut, sans métallisation, reproduire un camée en agate en l'entourant simplement d'un fil de cuivre et le portant au bain.

Lorsque la solution est trop faible et le courant trop puissant, le dépôt est *noir* ; lorsque la solution est trop concentrée et le courant trop faible, le dépôt est *cristallin*. On obtient un dépôt convenable et un métal flexible, nommé par Smée *réguline*, en se plaçant dans des conditions moyennes. Les stratifications du liquide et la circulation qui se produit à l'intérieur du bain, par la décomposition de l'anode et le dépôt sur la cathode, produisent des longues lignes verticales semblables à des points d'exclamation. Il faut agiter les pièces le plus possible pour conserver le bain bien homogène. Les bains de grand volume sont avantageux à ce point de vue. Une grande distance entre les anodes et les cathodes produit un dépôt plus régulier ; elle est nécessaire surtout pour les petits objets, mais elle fait perdre sur la rapidité du dépôt ou demande une source électrique plus puissante. Le même bain peut servir à plusieurs objets reliés chacun à une source électrique distincte, à la condition d'employer une seule anode reliée à tous les pôles positifs des différentes sources. La surface de l'anode doit être, en général, égale à la surface de la cathode ; une anode trop petite appauvrit la solution, une anode trop grande l'enrichit ; l'expérience indique dans chaque cas si l'on a intérêt à produire l'un ou l'autre effet.

Pour la fabrication des clichés typographiques, on moule à la cire ou à la gélatine, mais plus communément à la gutta, qui est suffisante dans la plupart des cas, et on laisse séjourner les moules de 12 à 24 heures dans le bain. Après ce temps, le dépôt a acquis une épaisseur de 3 à 4 dixièmes de millimètre, qui correspond à une couche de 25 grammes par décimètre carré. On décolle le moule et on coule sur la plaque une certaine épaisseur de *régule*, alliage spécial qu'on fait adhérer au moyen du chalumeau. Quand le cliché a ainsi atteint une épaisseur de 4 à 5 millimètres, on le dresse, on le polit à l'émeri, et finalement on le cloue sur une planche de sa grandeur et de la hauteur ordinaire des formes d'imprimerie.

Le débit de la source d'électricité doit toujours être en rapport avec la grandeur des surfaces à recouvrir. On sait que, lorsque 1 coulomb traverse une cuve électrolytique, il libère 0,0105 milligrammes d'hydrogène; par suite, 1 ampère-heure (3,600 coulombs) libère 37 milligrammes d'hydrogène. Connaissant l'équivalent chimique du corps à décomposer, rien n'est plus facile, par suite, que de connaître le débit nécessaire pour obtenir un bon dépôt. Le tableau ci-contre donnera une idée immédiate des résultats obtenus avec tel ou tel débit.

Pour cuivrer un objet quelconque, on emploie toujours un sel double, à froid ou à chaud, dans un bain dont la composition varie avec la nature des corps à recouvrir. Ordinairement on fait dissoudre l'acétate de cuivre dans 5 litres d'eau, l'ammoniaque et les autres corps dans 20 litres. On mélange, et il doit se produire une décoloration. Si elle ne

NOMBRE de grammes déposés par heure et par décimètre carré.	PUISSANCE DU COURANT en ampères par décimètre carré.	NATURE DU DÉPÔT.
0,1	0,085	Excellente couche.
0,4	0,342	Bon cuivre tenace.
3	2,6	Magnifique dépôt.
12	10,2	Très bon.
50	42,7	Sablonneux sur le bord.
124	106,0	Mauvais.

CORPS.	FER ET ACIER		ETAIN et fonte	ZINC.	ZINC.
	à froid.	à chaud.			
Bisulfite de soude....	500	200	300	100	700
Cyanure de potassium	500	700	500	700	1000
Carbonate de soude...	1000	500	»	»	»
Acétate de cuivre....	475	500	350	450	250
Ammoniaque........	350	30	200	150	400

se produit pas, il faut ajouter du cyanure jusqu'à ce que cette décoloration soit obtenue. Les bains les plus vieux sont ceux qui marchent le mieux. Agiter les objets le plus possible. Quand le bain est trop vieux, on le remonte en lui ajoutant de l'acétate de cuivre et du cyanure de potassium par poids égaux. Voici, suivant M. Roscleur, l'un des praticiens les plus estimés, les proportions à employer pour 25 litres d'eau (voir le tableau de la p. 211) :

Pour la dorure à froid, le même praticien conseille, pour les grandes pièces, le bain au cyanure double d'or et de potassium suivant :

Eau distillée	10 litres.
Cyanure de potassium *pur*	200 grammes.
Or vierge	100 —

L'or vierge, transformé en chlorure, est dissous dans 2 litres d'eau, le cyanure dans 8 litres d'eau ; on mélange les deux solutions, qui se décolorent, et on fait bouillir pendant une demi-heure. On entretient la richesse du bain, suivant les besoins, en ajoutant parties égales de cyanure de potassium pur et de chlorure d'or, quelques grammes à la fois. Si le bain est trop riche en or, le dépôt est noirâtre ou rouge foncé; s'il y a trop de cyanure, la dorure est lente et le dépôt gris. L'anode doit plonger *entièrement* dans le bain, suspendue à des fils de platine, et retirée dès que le bain ne fonctionne plus.

Pour la dorure à chaud du zinc, de l'étain, du plomb, de l'antimoine et des alliages de ces métaux, on les recouvre préalablement d'une mince couche de cuivrage. Pour les autres métaux, la formule suivante est la meilleure :

	ARGENT, CUIVRE, ET ALLIAGES RICHES EN CUIVRE.	FONTE, FER, ACIER.
	Grammes.	Grammes.
Phosphate de soude cristallisé	600	500
Bisulfite de soude	100	125
Cyanure de potassium *pur*	10	5
Or vierge transformé en chlorure	10	10

Dissoudre à chaud le phosphate de soude dans 8 litres d'eau, laisser refroidir le chlorure d'or dans 1 litre d'eau, mélanger peu à peu la seconde solution à la première; dissoudre le cyanure et le bisulfite dans 1 litre d'eau et mélanger cette dernière solution aux deux autres.

La température du bain peut varier entre 50° et 80° C. Il suffit de quelques minutes pour produire la dorure et lui donner une épaisseur convenable. On emploie une anode en platine. L'anode peu enfoncée dans le bain donne dorure pâle; très enfoncée, elle donne dorure rouge. On peut remonter le bain par additions successives de chlorure d'or et de cyanure de potassium; mais après long usage il fournit dorure rouge ou verte, suivant qu'il a servi à dorer beaucoup de cuivre ou beaucoup d'argent. Il est préférable de renouveler le bain au lieu de l'enrichir.

Dorure verte, blanche, rouge et rose. — On obtient ces différentes couleurs par des mélanges de bains combinés avec des courants plus ou moins intenses. On obtient le *vert* en ajoutant au bain d'or une solution très étendue d'azotate d'argent, le *rouge* avec un bain de cuivre, le *rose* par un mélange de bains d'argent, d'or et de cuivre.

Pour l'argenture, il suffit de faire un bain renfermant 10 grammes d'argent par litre, en faisant dissoudre dans 10 litres d'eau et en ajoutant 250 grammes de cyanure de potassium pur. Agiter jusqu'à complète dissolution et filtrer.

On argente *à froid* en général, sauf les objets de petites dimensions. Le fer, l'acier, le zinc, le plomb et l'étain, préalablement cuivrés, s'argentent mieux *à chaud*. Les objets décapés sont passés à l'azotate de bioxyde de mercure et agités constamment dans le bain. Lorsque le courant est trop intense, les pièces grisonnent, noircissent et laissent dégager des gaz. Employer anode de platine ou anode d'argent dans les bains à froid. Les bains vieux sont préférables aux bains neufs. On vieillit artificiellement les bains en ajoutant 1 à 2 millièmes d'ammoniaque liquide. On remonte les bains d'argent en ajoutant parties égales de sel d'argent et de cyanure de potassium. Si l'anode noircit, le bain est pauvre en cyanure, le dépôt est trop lent; si elle blanchit, il y a trop de cyanure, le dépôt est rapide, mais n'adhère pas. La marche est normale et régulière lorsque l'anode grisonne par le passage du courant et reblanchit lorsque celui-ci est interrompu. La densité du bain peut varier sans inconvénient entre 5° et 15° Baumé.

Le nickelage est une opération qui se répand beaucoup, maintenant surtout que le prix du nickel a considérablement diminué. Il s'applique principalement sur le cuivre, le bronze, le maillechort, le fer, la fonte et l'acier, qu'il protège contre l'oxydation tout en leur donnant un poli magnifique.

D'après M. Gaiffe, après avoir dégraissé et décapé les pièces comme cela se pratique ordinairement, on fait dissoudre à saturation dans de l'eau distillée chaude du sulfate double de nickel et d'ammoniaque exempt d'oxydes de métaux alcalins et alcalino-terreux. La dissolution se compose en poids de :

Sulfate double de nickel et d'ammoniaque.	1 partie.
Eau distillée...........................	10 —

Il faut filtrer aussitôt après le refroidissement opéré. Ensuite on met au bain. La meilleure cuve est une cuve en verre, en porcelaine ou en grès, ou une caisse revêtue intérieurement d'un mastic imperméable. Employer une plaque de nickel comme anode soluble et suspendre les pièces à des crochets de cuivre nickelé. Les pièces préparées sont plongées pendant un instant dans un bain de même composition que celui qui a servi à les décaper, lavées rapidement à l'eau ordinaire, puis à l'eau distillée. On les porte alors *rapidement* au bain, on les immerge et on les accroche aussitôt.

M. Roseleur emploie une autre préparation ainsi composée :

Sulfate double de nickel et d'ammoniaque..	400 grammes.
Carbonate d'ammoniaque.................	300 grammes.
Eau distillée...........................	10 litres.

On dissout à chaud.

On frotte les pièces à nickeler avec une brosse trempée dans une bouillie chaude de blanc d'Espagne, d'eau et de carbonate de soude. Le dégraissage est parfait lorsque les pièces sont facilement mouillées par l'eau. Placer les anodes de chaque côté et bien en face de la pièce mise au bain et agiter doucement cette pièce pour faire commencer le dépôt aussitôt après l'immersion. Au sortir du bain, rincer les pièces à grande eau et les sécher dans la sciure de bois. Enfin, pour les polir, les frotter rapidement sur une mèche en lisière de drap enduite d'une bouillie claire de poudre à polir et d'huile. La lisière doit être accrochée à un clou à la muraille.

Pour la rapidité du dépôt, M. Delval indique comme moyenne, pour un bain renfermant 10 grammes de nickel par litre, un dépôt de 1,8 gr. par heure et par décimètre carré. Il ne faut pas s'éloigner sensiblement de ce chiffre pour obtenir un bon dépôt avec un bain présentant cette richesse. Si le courant est trop intense, le nickel se dépose sous forme de poudre noire ou grise. Une heure ou deux suffisent pour une couche moyenne, cinq ou six heures pour une couche très épaisse.

Au sortir du bain, laver dans l'eau ordinaire et sécher dans de la sciure de bois chaude.

Voilà, sommairement, les principaux travaux d'électrochimie courante. Maintenant nous renverrons le lecteur, désireux d'avoir de plus amples détails sur les menus procédés de ces travaux, au chapitre des *procédés*, qui le satisfera, espérons-nous, à cet égard.

CHAPITRE XVI.

Histoire des télégraphes.

L'art des signaux est aussi vieux que le monde. Dès que l'homme eut quitté son berceau pour se lancer à la chasse des animaux sauvages ou même de ses congénères bipèdes, il imagina des cris convenus pour annoncer son retour à sa famille ou à sa tribu. Plus tard, quand la civilisation fut assez avancée pour que l'art de la guerre fût à peu près inventé, des bûchers, élevant leurs flammes sanglantes vers le ciel, servirent à transmettre au loin une nouvelle ou un ordre aux amis ou alliés.

De là à l'invention des *phares*, il n'y a qu'un pas. Il fut franchi 285 ans avant J.-C. par un roi d'Égypte, Ptolémée Philadelphe, qui fit élever une tour, portant un feu signal, dans l'île de Pharos ; d'où le nom donné aux phares.

Le premier télégraphe à peu près digne de ce nom fut imaginé par le Grec Polybe, 150 ans plus tard. Il se composait de deux murailles entre lesquelles le stationnaire prenait place ; en faisant apparaître au-dessus de chaque muraille un nombre déterminé de flambeaux, il désignait au poste suivant une lettre d'un alphabet que chacun possédait. Ce signal était ainsi transmis de proche en proche jusqu'au lieu où on l'attendait.

Au moyen âge, ce système grossier fut embelli par divers chercheurs, tels que Becher, Robert Hooke, Gaspard Schott, etc., mais sans arriver à une solution satisfaisante. C'était à Amontons, savant français qu'était dû le mérite de faire les premiers essais sérieux de télégraphie, en 1690, mais sans cependant réussir à faire adopter son appareil, et il faut en arriver à Claude Chappe pour trouver un appareil bien combiné et fonctionnant avec une rapidité suffisante.

Mais je n'ai pas l'intention de décrire ici le télégraphe aérien, une merveille peut-être pour le siècle dernier, mais trop primitif pour notre époque de progrès. D'ailleurs, il a été partout remplacé par le télégraphe électrique, et comme c'est d'électricité qu'il est question ici, nous passerons sur l'histoire de cet engin des temps passés et que nos aïeuls ont vu manœuvrer.

Le premier essai d'application du courant voltaïque à la répétition de signaux télégraphiques paraît avoir été exécuté en 1811 par le physicien Semmering, qui fit connaître son procédé à l'Académie de Munich. Ce procédé reposait sur la décomposition de l'eau par le passage d'un courant électrique. Il y avait trente-cinq tubes à eau, représentant chacun une lettre, et, lorsque, à la station de départ, on envoyait le courant dans l'un ou l'autre de ces tubes, le gaz qui se dégageait indiquait la lettre transmise.

Ce système impraticable, et qui paraît risible aujourd'hui, valait bien le télégraphe statique de Lesage, appareil dans lequel des boules de sureau voltigeant lors d'une décharge électrique, devaient indiquer un signal.

Dès qu'Œrsted eut observé en 1820 le fait fondamental qui a donné naissance à la science de l'*électro-magnétisme*, Ampère reconnut la possibilité d'utiliser pour l'art télégraphique ces actions réciproques des aimants sur les courants et des courants sur eux-mêmes. Schweiger ayant alors imaginé son *multiplicateur* ou galvanomètre, qui produit de puissants effets sur l'aiguille aimantée, des essais furent faits, notamment en Russie, par le baron Schilling, et par Richtie et Alexander en Angleterre.

Mais le télégraphe électrique vraiment pratique ne commença guère à apparaître que quinze ans plus tard, vers 1837. Ce fut Wheatstone qui l'imagina. Il était basé sur l'emploi de plusieurs galvanomètres. Le manipulateur était composé de boutons d'ivoire qui poussaient des ressorts métalliques destinés à établir et à faire circuler le courant dans le circuit voulu de l'un ou de l'autre de ces galvanomètres.

Après Wheatstone, Steinheil, physicien allemand, fit connaître son système de télégraphe à un seul multiplicateur, et beaucoup plus simple, puisqu'il n'avait qu'un seul circuit, que tous ceux inventés précédemment. C'est à Steinheil que revient l'honneur d'avoir supprimé le *fil de retour*, en le remplaçant par la terre, et d'avoir, par cette découverte, contribué d'une façon efficace à rendre pratique l'installation des lignes télégraphiques.

C'est en 1837 qu'on eut également connaissance du télégraphe Morse, imaginé par le professeur de ce nom en 1832, pendant un voyage de France aux États-Unis, à bord du *Sully*, et qui fut expérimenté pour la première fois en grand en Amérique en 1843, c'est-à-dire onze ans plus tard.

Nous allons maintenant étudier successivement chacun des modèles de télégraphes imaginés depuis cette époque jusqu'à l'heure actuelle.

Système Morse. — Le manipulateur n'est autre chose qu'un interrupteur électrique (fig. 82). Un levier avec bouton est supporté sur un pivot au milieu de sa longueur, et un

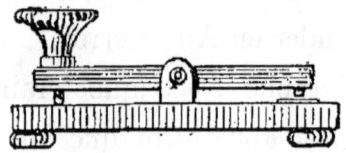

Fig. 82. — Manipulateur du télégraphe Morse.

ressort l'écarte du point de contact où se raccorde le fil de ligne. Le récepteur est un électro-aimant qui, à chaque fois que le levier touche le contact et ferme le circuit, attire une armature portant une tige avec un crayon et la fait buter contre une molette. Une bande étroite de papier se déroule constamment par l'effet d'un contrepoids ou d'un mouvement d'horlogerie, et le crayon marque sur cette bande un point ou un trait, suivant que, le contact du manipulateur étant instantané ou prolongé, l'électro-aimant attire l'armature plus ou moins longtemps. Dans les modèles plus récents, le crayon a été supprimé et remplacé par une molette en métal plongeant en partie dans un encrier ou s'imprégnant d'encre grasse sur un rouleau de laine et traçant des traits noirs ou bleus sur la bande de papier (fig. 84).

Télégraphe Bréguet. — En collaboration avec M. Foy, M. Bréguet avait imaginé vers 1844 un télégraphe électrique à deux aiguilles reproduisant les signaux du télégraphe de Chappe. Mais il était trop compliqué et exigeait deux fils au lieu d'un seul, d'où une dépense double pour l'installation de la ligne. Il ne demeura qu'une huitaine d'années en service et fut remplacé par un autre modèle beaucoup plus simple.

Le manipulateur de ce télégraphe est un cadran de laiton monté sur une planche de bois quelconque, de forme carrée; ce cadran porte, gravés à sa surface, les lettres et les chiffres disposés comme dans le récepteur. A chaque lettre, correspond une échancrure à la circonférence du cadran. Une manivelle fixée au centre peut parcourir toute la circonférence de ce cadran; elle porte, à sa surface intérieure, une dent qui peut entrer dans les échancrures et sert à bien assurer sa position en face des différentes lettres ou des chiffres marqués sur ce cadran. Un commutateur permet d'envoyer le courant de la pile motrice dans la ligne, et d'actionner à volonté la sonnerie ou l'appareil récepteur. Le récepteur est un cadran portant les 25 lettres de l'alphabet et une croix, soit 26 signaux. Au repos, l'aiguille doit être toujours sur la croix; cette position est celle d'où l'on part et à laquelle on doit toujours revenir, une fois la réception de la dépêche achevée. Dans la transmission, et sous l'influence d'un électro-aimant dont l'armature actionne un encliquetage très simple, l'aiguille, parcourant rapidement le cadran de gauche à droite sans jamais rétrograder, fait un temps d'arrêt sur chacune des lettres composant les mots de la dépêche, et sur la croix à la fin de chaque mot pour le séparer nettement du suivant. L'employé, en suivant de l'œil les mouvements de l'aiguille et son arrêt sur chacune des lettres, arrive à lire très rapide-

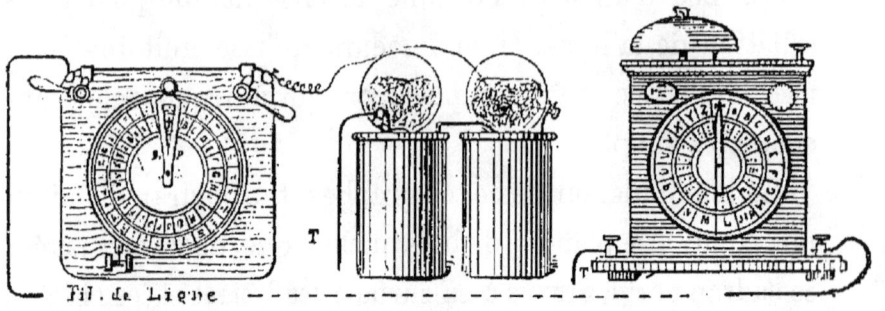

Fig. 83. — Poste de télégraphe à cadran de Bréguet.

ment, après toutefois un apprentissage de quelques jours, les lettres et les mots qui lui sont transmis par le manipulateur placé à la station de départ (fig. 83). Malheureusement cet appareil a un grand inconvénient, qui en a fait borner l'emploi au service intérieur des chemins de fer : celui de ne laisser aucune trace de la dépêche.

Télégraphe imprimeur de Hughes. — Dans ce système, le manipulateur est remplacé par une série de touches de piano qui représentent chacune une lettre de l'alphabet ou un chiffre. Le récepteur est un mécanisme, actionné par un poids, qui manœuvre une série de poinçons gravés imprimant en petites capitales d'imprimerie sur une étroite bande de papier qui se déroule constamment, comme dans l'appareil Morse, les lettres et les mots de la dépêche que le stationnaire du lieu de départ expédie en appuyant sur telle ou telle touche du manipulateur. Ce télégraphe, qui n'a que le défaut d'être un peu compliqué, est beaucoup répandu. A l'administration centrale des télégraphes, rue de

Grenelle à Paris, de petites turbines hydrauliques Humblot remontent continuellement le poids moteur, évitant ainsi une grande fatigue aux employés.

Fig. 84. — Récepteur du télégraphe imprimeur Morse.

Télégraphe Bonelli. — Ce système dérive du *télégraphe électro-chimique* imaginé et construit en Angleterre en 1843 par M. Bain. Dans le modèle de M. Bonelli, les signes sont tracés sur le papier par la décomposition de l'azotate de manganèse dont ce papier est imprégné. Cet azotate, décomposé par le courant, laisse à nu de l'oxyde qui forme des traits bruns. La dépêche est composée, au départ, en caractères typographiques, et par un procédé de réception très simple elle se trouve imprimée en caractères bruns sur fond blanc à l'arrivée. Cet appareil n'est plus guère en usage aujourd'hui, pas plus d'ailleurs que le *pantélégraphe Caselli*, qui reproduit identiquement de poste en poste la dépêche écrite par l'expéditeur sur un papier et avec une encre spéciale.

Galvanomètre de Thomson. — Ce galvanomètre est un récepteur télégraphique d'une extrême sensibilité, et c'est lui qui sert pour la transmission des dépêches sur les grands câbles sous-marins. Il amplifie considérablement les mouvements les plus légers de l'aiguille aimantée de l'appareil à signaux. L'aiguille est pourvue à cet effet d'un petit miroir métallique sur lequel vient tomber la lumière d'une lampe placée dans une chambre obscure. Les espèces d'éclairs produits par les mouvements du miroir vont se répercuter, considérablement agrandis, sur un écran où l'employé à la réception peut les déchiffrer sans peine. C'est certainement le plus simple et le plus sensible de tous les récepteurs télégraphiques actuellement en usage.

Jacquard électrique Wheatstone. — Pour parer à l'encombrement des lignes et répondre aux besoins sans cesse croissants de la consommation, on a été forcé d'imaginer des appareils télégraphiques rapides. Dans le *jacquard électrique*, des employés spéciaux, au bureau de départ, perforent des bandes de papier, suivant les signaux Morse. Une fois les dépêches préparées, un transmetteur envoie automatiquement au poste d'arrivée tous les points et traits gaufrés dans la bande de papier. La transmission est donc très rapide par elle-même et diminue l'encombrement de la ligne, le plus gros travail (la préparation des dépêches) étant accompli pendant que le fil travaille continûment.

Télégraphe Baudot. — Un long chapitre serait insuffisant pour décrire toutes les pièces de ce merveilleux appareil. Qu'il suffise donc de dire ici que les trois ou, quelquefois, six signaux formant une lettre dans le système Morse sont envoyés à la fois par l'employé, que six dépêches peuvent être envoyées à la fois sur le fil, dans un sens ou dans l'autre, sans se confondre, et qu'à l'arrivée un mécanisme très ingénieux, quoique très compliqué, reçoit les dépêches et les traduit en lettres imprimées sur papier-bande, comme les télégrammes reçus par le système Hughes. Ce télégraphe permet de transmettre plus de dix mille signaux par heure, soit 300 dépêches de vingt mots, avec un personnel de six employés à chaque poste. Ce résultat a quelque chose de fantastique, et on a peine à comprendre une semblable vitesse de transmission, qui s'exerce pourtant tous les jours et sur tous les grands réseaux télégraphiques européens.

CHAPITRE XVII.

Détails sur les télégraphes.

La télégraphie, qui embrasse l'ensemble des moyens permettant de transmettre la pensée à distance, comprend toujours au moins quatre éléments, savoir : le générateur électrique, l'envoyeur de signaux, la ligne, et enfin le récepteur.

Nous ne parlerons pas ici du générateur des courants. Presque toujours c'est une pile chimique qui est employée. Disons seulement que les éléments le plus généralement employés sont les Callaud, les Daniell, les Fuller au bichromate, et enfin les piles Leclanché. Le transmetteur et le récepteur, qui constituent un poste complet, sont solidaires et prennent le nom d'*appareils de transmission*. Enfin la ligne peut être aérienne, souterraine ou sous-marine, comme nous le verrons tout à l'heure après avoir examiné les appareils qui servent à envoyer et à recevoir les dépêches.

Ces appareils sont ordinairement classés, suivant la nature des signaux échangés, en plusieurs groupes, dont les principaux sont :

1° *Appareils optiques*. — La transmission est constituée par une suite de signaux ne laissant pas de traces : appareil à une aiguille, encore très employé en Angleterre; télégraphe alphabétique de Bréguet et galvanomètre à miroir de sir W. Thomson.

2° *Appareils acoustiques.* — Ce sont les *sounders*, très employés en Amérique; la dépêche se lit au son, d'après l'alphabet conventionnel de Morse.

3° *Appareils enregistreurs.* — La dépêche s'inscrit sur une bande continue de papier en caractères conventionnels : télégraphe Morse, siphon-recorder.

4° *Appareils imprimeurs.* — La dépêche est inscrite en caractères ordinaires sur une bande de papier continu. Le type est le télégraphe Hughes.

5° *Appareils autographiques.* — Reproduisent à distance l'écriture et les dessins : Caselli, Meyer, Lenoir, Edison.

Il existe, dit M. Hospitalier dans son *Formulaire*, des appareils rapides qui permettent d'utiliser toute la puissance de débit de la ligne, qui est toujours beaucoup plus grande que la rapidité de transmission de l'opérateur le plus habile, en multipliant par un ingénieux artifice le nombre des opérateurs travaillant sur la même ligne.

Dans les *appareils automatiques*, un certain nombre d'opérateurs perforent des bandes, qui passent ensuite dans le transmetteur et produisent des émissions de courant très rapides qui viennent s'enregistrer au poste récepteur sur une bande continue analogue à celle du Morse ; dans les appareils *duplex*, deux opérateurs transmettent simultanément les dépêches en sens inverse par un seul et même fil ; dans les *diplex*, les deux opérateurs transmettent simultanément dans le même sens ; dans les *quadruplex*, deux opérateurs placés à chaque bout de la ligne transmettent simultanément quatre dépêches, deux dans un sens et deux en sens contraire. Enfin, dans les *appareils multiples*, fondés sur la division du temps, grâce à un synchronisme établi entre les postes de départ et d'arrivée, la ligne se met, par fractions de temps égales et régulièrement espacées, successivement en communication avec plusieurs groupes d'opérateurs qui profitent de l'intervalle de temps entre deux communications successives pour préparer le signal suivant. Ces nombreux appareils rapides, différents dans leur principe, sont aussi distincts les uns des autres par la *nature* des signaux qu'ils transmettent : ainsi les diplex, duplex et quadruplex fonctionnent généralement en *sounders,* le Wheatstone transmet exclusivement les signaux Morse avec enregistrement, tandis que les appareils à synchronisme transmettent tantôt les signaux Morse, comme dans l'appareil Meyer, tantôt les caractères ordinaires, comme dans le télégraphe Baudot, cette merveille d'ingéniosité mécanique.

Les appareils télégraphiques doivent être assez sensibles pour pouvoir fonctionner avec des courants de quelques milli-ampères seulement d'intensité. C'est pourquoi on doit disposer le fil de manière à produire le champ magnétique le plus intense possible dans la partie où se trouve la pièce qu'il doit actionner (aimant ou électro-aimant). On doit donner aux parties mobiles de petites dimensions pour diminuer leur moment d'inertie et parce qu'un petit champ magnétique coûte moins à produire qu'un grand champ d'égale intensité. Les pièces magnétisées par le courant doivent présenter peu d'inertie magnétique, avoir une faible masse, le moins de force coercitive possible ; éviter tout contact entre l'armature et l'électro-aimant, à cause du magnétisme rémanent.

Dans le télégraphe à cadran, chaque tour de manivelle correspond à 13 émissions de courant et à 13 interruptions. Un modèle bien construit permet de donner deux tours et demi par seconde à l'aiguille. En pratique, on compte sur un tour par seconde, chaque lettre exigeant en moyenne un demi-tour et une demi-seconde d'arrêt; la vitesse est de 60 lettres par minute ou dix mots, chaque mot comprenant 5 lettres et un retour à la croix, comme nous l'avons expliqué au chapitre précédent.

Avec l'appareil Morse, un employé habile transmet facilement de 18 à 20 mots par minute. L'espace entre les si-

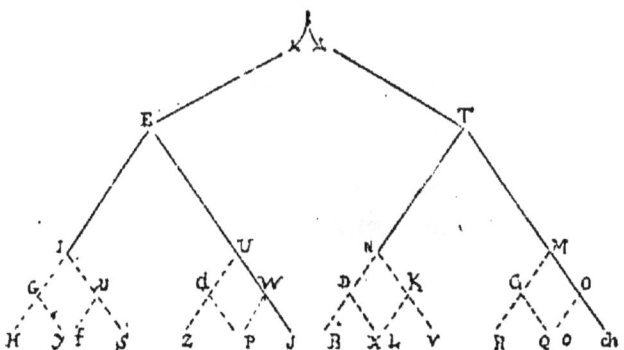

Fig. 85. — Figure schématique indiquant la génération des signaux Morse.

gnes d'une même lettre égale un point, entre deux lettres égale trois points, et l'espace entre deux mots cinq points. Le maximum de signaux composant une lettre étant de 4 traits, le nombre de traits produits est supérieur à 15,000 par heure, soit 5 par seconde. La fig. 85 montre par quelles combinaisons Morse a établi son alphabet. Les points sont indiqués par les lignes dirigées à gauche ; les traits par les lignes dirigées à droite.

SIGNAUX DE L'APPAREIL MORSE

LETTRES.

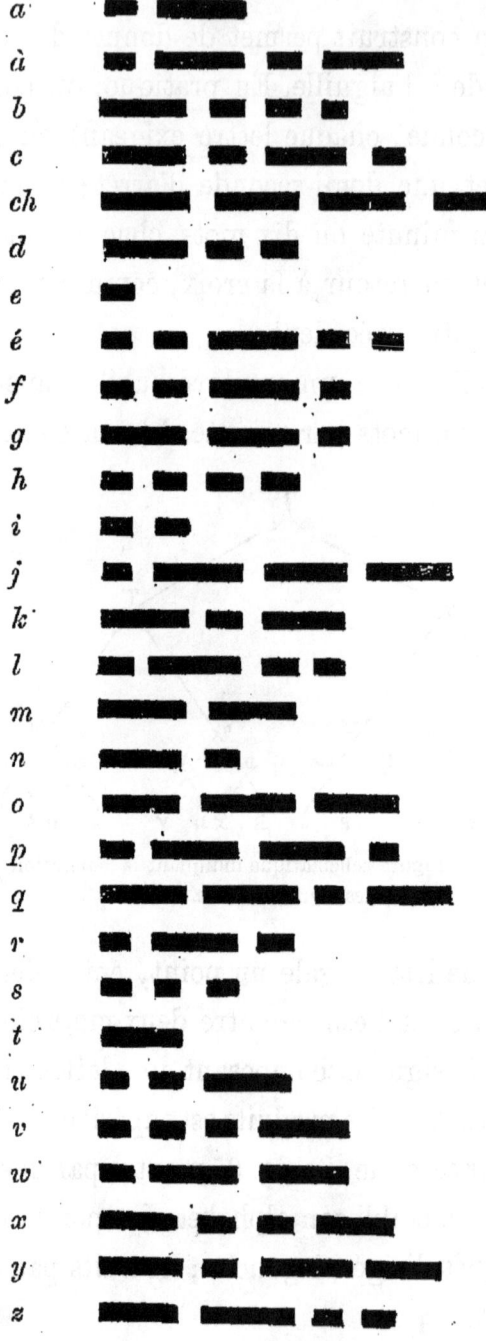

DÉTAILS SUR LES TÉLÉGRAPHES. 231

CHIFFRES.

1
2
3
4
5
6
7
8
9
0
Barre de division.

PONCTUATION.

Point.
Point et virgule.
Virgule.
Guillemets.
Deux points.
Point d'interrogation.
Point d'exclamation.
Apostrophe.
Alinéa.
Trait d'union.
Parenthèse.
Souligné.
Signé.

INDICATIONS DE SERVICE.

Dépêche d'Etat.
Dépêche de service.
Dépêche privée.
Appel.
Compris.
Erreur.
Fin de la transmission.
Invitation à transmettre.
Attente.
Accusé de réception.

CLASSEMENT DES LETTRES DE L'ALPHABET

DANS L'ORDRE OU ELLES SE REPRÉSENTENT LE PLUS SOUVENT.

E	219	U	82	É	39	X	8
R	118	O	80	V	27	Y	6
N	108	L	69	G	17	Z	6
A	107	E	52	H	17	J	5
S	106	C	48	F	15	K	1
I	105	P	46	Q	15		
T	98	M	46	B	14		

L'appareil télégraphique imprimeur de Hughes a un rendement assez rapide. L'axe imprimeur tourne 7 fois plus vite que le chariot et l'axe des types. Les touches que l'on abaisse successivement doivent être séparées par un intervalle de 4 au moins, le nombre total des touches étant de 28. La vitesse de la roue des types varie de 40 à 150 tours par minute. On transmet 1,54 lettre par tour de chariot, ou 185 lettres par minute, si le chariot fait 120 tours, ce qui est la bonne moyenne. La lèvre du chariot occupant trois divisions de la boîte à goujons, la durée du courant est de

$0'',053$. La moyenne du travail est de 50 dépêches à l'heure, 60 sur les courtes lignes. Voici d'ailleurs quelques chiffres sur la rapidité de transmission des dépêches sur les lignes ordinaires (600 à 700 kilomètres).

TYPE DE TÉLÉGRAPHE.	NOMBRE de dépêches à l'heure.	TYPE DE TÉLÉGRAPHE.	NOMBRE de dépêches à l'heure.
Morse simple........	25	Baudot pour 6 claviers..	240
» duplex........	45	Wheatstone simple....	90
Hughes simple.......	60	» duplex....	160
» duplex.......	110	Miroir simple.........	30
Meyer, par clavier ...	25	» duplex.........	52
» pour 4 claviers.	100	Siphon-recorder simple.	25
Baudot, par clavier..	40	» en duplex.	35
» pour 4 claviers.	160	Foote simple.........	1000 mots par minute

Nous ne reviendrons que pour quelques détails secondaires sur les conducteurs télégraphiques aériens et sur les câbles sous-marins. En général, les premiers sont des fils de fer galvanisés. En Allemagne, on enduit quelquefois le fil d'huile de lin. En Angleterre, aux points soumis aux émanations dangereuses, on plonge le fil galvanisé dans un mélange de goudron et de bitume, et on le recouvre d'une double couche de fil goudronné. En Amérique, on fait aussi usage du *Compound-wire*, fil d'acier étamé recouvert d'un ruban de cuivre en spirale passé dans un bain d'étain pour souder le cuivre à l'acier ; le fil Compound est tenace, léger, résiste aux émanations, mais coûte cher, et le revêtement se détache quelquefois. On emploie enfin depuis 1877, en Amérique, un fil formé d'une âme en acier recouverte de cuivre par voie électrolytique.

Pour le raccordement des fils, on emploie en France un manchon, et le joint Britannia dans les autres pays. La soudure coulée dans le manchon en fer est composée de deux parties d'étain et une partie de plomb. Les isolateurs sont en forme de double cloche en porcelaine, à base de kaolin pur. La cloche est entièrement émaillée, sauf le bord sur lequel elle repose pendant la cuisson et qui est poli avec soin. On fait aussi usage, dans différents cas, d'isolateurs en verre ou en ébonite.

L'isolement des lignes télégraphiques ne doit jamais être inférieur à 300,000 ohms par kilomètre. Ainsi Culley a donné les chiffres suivants, relevés sur une ligne bien entretenue :

Isolement kilométrique	par un temps relativement beau.	126,000,000
— do —	par temps humide. Travail assez bon....................	209,600
— do —	rendant les communications difficiles....................	147.000

Les pertes par dérivation, sur les lignes dont l'isolement est dans des conditions moyennes, sont assez élevées. Ainsi M. Hughes estime qu'en pratique le courant reçu est égal au tiers du courant envoyé, et M. Prescott, que ce courant varie entre 0,20 et 0,75 du courant transmis, suivant les conditions d'isolement de la ligne.

Dans tous les télégraphes, chaque poste (récepteur ou

transmetteur, pile, paratonnerre et sonnerie), est muni d'un *fil de terre,* consistant en un fil de cuivre de $1,6^{mm}$; tous ces fils, réunis et câblés ensemble, constituent le câble de terre, qui de cette façon n'a pas de rés. sensible. — Le câble de terre doit être soudé à une surface conductrice aussi grande que possible, pénétrant dans un sol bien humide en toute saison et conducteur sur une grande étendue : une pompe, une conduite d'eau ou de gaz en fer. Le câble de terre est soudé sur les deux conduites, si on le peut. Le fil conducteur doit être soudé à la plaque et le point de jonction soigneusement recouvert de peinture, afin d'empêcher la soudure de se détériorer. — Il convient de proscrire absolument de se servir des tuyaux de gaz *en plomb* comme terre ; les câbles et fils de terre eux-mêmes doivent être tenus au moins à $0^m,20$ ou $0^m,30$ des conduites en plomb ; car, en temps d'orage, une décharge peut se produire entre le fil de terre et la conduite. Il est arrivé que le plomb a été fondu et que le gaz a pris feu.

On pourrait cependant souder le fil de terre au conduit de gaz en plomb *hors du bureau* et dans un endroit découvert, où il soit facile de vérifier de temps en temps si la soudure est toujours bonne.

A défaut, plaque de fer galvanisée de 1 mètre carré qu'on enfonce dans le sol humide, ou une eau courante, ou un puits intarissable (pas une citerne) ; la plaque doit être enterrée à plat, et non roulée en cylindre ou spirale ; elle doit être placée droite plutôt qu'horizontalement. La partie du sol où la plaque est immergée doit conserver son humidité en toute saison ; dans les pays chauds, il faut arroser fréquemment le sol où sont enfouies les plaques de terre. Pour des distances inférieures à 1 kilomètre, il vaut mieux employer un *fil de retour* que des plaques de terre : ce fil de retour n'a pas besoin d'être isolé.

Pour les lignes souterraines, les câbles sous plomb sont mieux protégés que les câbles sous guipures; mais en diminuant le volume du tube pour éviter l'encombrement et la dépense, on augmente la capacité du câble. On a donc cherché à employer un diélectrique de capacité moindre, tel que gutta, caoutchouc, résine, paraffine, pétrole, nigrite, ozokérite, etc.

On emploie aussi le câble Berthoud et Borel. C'est un conducteur en cuivre recouvert d'une ou de plusieurs spires de coton, passé dans un mélange de résine et de paraffine; plusieurs fils réunis renfermés dans une gaine de plomb; le tube passé dans du brai gras reçoit un second tube de plomb. L'isolement kilométrique atteint 30,000 megohms à la température ordinaire.

Le câble Brooks est composé de deux conducteurs enveloppés et maintenus à distance par une couche de jute ou de chanvre purgé de toute humidité ; les conducteurs sont introduits dans des tubes de fer reliés à l'aide de pas de vis et remplis avec de l'huile de pétrole. Un tuyau de 4 cm. de diamètre permet de placer jusqu'à 50 fils télégraphiques. L'isolement est inférieur à celui des câbles ordinaires ; la capacité est de 0,2 microfarad par kilomètre.

Nous terminerons ce chapitre par la description de deux postes complets du système Morse, le système le plus simple et le plus pratique.

DÉTAILS SUR LES TÉLÉGRAPHES.

Nous avons décrit le transmetteur et le récepteur de ce télégraphe, et nous n'y reviendrons pas. Les postes sont complétés par le *paratonnerre*, la sonnerie et les commutateurs.

A l'état de repos, le circuit, qui va de la pile au manipulateur et à la sonnerie, est ouvert, le fil de ligne n'est parcouru par aucun courant et la pile ne fonctionne pas. Pour envoyer une dépêche, on met le commutateur sur *sonnerie*, le circuit est fermé et la sonnerie entre en jeu au poste d'arrivée. Le stationnaire de ce poste opère ensuite la même manœuvre pour faire connaître à son correspondant qu'il est à son poste et qu'il attend sa communication. Alors le

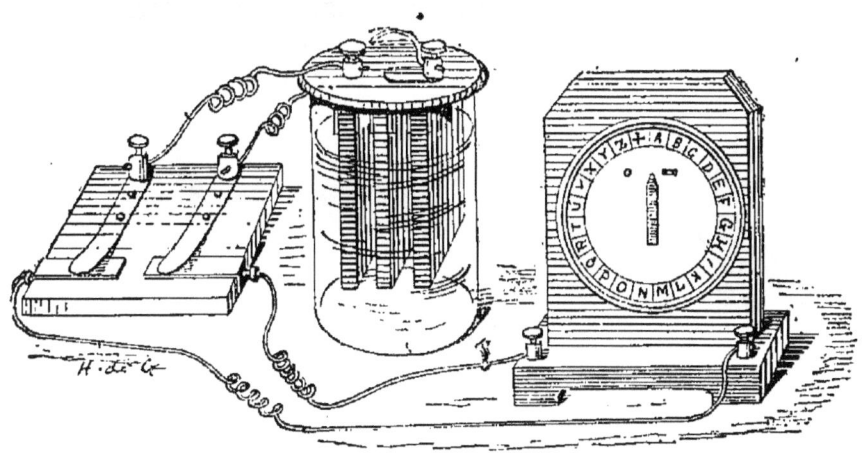

Fig. 86. — Poste de télégraphe-jouet. Manipulateur, pile et récepteur.

commutateur est mis sur *récepteur*, et le mouvement d'horlogerie de cet appareil déclanché, pour permettre le déroulement de la bande de papier et l'encrage de la molette. Une fois la dépêche reçue et inscrite sur la bande, on arrête le mouvement d'horlogerie et on remet, après avoir sonné, le commutateur du point de départ à 0, et celui d'arrivée sur sonnerie.

On vend dans le commerce de petits télégraphes qui sont de véritables jouets. Ils fonctionnent d'après le même système, seulement les traits et les points sont indiqués par le mouvement d'une aiguille à droite ou à gauche d'un cadran. Ces télégraphes, combinaison du type Bréguet et du type Morse, fonctionnent avec un simple élément cuivre-zinc à l'eau salée, et ils peuvent transmettre des signaux parfaitement compréhensibles à plusieurs centaines de mètres de distance (fig. 86).

Mais cela ne vaut pas, quoi qu'on dise et quoi qu'on fasse, les téléphones que nous allons maintenant étudier.

CHAPITRE XVIII.

La téléphonie.

Le premier créateur de la téléphonie est, à vrai dire, le bénédictin dom Gauthey, qui, ayant remarqué la propagation rapide des sons dans des tuyaux métalliques, fit en 1783 les premiers essais de télégraphie acoustique, ou *téléphonie*, en se servant, pour conducteur du son, de la tuyauterie de la pompe à feu de Chaillot, qui avait une longueur de plusieurs kilomètres.

Après dom Gauthey, il faut franchir presque trois quarts de siècle pour retrouver trace de l'idée du téléphone. C'est vers 1855, paraît-il, que fut inventé le *téléphone à ficelle*, jouet enfantin dans lequel deux diaphragmes en parchemin, reliés par une simple ficelle, vibrent à l'unisson lorsque la ficelle est bien tendue.

En 1856, M. du Moncel découvrait le fait de la variation de résistance du charbon sous l'influence de la pression, mais ce n'était que plus de vingt ans plus tard que cette découverte devait être mise à profit par Edison, pour le téléphone de son invention.

On connaît deux grandes classes d'appareils bien distincts : les téléphones sans pile ou *magnétiques*, et les téléphones à pile.

Le type des premiers est le modèle Bell, qui fut imaginé

et breveté par Graham Bell en 1877, en même temps qu'un autre inventeur américain, Elisha Gray, qui n'avait aucunement eu connaissance des travaux de son concurrent. Dans ce système, le *transmetteur* se compose d'une plaque de tôle mince, vibrant devant un aimant à l'extrémité duquel est roulée une bobine de fil conducteur isolé. Les vibrations de la plaque développent dans la bobine des courants d'induction dont l'intensité et le sens sont directement liés aux mouvements de la plaque vibrante.

Tous les transmetteurs d'appareils téléphoniques magnétiques sont *réversibles :* ils produisent des courants ondulatoires sous l'action des sons articulés, correspondant aux courants ondulatoires qui les traversent. Il n'en est pas de même avec les appareils à pile, dans lesquels les ondes sonores modifient le courant fourni par une source d'électricité étrangère.

Nous allons d'ailleurs étudier en détail chacun des nombreux modèles de téléphones créés depuis 1877, et dont un grand nombre, il faut bien le dire, sont manifestement inspirés par la découverte du grand inventeur américain Graham Bell.

Première classe. — *Appareils transmetteurs magnétiques.*

Téléphone Bell. — Ce modèle, le type du genre, comme nous l'avons dit, a deux fils. Le récepteur est identique au transmetteur. Ordinairement, et pour plus de commodité, on met deux téléphones à chaque extrémité du fil, afin de pouvoir mettre un appareil à chaque oreille. Le téléphone se compose d'une boîte **tronconique** allongée. Au gros bout, si l'on peut s'exprimer ainsi, se trouve la plaque vibrante, la bobine et l'aimant, et les fils sortent par l'extrémité la plus effilée et qui sert de poignée.

Téléphone Ader. — Ce type est dit *à surexcitation magnétique;* chaque récepteur est muni d'un puissant aimant recourbé en cercle et qui vient ajouter sa force à celle de l'aimant intérieur. Son emploi est assez étendu. Il est employé concurremment avec le système Gower, dit *à deux pôles,* à la Société des téléphones.

Électromotographe Edison. — Cet appareil, créé en 1881 par le fécond inventeur américain, est fondé sur les variations de frottement de la chaux et du platine sous l'action d'un courant variable. Il ne paraît pas avoir eu autant de succès que d'autres créations *électriques* du même chercheur. Il est aussi oublié aujourd'hui que le *téléphone à mercure* de M. Antoine Bréguet, fondé sur des actions électro-capillaires, et que le *téléphone thermique* de M. Preece, fondé sur l'échauffement et la dilatation d'un fil traversé par un courant ondulatoire. Citons aussi en passant, et dans la même classe d'appareils, le *téléphone électrostatique* de M. Dolbear, fondé sur les actions réciproques de deux plaques chargées de quantités d'électricité variables ; le condensateur employé par MM. Dunand et Herz; et le téléphone à pôles concentriques de M. d'Arsonval.

Téléphone Boisselot. — Cet appareil, qui a été présenté à la Société internationale des électriciens par son inventeur, donne, sans microphone et sans pile, des résultats aussi intenses et aussi nets que les appareils à pile actuellement en usage. Il se compose de deux plaques vibrantes, de deux petites bobines et d'un aimant recourbé (fig. 87) fixé à la cuvette du téléphone par deux oreillettes, de façon à ne pas toucher les noyaux en fer des bobines, rivés à la plaque infé-

Fig. 87. — Téléphone Boisselot.

rieure, laquelle est diamagnétique. Les deux pôles de l'aimant se trouvent en regard des deux noyaux de fer, à un écartement convenable, et l'aimantation se fait par influence.

Téléphone Corneloup. — Cet appareil, de dimensions très restreintes, est le seul récepteur simplement magnétique qui parle à haute voix. Les bobines sont renforcées par un puissant aimant fermé, sur lequel sont branchés les barreaux de l'électro (fig. 88).

Il est muni d'un système d'appel très ingénieux qui simplifie les installations en supprimant la sonnerie et les commutateurs, source fréquente d'ennuis et de lenteur dans les communications. C'est une anche libre, vibrant sous une pression d'air quelconque, et dont les vibrations sont répétées

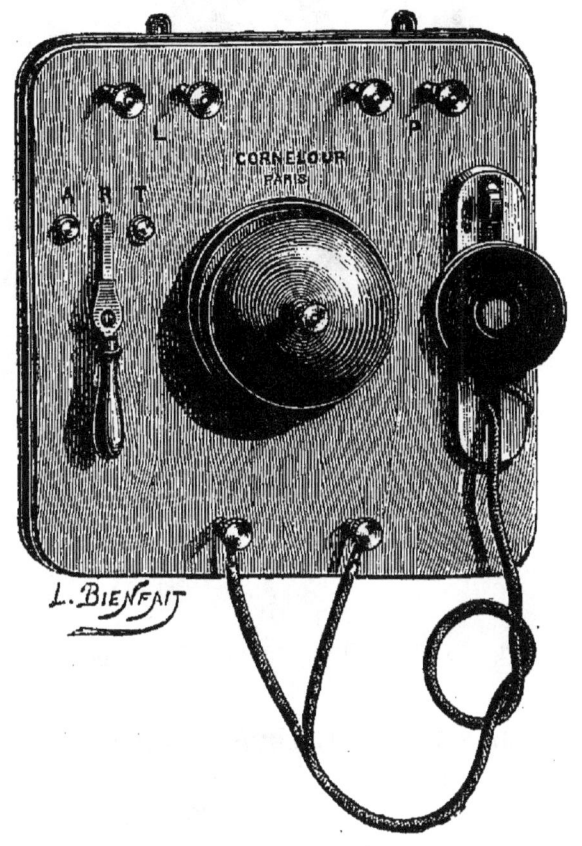

Fig. 88. — Poste téléphonique Corneloup.

par le récepteur, par suite de la fermeture d'un circuit spécial (fig. 89). Ce système téléphonique, excellent à toute distance, est bien combiné et parfaitement compris dans tous ses détails.

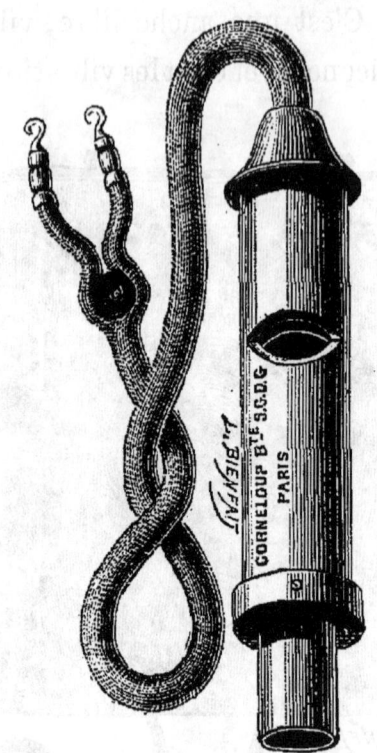

Fig. 89. — Appel téléphonique Corneloup.

DEUXIÈME CLASSE. — *Appareils téléphoniques à pile.*

Microphone Hughes. — La résistance d'un contact imparfait a été employée pour la première fois en 1878 par M. Hughes et, depuis, ce principe a été mis à profit par un grand nombre d'électriciens, qui ont conservé à l'appareil le nom de *microphone* qui lui a été donné par son auteur. Tous les transmetteurs microphoniques actuels sont fondés sur la variation de résistance des contacts imparfaits, lorsqu'on fait varier ce contact sous l'action d'un son articulé. La forme des divers microphones diffère par le nombre des contacts imparfaits, leur nombre, leur couplage en tension ou en quantité, la nature des sons à transmettre, etc. Il n'y a pas de règle à donner pour la construction des microphones et, comme l'a très justement dit M. Preece, le microphone défie jusqu'ici l'analyse mathématique.

Électrophone Maîche. — Dans l'électrophone, qui a

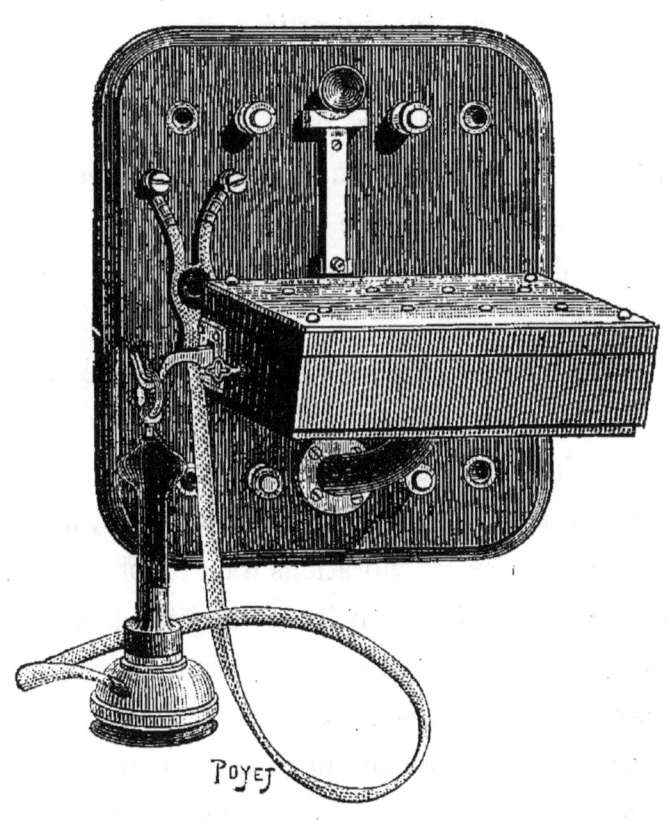

Fig. 90. — Poste téléphonique de M. Maîche.

donné d'excellents résultats, tout est combiné pour la meilleure utilisation possible des sons. Le transmetteur est un tableau vertical ou horizontal devant lequel on parle et derrière lequel sont un certain nombre de charbons micro-

14.

phoniques couplés en quantité (fig. 90). L'intensité des sons a été assez conservée pour qu'on puisse correspondre facilement de Paris à Nancy (350 kilomètres).

Thermomicrophone Ochorowickz. — Ce système, qui a fait grand bruit lors de son apparition en 1884, donne des résultats très remarquables au point de vue de la netteté des sons obtenus et de leur intensité.

Le récepteur affecte la forme du cornet Ader, dont il ne dépasse guère les dimensions, mais il diffère sensiblement de celui-ci par ses dispositions en ce qu'il possède deux plaques vibrantes disposées de part et d'autre des électro-aimants ; ces diaphragmes ne sont pas fixés à leurs bords périphériques.

Le transmetteur est essentiellement constitué par une agglomération de poussières métalliques qui ferme le circuit et modifie la circulation du courant en raison des variations du champ magnétique, dont il subit l'influence, lequel est lui-même modifié par les vibrations d'un diaphragme.

La poussière métallique doit être échauffée par le passage du courant pour acquérir la grande sensibilité de résistance électrique qui caractérise son action microphonique, et c'est à cette dernière considération qu'est dû le nom de *thermo-microphone,* donné par l'inventeur à cet appareil.

Il n'y a pas de bobine d'induction, et c'est le courant de départ qui actionne directement le récepteur. Fait très important dans ses conséquences, semble-t-il, car du moment où pour les transmissions téléphoniques à distance on n'aura plus à craindre les pertes d'un courant de haut potentiel (comme celui d'un courant faradique) sur de longues lignes aériennes plus ou moins bien isolées, il sera possible d'aller très loin en employant, ainsi qu'en télégraphie, des f. é. m. et des intensités convenables parfaitement déterminées.

Ces conditions contiennent également une précieuse indication sur la possibilité de vaincre, très simplement et très efficacement, ce terrible ennemi des transmissions téléphoniques sur des lignes parallèles : l'induction des fils voisins.

Fig. 91. — Poste téléphonique du docteur Ochorowickz
(Barbier et Cie constructeurs).

La maison Barbier de Paris, seule concessionnaire des téléphones du docteur Ochorowickz (fig. 91), construit aussi, pour compléter les installations, des appels magnétiques d'un système tout à fait spécial dû à M. Abdank-Abakanowickz, et que représente la figure 92.

Ces appels se composent d'une bobine fixée à l'extrémité d'un ressort et capable d'osciller entre les branches de deux aimants en fer à cheval. Lorsqu'on a écarté la bobine de sa position d'équilibre et qu'on l'a ensuite aban-

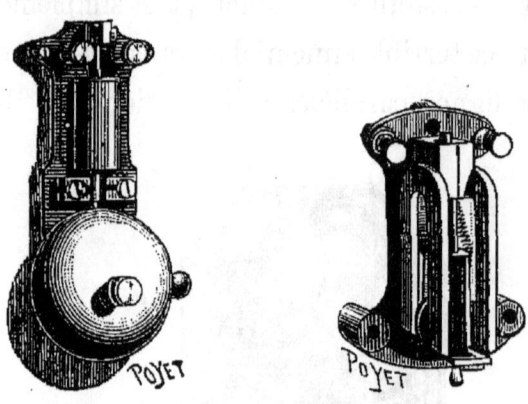

Fig. 92. — Appels magnétiques de M. Abdank.

donnée à elle-même, elle accomplit une série d'oscillations dans le champ des aimants, d'où il résulte des courants alternatifs qui, reçus dans une sonnerie polarisée et combinée à cet effet, mettent le marteau en mouvement. Ce dispositif présente l'avantage de pouvoir être appliqué aux lignes téléphoniques de quelque longueur que ce soit, sans craindre l'induction qui neutralise en grande partie les courants téléphoniques sur les longues lignes.

Nous devons dire aussi quelques mots d'une ingénieuse création de la même maison, le *bouton-téléphone*, qui a été accueilli avec le plus vif succès dans toute l'Europe. Le bouton-téléphone, ainsi que son nom l'indique du reste, a pour but de transformer tous les réseaux de sonneries électriques domestiques en postes téléphoniques : c'est l'intime réunion d'un bouton d'appel et d'un téléphone très simple, qui constitue le bouton-téléphone, dont nous donnons ci-dessous le dessin (fig. 93).

Ainsi que la figure l'indique, le bouton-téléphone se compose de deux pièces : un cercle fixé au mur et servant

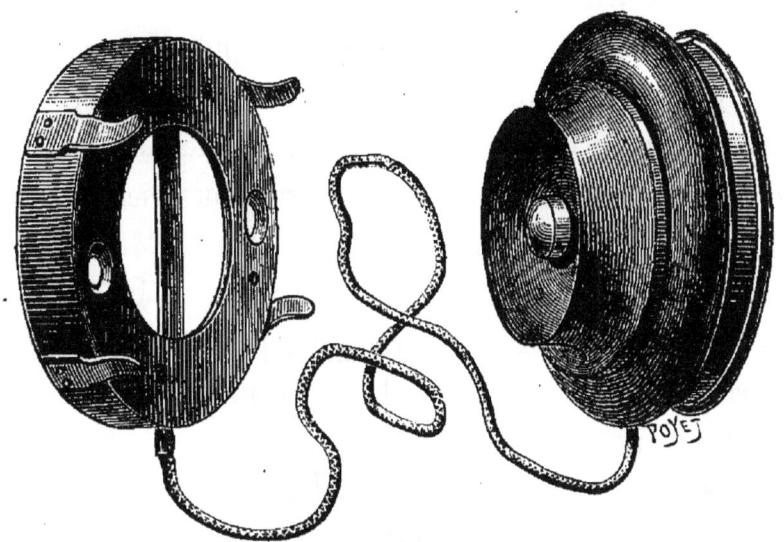

Fig. 93. — Bouton-téléphone (le bouton-téléphone détaché de son support et mis en ligne).

de socle à l'appareil téléphonique qu'il retient par trois pattes à ressort, et le bouton. Le socle contient un commutateur qui met automatiquement le téléphone en ligne lorsqu'on le détache pour entrer en communication.

Ce très ingénieux dispositif a eu le succès qu'il méritait, vu surtout son extrême bon marché. La majeure partie des personnes possédant des tableaux indicateurs avec des sonneries l'ont adopté, et ont transformé tous leurs réseaux de sonnettes en réseaux téléphoniques, qui permettent de donner de vive voix et en détail toutes les communications nécessaires au service intérieur d'une maison, entre le maître ou le patron et ses domestiques ou ses employés.

Nous devons aussi parler, avant de terminer ce chapitre, du système de télégraphie et de téléphonie simultanée imaginé en 1883 par M. Van Rysselberghe.

L'expérience a démontré que les appareils employés actuellement par les compagnies de téléphones sont insuffisants pour porter la voix à plus de 100 kilomètres de distance, et, quoique dans les cas ordinaires les microphones bien connus de Berliner, de Blake, d'Ader, de Gower-Bell, d'Edison, etc., etc., soient très satisfaisants, il est indispensable de recourir aux perfectionnements imaginés par M. F. Van Rysselberghe, s'il s'agit de porter la parole au delà de 200 kilomètres, ou si l'on veut avoir, à des distances moindres, une transmission nette, claire et puissante. Nous avons dit que, dans les transmetteurs à charbon ou microphones, la reproduction électrique de la voix humaine a lieu par les variations de résistance qu'éprouvent les contacts en charbon, sous l'influence des vibrations qui agitent la membrane diaphragme ou planchette du microphone. Les recherches de M. F. Van Rysselberghe et les expériences faites par lui l'ont amené à la confirmation de ce résultat, indiqué d'ailleurs par le calcul, *que les variations de la résistance des contacts ont d'autant plus de valeur relative et que les variations de courant qui en résultent sont d'autant plus considérables que la résistance du circuit est plus faible.*

Il en résulte que l'inventeur recommande, pour produire **le courant inducteur,** une source électromotrice à résistance intérieure extrêmement faible, notamment les éléments secondaires de Planté, les accumulateurs Faure et les piles thermo-électriques. M. Van Rysselberghe a trouvé le moyen d'employer les fils télégraphiques pour la transmission des paroles. L'agent des télégraphes envoie sa dépêche Morse, et simultanément, par le même fil, la conversation s'échange entre deux correspondants. Ce savant a créé le système de toutes pièces. La difficulté était de se débarrasser de l'induction. En enlevant la brusquerie des émissions et des extinctions au courant, celui-ci devient inaudible au téléphone. Il s'agissait de graduer l'intensité du mouvement électrique. M. Van Rysselberghe a intercalé dans le circuit de petits électro-aimants graduateurs, et il met sur la ligne des condensateurs qui servent de *réservoirs de dérivation*. Enfin il a combiné les uns et les autres. Ces organes accaparent au passage une certaine quantité de flux électrique et la restituent quand le courant est rompu. La membrane du récepteur arrive à ne plus vibrer. Le *télégramme qui court sur le fil* n'influence plus assez la rondelle du téléphone pour lui faire rendre un son. La transmission télégraphique perd un peu de sa rapidité. Ces expériences datent de mai 1882, entre Paris et Bruxelles, à 335 kilomètres. L'appel se fait avec la roue phonique de M. Sieur. Plus tard on expérimenta entre Bruxelles et Anvers; en France, entre Rouen et le Havre (90 kilomètres) et entre Paris et Reims. Actuellement les communications système Van Rysselberghe existent entre Bruxelles, Gand, Liège, Anvers, et d'autre part entre Liège et Verviers.

L'appareil microphonique se compose d'une boîte en noyer

contenant un inducteur complet qui, mis en mouvement au moyen d'une petite manivelle placée sur le côté de l'appareil, fait fonctionner les sonneries placées aux deux postes de

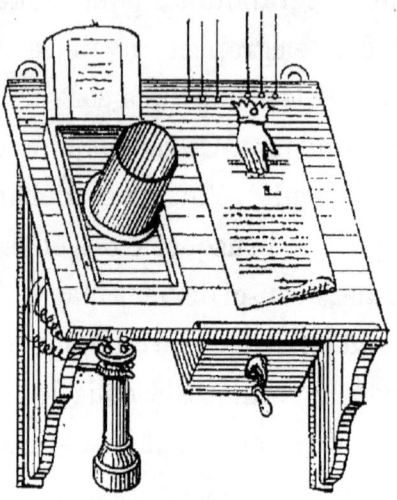

Fig. 91. — Poste complet de téléphonie, système Van Rysselberghe.

communication (fig. 94). Ces sonneries sont indépendantes de l'appareil transmetteur, ce qui permet de les placer dans une autre salle que ce dernier, comme cela existe pour les appareils munis de sonneries à piles.

Sur le couvercle de la boîte en noyer renfermant l'inducteur sont disposés les charbons du microphone, montés, comme nous l'avons déjà dit, tous en quantité et placés parallèlement.

La planchette qui supporte ces charbons présente une certaine analogie avec celle du microphone Ader ou Crosseley; seulement cela n'existe qu'en apparence, car, au point de vue de la fabrication, le montage est tout différent.

La planchette en question, au lieu d'être collée comme

celle de l'Ader, par exemple, se trouve encastrée dans un cadre métallique peint en noir; il y aurait encore beaucoup d'autres détails de construction à signaler, mais ce serait trop long à énumérer ici.

Le récepteur choisi par M. Van Rysselberghe est un téléphone Bell ordinaire avec gaine en ébonite; la résistance intérieure de la bobine du téléphone devra avoir au moins 100 ohms. Ce récepteur repose sur deux crochets dont l'un est fixe, l'autre automatique et fait l'office de commutateur.

L'installation de l'appareil est d'une grande simplicité; comme il ne nécessite pas de réglage, il n'est sujet à aucun dérangement.

Sur la planchette du microphone est fixé un cylindre en ébonite, de façon que, lorsqu'on fait usage de l'appareil, les ondes sonores sont dirigées perpendiculairement vers le milieu de la planchette du microphone. L'adaptation bien simple de ce tube en ébonite donne d'excellents résultats au point de vue de la transmission de la parole.

Pour actionner le microphone, on emploie deux éléments Leclanché à grandes plaques de 180 millimètres de hauteur ou des piles Warnon avec grands sacs dans les mêmes dimensions. Ces piles sont placées dans une boîte que l'on dépose à terre, de préférence au-dessous du transmetteur.

Nous pourrions encore citer, avant de terminer ce chapitre, un grand nombre d'autres téléphones, notamment les transmetteurs Freeman, Drawbangh, Thompson, Dembouski, Balsano et Hopkins. Mais, malgré tout, notre liste demeurerait incomplète. Nous avons lu la description de ces divers microphones; nous y voyons partout une singulière complication d'organes délicats à construire, alors qu'il en existe de si simples, de si rudimentaires et marchant parfaitement : par exemple, l'*Hopkins*, avec son disque de charbon poussé contre un autre par une tige plongeant dans le mercure. MM. d'Arsonval et Paul Bert ont déjà employé ce métal pour pousser des crayons de charbon contre des contacts. Ces appareils sont-ils jamais entrés dans la pratique courante ?

Le *Drawbangh* se compose d'une boule reposant sur un anneau. Anneau et boule sont en *granules de charbon agglutinées par du vernis au caoutchouc*. Chez Silvanus Thompson et Jolin, encore la boule ci-dessus décrite, qui est plus ou moins prisonnière, ou plus ou moins indépendante. Mais nous craindrions de devenir fastidieux, et nous préférons arrêter ici cette énumération déjà longue, de peur de fatiguer le lecteur.

CHAPITRE XIX.

Installation des postes téléphoniques.

Il n'est pas besoin de dire que les téléphones sont de beaucoup supérieurs aux télégraphes, pour la rapidité des communications, l'intelligence rapide des ordres transmis, et l'économie de temps et d'argent considérable qui résulte de l'emploi de ces utiles appareils.

On vend actuellement des *postes téléphoniques d'amateur*,

Fig. 95. — Appareil téléphonique d'amateur.

à des prix variant de cinquante à cent francs les deux postes complets (fig. 95). Nous en décrirons un modèle très simple et grandement suffisant lorsque la distance qui sépare le récepteur du transmetteur ne dépasse pas quelques centaines de mètres.

Chaque poste est formé d'une boîte en bois mince surmontée d'un timbre. A l'intérieur de cette boîte se trouve un microphone à charbons, la pile formée d'un élément Leclanché et un électro-aimant à trembleur qui actionne la sonnerie. Le téléphone récepteur est accroché à un levier qui sort de la boîte et sert de commutateur pour rétablir le courant de la pile et l'envoyer dans la ligne.

Pour échanger une dépêche, on appuie sur un bouton et la sonnerie tinte à l'arrivée. Puis on décroche le téléphone et on le porte à l'oreille en parlant devant la plaque microphonique. La communication terminée, on raccroche le téléphone et le circuit se trouve ouvert, ce qui empêche la polarisation de la pile autrement qu'en travail.

Dans la construction des téléphones à microphone ordinaires, on fait le plus souvent usage, pour établir les contacts imparfaits, du charbon de cornue. Le charbon est, en effet, le meilleur corps à employer, à cause de son inoxydabilité, de son infusibilité, de sa médiocre conductibilité et de sa diminution de résistance avec la chaleur.

On peut faire usage d'un transmetteur à charbon de deux manières :

1° *En circuit direct,* pour de faibles distances.

2° *Avec des bobines d'induction.* — Le courant ondulatoire traverse le fil *primaire* d'une bobine d'induction dont le circuit secondaire est relié à la ligne et au récepteur, qui est alors influencé par les courants *induits;* cette dernière méthode est exclusivement employée pour les longues lignes et les réseaux téléphoniques.

La résistance propre des transmetteurs varie depuis 1 jusqu'à 150 ohms, la résistance des bobines d'induction est aussi très variable, et l'on ne peut fixer aucune règle à cause des phénomènes secondaires de *self induction*, charge des lignes, etc., etc.

Les microphones *Ader* employés par la Société générale des téléphones à Paris ont en moyenne 5 ohms de rés., le fil inducteur de la bobine 1,5 ohm, le fil induit 150 ohms, et le récepteur Ader 75 ohms. Le conducteur souple représente environ 4 à 5 ohms. L'intensité moyenne du courant inducteur ne dépasse pas 1/4 d'ampère, soit 1/20 d'ampère par contact. Dans les expériences de M. Moser, avec 24 transmetteurs montés en dérivation, le courant était de 24 ampères, soit un ampère par microphone et 1/5 par contact.

La plaque du récepteur a 3 millimètres d'épaisseur, le fil des bobines 9 millimètres de diamètre. La bobine d'induction est formée de fil de 5 millimètres pour l'inducteur et de fil de 14 millimètres pour l'induit. Pour les communications téléphoniques du réseau de Paris, le circuit inducteur est constitué par le transmetteur, la bobine et 3 éléments Leclanché à 2 agglomérés montés en tension.

En général, il est assez difficile de se servir, pour les téléphones, de la terre comme fil de retour, car les communications de ce genre sont sensibles à toutes les perturbations extérieures : courants pour l'éclairage électrique, transmissions télégraphiques, courants telluriques, orages, etc. Même lorsque l'on emploie un fil de retour, on doit porter toute son attention sur l'isolement de la ligne, sans quoi tous les courants extérieurs que nous venons de nommer feraient sentir leur influence. Lorsque toutes les causes extérieures ont été écartées et que l'on n'a plus à compter avec ces perturbations, on peut téléphoner beaucoup plus loin qu'avec une ligne ordinaire. Ainsi M. Van Rysselberghe, qui actionne ses postes avec des accumulateurs, a pu téléphoner aux distances suivantes :

	Kilomètres.
Ostende et Bruxelles.	125
Anvers et Bruxelles.	45
Paris et Bruxelles.	335
Porto et Lisbonne.	312
Rouen et le Havre.	92
Buenos-Ayres et Rosario.	350

En Amérique, on a été beaucoup plus loin, et une ligne est établie où l'on peut correspondre sans peine à 1,650 kilomètres de distance (de New-York à Érié). M. Corneloup nous a également prouvé, en France, que ses téléphones parvenaient à être distinctement entendus en intercalant dans le circuit une résistance équivalant à deux mille kilomètres de fil télégraphique ordinaire.

Les effets d'induction sont aussi beaucoup à redouter sur les lignes téléphoniques placées non loin d'autres circuits électriques; elle empêche souvent d'entendre la conversation directe. Sur les lignes télégraphiques nombreuses, elle imite parfaitement le bruit de *friture*, nom sous lequel on la désigne quelquefois. On atténue l'induction dans une certaine mesure par les artifices suivants : 1° diminuer la sensibilité du récepteur et augmenter les courants de transmission pour affaiblir les perturbations extérieures; 2° établir un *écran d'induction* entre le fil téléphonique et les autres fils en le recouvrant d'une gaine métallique reliée à la terre; 3° modifier les causes perturbatrices en envoyant dans les circuits voisins des courants gradués, au lieu de courants brusques ; 4° neutraliser les effets à l'aide d'appareils de contre-induction ; 5° employer invariablement le double fil ou circuit métallique. C'est ce dernier moyen qui est, de beaucoup, le plus efficace et le plus employé.

Nous avons dit que les courants téléphoniques étaient d'une extrême faiblesse et se chiffraient par millionièmes d'ampère. Les microphones demandent un peu plus et prennent près d'un ampère. Les chiffres suivants, calculés d'après les dépenses de zinc constatées sur les piles Leclanché desservant les postes les plus actifs du réseau téléphonique de Paris (un poste comprend une pile de 3 couples, un microphone Ader et une bobine d'induction), en donneront une idée.

Intensité moyenne du courant inducteur : 0,084 ampère.

Travail fourni par la pile pendant l'activité du microphone : 0,025 kilogrammètre par seconde.

Travail *annuel* total d'un poste très actif pendant 7 heures sur 24 : 235,425 kilogrammètres.

D'après les calculs de M. Reynier, les 3,000 postes du réseau téléphonique de Paris, supposés tous aussi actifs que ceux des bureaux centraux, prennent 186,000 kilogrammètres. Il suffirait donc d'un moteur de un cheval vapeur travaillant sept heures par jour pour desservir tout le réseau télégraphique de Paris. C'est peu, comme on le voit.

A l'étranger, on est beaucoup plus avancé qu'en France au point de vue des installations électriques et principalement des installations téléphoniques, à petite comme à grande distance. Des milliers de fils circulent dans les rues de New-York et de Londres et rendent les communications aisées et faciles. Hélas ! il n'en est pas de même chez nous où, il faut bien l'avouer, on compte bien facilement les abonnés ayant le téléphone et les personnes employant la lumière électrique.

Le meilleur système de communication téléphonique à grandes distances paraît être celui de M. Van Rysselberghe, l'inventeur de la téléphonie et de la télégraphie simultanée.

Mais peut-être les compagnies et les particuliers reculeront-ils devant la dépense que nécessiterait le remplacement des appareils actuellement en service par l'un de ces nouveaux postes microtéléphoniques dont nous venons de parler. C'est pourquoi M. F. Van Rysselberghe a indiqué certaines modifications aux appareils existants. Ces modifications portent surtout sur les transmetteurs Blake et Ader, employés dans tous les pays du monde où des réseaux téléphoniques ont été installés.

En France, le microphone Ader, avec sonnerie à piles, est usité ; mais en Belgique, par exemple, où l'on a renoncé à ce genre de sonnerie, on a également appliqué la sonnerie magnétique, dite *magneto-call*, au transmetteur Ader. Les appareils adoptés presque exclusivement par l'administration des télégraphes de l'État belge, avec les modifications que M. Van Rysselberghe apporte dans la disposition des charbons et des contacts, sont du modèle représenté par la figure 94.

Une autre modification consiste à placer la sonnerie magnéto avec le récepteur Bell *en dessous* du transmetteur.

Sur la planchette du microphone on peut aussi fixer un cylindre d'ébonite, comme dans l'appareil que nous avons déjà représenté, et qui est très avantageux au point de vue de la transmission de la parole.

Pour la téléphonie à grande distance, nous conseillons de choisir le téléphone Corneloup ou l'électrophone. Pour les petites distances, les appartements, bureaux, magasins, usines, les postes dits d'*amateur* suffisent, et en les employant les installations téléphoniques, si utiles, coûtent très bon marché.

TROISIÈME PARTIE.

I.

Récréations électriques.

(AVEC ET SANS APPAREILS).

On peut exécuter avec un matériel très restreint un grand nombre d'expériences intéressantes, que nous allons mentionner ici, en commençant par l'électricité statique. C'est le meilleur moyen d'étudier la science électrique, car l'enseignement par les yeux, on l'a dit et répété avec raison, est le seul durable. Remplacer une démonstration sèche et aride par une expérience facile à reproduire est le meilleur moyen de faire comprendre une chose, qu'une description élégante et imagée est souvent impuissante à faire clairement saisir.

La plus simple de toutes les expériences est le bâton de cire à cacheter, frotté avec un morceau de flanelle sèche, et qui attire tous les corps légers placés à sa portée : papiers, plumes, moelle de sureau, etc. Un porte-cigare en ambre ou un porte-plume en caoutchouc durci produisent le même effet.

Quand on n'a pas de machine d'électricité statique (Ramsden ou autre) à sa disposition, on peut construire un électrophore qui donne des effets assez sensibles. Un électrophore se compose d'un gâteau de résine coulé dans un moule de bois ou de métal, et d'un plateau ou disque de bois bien sec et recouvert d'une feuille d'étain. Ce plateau est soutenu en son centre par une tige de verre recouverte de vernis à la gomme laque. Il est un peu plus petit que le gâteau de résine qui le supporte. Lorsque l'on veut charger l'électrophore, on commence par en bien sécher toutes les parties, puis on électrise la résine en la frappant *obliquement* avec une peau de chat ou de lièvre bien sèche. Cela fait, on pose le plateau sur la résine, on le touche avec le doigt, et, enlevant le plateau par son manche isolant, l'électricité positive qu'il possède, devenue libre, se manifestera par une vive étincelle à l'approche d'un corps conducteur. En recommençant la même série d'opérations, on pourra, sans recharger la résine, tirer du plateau des milliers d'étincelles successives.

On peut faire, dit Tissandier dans les *Récréations scientifiques*, un électrophore instantané avec un plateau à thé en tôle verni et une feuille de papier d'étain soutenu par deux pattes ordinaires. Cet appareil, si rudimentaire qu'il soit, étant bien disposé, donne des étincelles assez vives et assez lumineuses.

Quand on n'a pas de bouteille de Leyde et que l'on veut éprouver ou faire ressentir à quelqu'un la commotion des électricités contraires, on peut recommencer l'expérience de Muschenbroek avec un simple flacon que l'on remplit d'eau et dont on fixe le bouchon en trempant le goulot dans de la cire à cacheter chaude. On colle ensuite du papier d'étain jusqu'aux deux tiers de la hauteur et on enfonce dans la bouteille, à travers le bouchon, une tige métallique recourbée en forme de crochet. Ainsi construite, cette bouteille de Leyde (fig. 96) rudimentaire donne des secousses très fortes, en rapport naturellement avec ses dimensions et sa surface. On peut la charger avec l'électrophore que nous avons décrit.

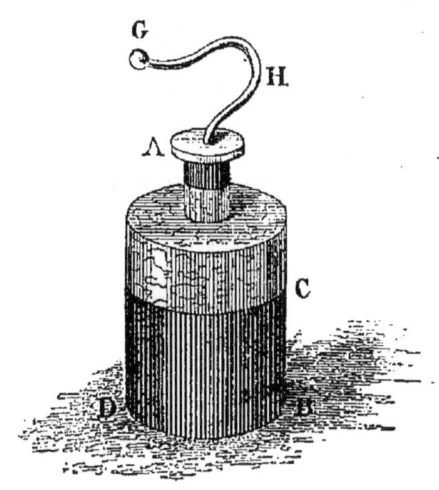

Fig. 96. — Bouteille de Leyde.

Mais c'est encore avec la véritable machine électrostatique que l'on obtient les plus beaux effets et que l'on opère les plus jolies expériences. Citons le carreau et le tube étincelant, la pointe soufflante, le tourniquet, le tube de Newton, etc.

On sait que le carreau et le tube étincelant sont des surfaces planes ou courbes en verre sur lesquelles on a dessiné, au moyen de petits losanges en papier métallique, des arbres, des fleurs, des noms, etc. Lorsque l'on accroche ces tableaux dans l'obscurité, aux conducteurs d'une machine statique, il se produit une foule de petites recompositions partielles du fluide, et de petites étincelles jaillissant entre les pointes de chaque losange dessinent en points de feu l'arbre ou le nom tracé.

La pointe soufflante et le tourniquet électrique sont des expériences classiques que tout le monde a vu exécuter; nous ne ferons donc que les mentionner. Le carillon est plus joli. Il se compose d'une tige de cuivre portant trois timbres. Les deux extrêmes communiquent métalliquement et celui du milieu, qui au contraire est isolé, communique avec le sol au moyen d'une chaîne métallique. A la hauteur des timbres et entre celui du milieu et les deux autres, se

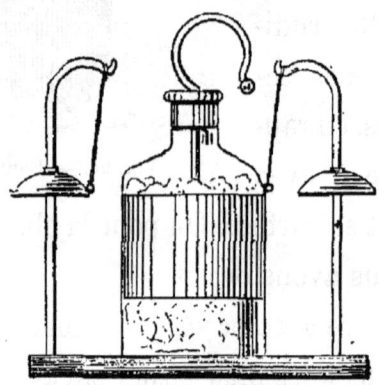

Fig. 97. — Carillon électrique, au moyen de la bouteille de Leyde.

trouvent, suspendues par des fils de soie, deux petites balles de cuivre. Enfin un crochet de cuivre permet de suspendre l'appareil au conducteur de la machine électrique. Quand on met la machine en mouvement, les deux timbres extrêmes s'électrisent; les balles sont attirées et vont frapper contre eux, puis elles sont repoussées et frappent le timbre du milieu qui les ramène à l'état naturel. De là une succession de petits sons qui ne cessent qu'avec la charge de la machine. On peut aussi obtenir cet effet par la décharge successive d'une bouteille de Leyde placée à égale distance de deux isolateurs supportant les balles et les timbres (fig. 97).

Avec le *carreau magique*, qui n'est autre chose qu'un condensateur à lame de verre, sur les deux faces duquel on a collé deux lames d'étain, on peut produire l'effet curieux que voici : le carreau étant placé horizontalement sur une table, on le charge et on le met en communication avec l'armature inférieure ; si on approche alors la main de l'armature supérieure, on éprouve une commotion accompagnée d'une contraction musculaire, si bien qu'il est impossible de prendre une pièce de monnaie placée sur ce plateau.

Ce n'est guère qu'avec l'aide de la machine que l'on peut percer une carte ou même une petite plaque de verre placée entre deux pointes métalliques entre lesquelles on fait jaillir une étincelle. Il faut aussi une étincelle assez forte pour allumer de l'éther que l'on tient dans une capsule au bout d'une cuiller ou même tout simplement dans le creux de la main.

On a créé un assez grand nombre d'appareils bon marché permettant d'exécuter, à l'aide d'une source d'électricité statique quelconque, plusieurs expériences très curieuses. Citons le *portrait* et la *maison de Franklin* (fig. 98), le *mortier électrique*, le *chasseur et son but*, la *tête à perruque*, l'*escarpolette*, la *balancerie électrique*, etc., etc.

Arrivons-en à l'électricité dynamique.

Le premier appareil à posséder pour les expériences d'électricité dynamique est naturellement une pile voltaïque.

Je vais indiquer le moyen d'en construire une très simple, relativement puissante pour des expériences de courte durée, et très bon marché.

Dans un vase en verre ou en porcelaine jetez des rognu-

Fig. 98. — La maison de Franklin.

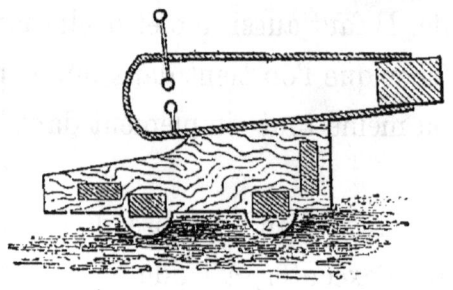

Fig. 99. — Canon partant par l'électricité
(pistolet de Volta).

res de coke jusqu'au quart de la hauteur environ, puis roulez un fil de cuivre en spirale et placez-le sous ces fragments en laissant monter son extrémité jusque plus haut que le vase. Pour éviter l'usure, faites passer ce fil dans un mince tube de verre. Ensuite roulez en cylindre une plaque de zinc ordinaire et suspendez ce cylindre en haut du vase, de manière à ce qu'il ne touche pas aux fragments de charbon, puis remplissez le vase avec de l'eau salée ou acidulée, ou mieux encore d'une solution acide de bichromate de soude. De cette façon vous avez une pile qui peut débiter deux ou trois ampères pendant plusieurs heures et qui ne revient qu'à 80 centimes environ l'élément (fig. 100).

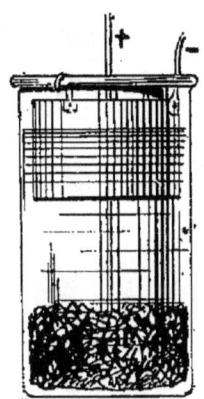

Fig. 100. — Pile au coke de Meyer.

Avec une batterie de six éléments semblables, groupés en tension, on peut déjà obtenir certains effets curieux et que nous allons passer en revue.

On peut procéder à la décomposition ou *électrolyse* de l'eau.

Il n'est même pas besoin pour cela d'avoir un voltamètre (fig. 101) bien compliqué. Un simple verre, bouché à sa partie inférieure par de la cire à cacheter que traversent les conducteurs en métal inoxydable, suffit. Pour faire l'expérience, on remplit des tubes fermés en haut d'eau légèrement acidulée, on opère de même pour le verre et on coiffe des tubes les conducteurs. Aussitôt que le courant passe, l'eau est décomposée; l'éprouvette du pôle positif se remplit d'oxygène et celle du pôle négatif d'hydrogène, en volume double.

On peut décomposer de cette manière un grand nombre de sels métalliques ou acides, et on constate que l'oxygène et l'acide se rendent au pôle positif, tandis que le métal ou la base se déposent au pôle négatif. C'est sur ce fait d'ailleurs qu'est basé tout l'art de la galvanoplastie, des dépôts électrochimiques de l'argenture et de la dorure voltaïques.

Avec six éléments en tension on peut déjà faire rougir un fil fin de cuivre ou de platine et même le volatiliser. On

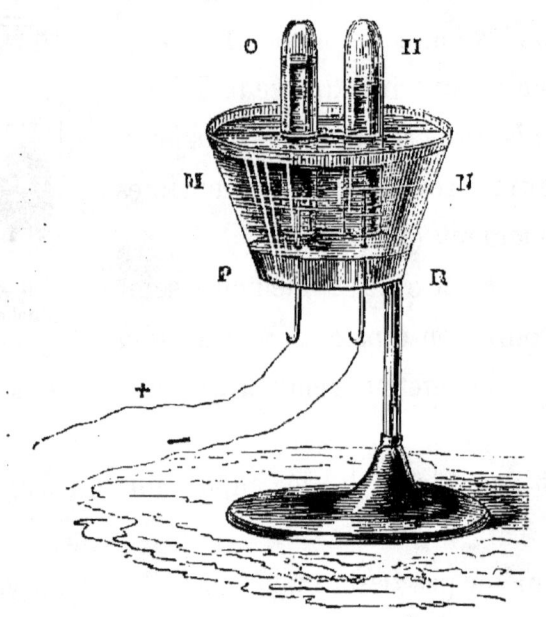

Fig. 101. — Voltamètre pour la décomposition de l'eau.

peut allumer de l'éther, de l'essence, des allumettes phosphoriques et porter à l'incandescence une petite lampe Édison ou Changy. Pour l'arc voltaïque, il faut au moins trente de ces éléments pour le voir apparaître distinctement.

Avec un nombre d'éléments beaucoup moindre, un ou deux, et la *bobine de Ruhmkorff* (fig. 102), on peut accomplir un grand nombre d'expériences que nous allons revoir à tour de rôle.

Les *tubes lumineux* de Geissler (fig. 103), qui s'illuminent d'un éclat rose et violet quand le courant induit les traverse ; l'*allongement de l'étincelle* au moyen de la table à expérience ;

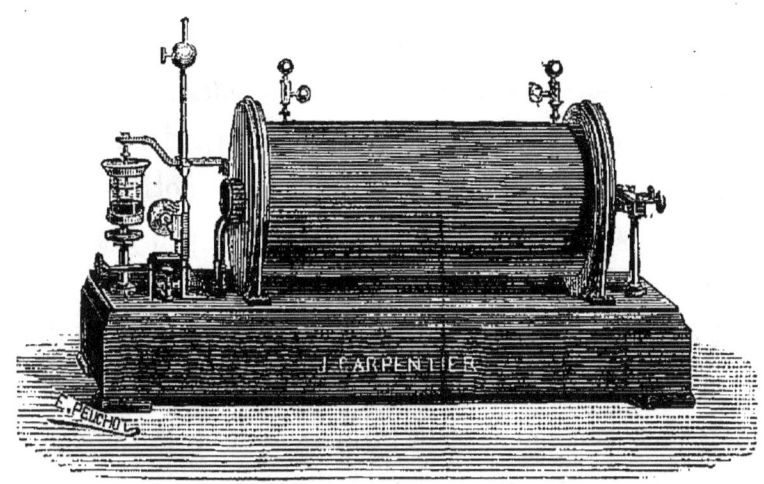

Fig. 102. — Bobine de Ruhmkorff, grand modèle.

le perce-carte et le perce-verre identiques à ceux de l'électricité statique, etc., etc. Voici d'ailleurs quelques récréations assez faciles à répéter avec cette bobine.

Fig. 103. — Tube lumineux de Geissler.

Lorsque sur la table à expérience ou sur un support quelconque on place verticalement une lame de verre dans l'intervalle des points où l'on excite l'étincelle d'induction, l'électricité contourne la lame ou la transperce quand celle-ci est suffisamment mince. Dans le premier cas, la lame s'illumine complètement, et c'est toujours ce qui arrive quand on colle une bande d'étain sur l'une des faces de la lame de verre. Si, au lieu d'une seule lame de verre ainsi disposée, on en met deux à une petite distance l'une de l'autre, le phénomène se trouve amplifié ; il s'accroît de tout l'effet produit par ce véritable condensateur.

Quand la bobine est en activité, la tension du courant induit étant énorme (8,000 volts environ), si l'on touche les rhéophores, on éprouve une violente commotion qui peut même être dangereuse avec un appareil un peu grand. Cependant on peut diminuer cette force en installant sur le circuit un tube rempli d'eau et dans lequel sont enfoncées, à frottement assez dur, deux tiges de laiton dont le plus ou moins grand écartement règle l'intensité des commotions. De cette façon, on peut transformer la bobine en *électromédical*.

Si l'on met un fil induit en communication avec le sol, on peut, en dissimulant l'autre sous une pièce métallique ou dans un verre d'eau, donner une forte secousse à toute personne essayant de toucher à ce verre ou à cette pièce. Mais cette secousse aura toujours une intensité bien inférieure à celle qu'on ressentirait si l'on tenait à la main les deux extrémités du fil induit de la bobine.

Nous pouvons aussi mentionner en passant les expériences de la charge d'une bouteille de Leyde au moyen de la bobine de Ruhmkorff, du pistolet de Volta (fig. 99), qui détone quand on fait éclater l'étincelle d'induction dans son intérieur (on peut faire un pistolet de Volta avec une simple bouteille qu'on remplit d'hydrogène et d'oxygène produits par l'électrolyse), et enfin de la *fusée Slateham* (fig. 104), qui explose avec une bruyante détonation lorsque l'étincelle la traverse.

Nous arrêtons ici cette énumération de toutes les récréations électriques que l'on peut s'amuser à répéter à peu de frais et sans grand embarras d'appareils. Évidemment,

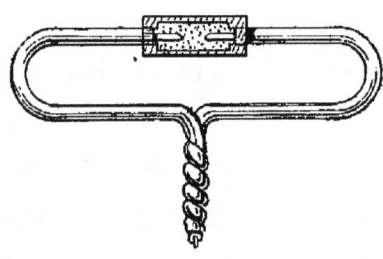

Fig. 104. — Fusée Statcham (coupe).

nous l'avons oublié ou passé sous silence un grand nombre d'autres amusements, tels que la *danse des pantins*, le *télégraphe-jouet*, etc., mais nous pourrions étendre indéfiniment ce chapitre sans arriver à d'autre résultat que celui de fatiguer le lecteur, sans aucun profit. D'ailleurs, nous avons mentionné les expériences les plus intéressantes et les plus faciles, croyons-nous, à répéter sans ennui ni difficulté.

II.

La maison d'un électricien amateur.

J'habite, dans un joli petit village des environs de Paris, une petite maison avec ma famille. Quoique Fontenay-sous-Bois soit une localité calme et tranquille, j'ai cependant jugé bon de me prémunir contre les fâcheux et les indiscrets, et c'est pour cela que j'ai fait de la déesse Électricité la servante du logis.

Lumière, moteurs, avertisseurs, sonnerie, cette complaisante personne me fournit tout ce dont j'ai besoin, au mo-

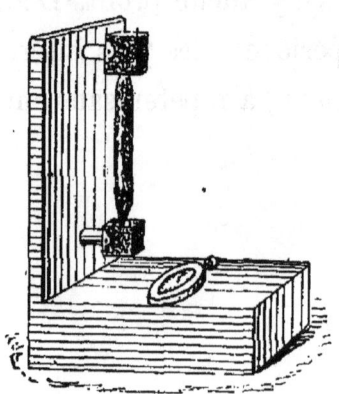

Fig. 105. — Microphone Hughes.

ment voulu. Force discrète et invisible, elle ne se révèle que par ses effets, par son utilité incontestable.

Dès la porte d'entrée, on s'aperçoit de sa présence au tintement d'une sonnette trembleuse qui entre en action aussitôt que le panneau mobile s'est écarté de la feuillure. La maison étant spacieuse, une seconde sonnerie est montée en dérivation sur le circuit de la même pile, et elle tinte à volonté ou reste muette par le jeu d'une simple ficelle.

Dans le vestibule d'entrée est disposé un microphone Hughes (fig. 105) qui correspond avec le récepteur téléphonique Corneloup accroché dans mon cabinet de travail. Ainsi, sans me déranger, j'entends tout ce qui se passe dans ce vestibule, le téléphone parlant à haute voix, une fois le circuit fermé.

La plupart des pièces sont éclairées par de grosses lampes à incandescence fixées avec leur appareillage au mur ou au plafond. Dans la salle à dîner, c'est une suspension en bronze, avec abat-jour en opale, qui supporte la lampe montée sur un fort chandelier en métal doré. Le salon est éclairé par un lustre avec vingt-quatre petites lampes d'un effet magique. Les chambres à coucher ont toutes un chandelier électrique que l'on allume

Fig. 106. — Chandelier artistique de M. Trouvé, pour l'éclairage électrique domestique des appartements.

et que l'on éteint par le jeu d'une petite manette. Enfin, j'ai dans mon cabinet une lampe dont l'enveloppe en porcelaine peinte ressemble à toutes les lampes à huile possibles. Mais s'il n'y a pas de réservoir dans le socle et pas de verre cylindrique fragile, il y a une lampe Wodhouse dans l'intérieur du globe en verre dépoli, et elle répand une douce et chaude lumière sur les tapis et sur les tentures.

En somme, trente-deux lampes sont disséminées dans l'habitation. Or, chose qui peut paraître incroyable au premier abord, c'est une pile hydro-électrique qui les alimente.

Et c'est facile à comprendre.

J'ai dit, au chapitre des *piles*, que j'avais imaginé une batterie au bichromate à circulation. J'ai trois batteries de ce système dans mon grenier, et, couplés convenablement, mes trente-six éléments me permettent de débiter constamment trente ampères sous une tension de vingt volts, à condition toutefois que je dépense huit litres de liquide dépolarisant par heure.

Toutes mes lampes sont montées en dérivation sur un circuit unique qui, partant du grenier, aboutit dans le vestibule d'entrée. On peut, de cette façon, éteindre ou rallumer telle lampe que l'on veut sans intéresser en rien celles qui demeurent allumées.

Pour les lustres, chacune des 24 petites lampes prend 10 volts et un ampère, soit 0,9 kilogrammètre. Je les ai donc montées deux par deux en tension et toutes en série sur un fil unique. De même pour les veilleuses. Toutes les lampes fonctionnant ensemble, ce qui n'arrive presque jamais, la pile fournit en réalité 50 kilogrammètres d'éner-

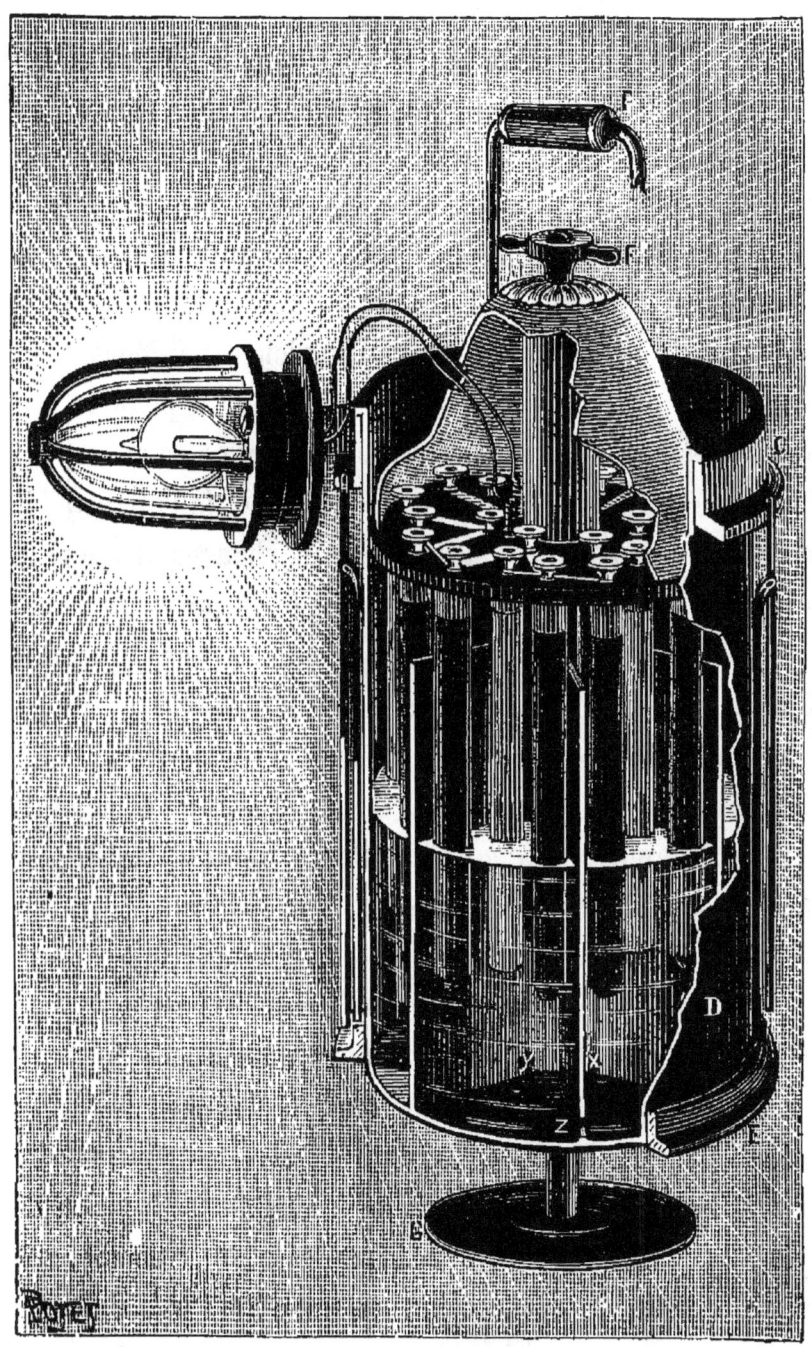

Fig. 107. — Lampe universelle, automatique et à parachute de M. Trouvé, pour l'usage domestique,
(coupée pour faire voir la distribution intérieure des éléments).

gie. Le liquide épuisé est évacué au fur et à mesure et automatiquement par un tuyau de plomb qui le conduit au ruisseau et de là à l'égout. J'ai monté moi-même toutes ces lampes, et il me semble qu'un amateur, ayant la pile et tous les appareils nécessaires, en ferait autant sans grande difficulté.

J'ai dit tout à l'heure que l'électricité était également employée comme force motrice. En effet, je possède une petite dynamo du système Gérard et, quoique ce ne soit pas le meilleur type à employer pour cet office, je l'ai installée dans un petit bâtiment situé au rez-de-chaussée derrière la maison, et, alimentée par le courant de la pile du grenier, cette dynamo sert de moteur pour mon atelier et pour la cuisine.

Dans l'atelier, elle actionne le tour, la perceuse, la meule, la scie circulaire et une petite scie à découper. Chacun de ces outils prend environ quinze kilogrammètres, et j'en puis actionner deux à la fois lorsque deux batteries de la pile fonctionnent.

A la cuisine, l'électricité moud le café, tourne la glacière et la rôtissoire. Une simple corde sert de courroie de transmission et, passant sur deux grands volants en bois, elle réduit à une vitesse de 60 tours à la minute la rapidité vertigineuse de la dynamo, dont l'induit tourne à raison de vingt-cinq tours par seconde. Le plus ordinairement, une seule batterie de douze éléments travaille sur la dynamo.

Comme dans tous les intérieurs qui ont compris et adopté les progrès de la science dans l'art de l'ameublement, un réseau de sonneries déroule ses méandres le long des boiseries.

Un tableau indicateur avec *lapins* est disposé dans l'antichambre et une sonnerie est placée dans la cuisine. Les boutons d'appel sont répartis dans les chambres à coucher, la salle à dîner, l'atelier et mon cabinet.

Comme il faut songer à tout, le soir, avant de se livrer au sommeil, le circuit de tous les avertisseurs Collé, placés intérieurement dans le coin des fenêtres et des portes, est fermé sur une énorme sonnette de Redon. Alors, malheur au voleur qui oserait se hasarder à crocheter la porte ou à enlever le volet d'une fenêtre ! sa présence serait immédiatement signalée, et la sonnette entrant en branle ferait en même temps agir l'allumeur-extincteur Radiguet (fig. 108) qui éclairerait la pelouse et la rue comme en plein jour.

Quoique je n'aie jamais que des plans ou des dessins dans mon secrétaire-chiffonnier, je ne voudrais, pour rien au monde, qu'on essayât de le forcer. Aussi, pour parer à cette éventualité, j'ai disposé à l'intérieur une pile Grenet qui fonctionne lorsqu'on ouvre le volet sans prendre certaine précaution que seul je connais. Toute autre main que la mienne ouvrant ce meuble rétablirait le circuit dans d'énormes *fusées Stateham* et recevrait en pleine poitrine les éclats, — inoffensifs, il est vrai, — de la gutta-percha composant cette fusée. Mais je compte surtout sur la stupéfaction et la terreur que produiraient sur l'intrus, ces deux détonations très bruyantes. De plus ce bruit caractéristique, appellerait aussitôt l'attention du personnel de l'habitation.

Un autre système de protection est appliqué à la bibliothèque. C'est un électro-médical, qui fonctionne lorsqu'on ouvre les vantaux, et comme les conducteurs nus venant de l'induit passent devant les livres, il est impossible de prendre un de ceux-ci sans éprouver une violente secousse.

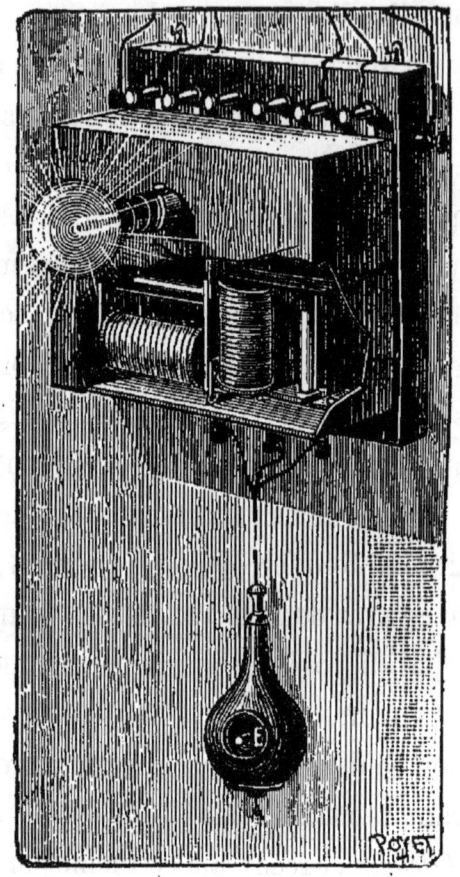

Fig. 108. — Allumeur-extincteur Radiguet.

L'électricité ne fait pas seulement que me protéger contre les voleurs et les intrus, m'éclairer et transmettre mes ordres à distance ; c'est encore elle qui me traîne sur les routes et m'aide à fendre l'eau calme et transparente des lacs de la proue de mon batelet.

Le journal *la Lumière électrique* a mentionné en effet

mon tricycle électrique, mû par une batterie d'accumulateurs actionnant un moteur Siemens à trois bobines et communiquant, par une chaîne de Galle, son mouvement de rotation à la roue motrice, comme du reste aussi mon bateau auquel j'ai adapté le même mécanisme.

Les jours de grande fête, je mets mes trois batteries en tension et j'allume un régulateur Archereau qui brille comme un phare au sommet de la maison. Je puis fouiller, avec le puissant rayon de lumière obtenu, tous les points de l'horizon, et j'éclaire comme en plein jour le cadran de l'horloge paroissiale, dont le son grave m'avertit des heures écoulées.

Avec un nombre d'éléments beaucoup moindre, j'allume une forte lampe à incandescence (20 volts, 2 ampères), et je réjouis les enfants et même mes voisins en projetant sur un grand mur blanc, qui sert d'écran, des personnages géants, qui se meuvent d'une façon comique dans un rayon de lanterne magique.

Dans ma chambre à coucher, comme je suis un peu paresseux le matin, j'ai installé un réveille-matin électrique qui, à l'heure fixée, met en branle une grosse sonnerie m'obligeant à me lever pour l'arrêter. En hiver, une lampe à incandescence est ainsi allumée automatiquement et éclaire la chambre comme en plein jour.

Ainsi donc ma maison est bien celle de l'électricien amateur, puisque, dans tous les détails de l'aménagement on retrouve cette force immense et si pratique mise à profit pour le plus grand confort et bien-être des habitants. Avec une simple batterie, fonctionnant presque indéfiniment sans faiblir, et ne dépensant que pendant le travail, on voit combien de résultats on peut obtenir : lumière, force motrice, avertisseurs, téléphone, c'est la même pile qui accomplit tous ces travaux divers.

Il est vrai que cela coûte assez cher et qu'il serait préférable, au point de vue économique d'avoir une dynamo actionnée par une chute d'eau ou par toute autre force naturelle ne coûtant rien ; mais quand on n'a rien de tout cela à sa disposition et qu'on veut cependant utiliser l'électricité, il faut avoir recours aux piles, et, parmi celles-ci, je crois mon modèle suffisant.

Mon éclairage et toute ma production d'électricité, qui s'élève, pendant le courant de l'année, à 70 millions de kilogrammètres, soit près de 300 chevaux-vapeur (pendant une heure), me coûte en matières premières mille francs en chiffres ronds. J'use dix mètres cubes (10,000 litres) de liquide excitateur, qui me coûte neuf centimes le litre, et une centaine de kilos de zinc.

C'est cher, dira-t-on d'abord. Mais quand j'aurai dit que mon installation, qui m'a coûté cinq cents francs, m'en eût coûté deux mille avec un moteur à gaz ou à vapeur, que le cheval-vapeur (270,000 kilogrammes) ne me revient qu'à trois francs, enfin que je n'ai ni force naturelle ni emplacement pour une installation, on conviendra que je ne pouvais certainement mieux faire que de monter une batterie primaire nullement gênante et d'une puissance considérable.

D'ailleurs, en allant au fond des choses, on peut constater que mon éclairage n'est pas beaucoup plus cher que le gaz compté à raison de 40 centimes le mètre cube. Le carcel-heure par l'électricité revient à six centimes ; la lumière est fixe (grâce à l'écoulement continu du liquide excitateur), sans chaleur, sans danger, et elle ne noircit pas les plafonds et les tentures.

Les accumulateurs, chargés d'une façon continue par quatre éléments seulement d'une semblable pile primaire à circulation, donneraient absolument les mêmes résultats. La différence serait qu'au lieu d'user du liquide excitateur seulement pendant le fonctionnement des lampes, on en userait continuellement, en petite quantité, c'est vrai, mais le résultat définitif serait le même. Le prix du kilogrammètre électrique serait seulement un peu plus élevé à cause de l'absorption produite par l'accumulateur, qui ne rend que 60 pour 100 de la force emmagasinée.

Donc, ainsi qu'on en peut juger, il y a encore beaucoup à faire pour avoir un bon producteur d'électricité, surtout à bon marché. Puisse ma voix être entendue d'un inventeur intelligent qui chercherait quel est le moyen chimique ou physique à employer pour abaisser dans une notable proportion le prix de revient du kilogrammètre électrique, sans qu'il soit besoin d'avoir recours aux moteurs, difficilement acceptables dans la majeure partie des intérieurs ordinaires ! Hélas ! il est à craindre que nous soyons encore bien loin d'atteindre ce *desideratum :* l'électricité domestique et *économique.* Tant qu'on ne demande que les quelques ampères nécessaires à la mise en marche des sonneries, allumoirs ou avertisseurs, cela va bien ; mais il devient hors de prix de faire couramment de la lumière électrique, soit avec des accumulateurs chargés par des piles, soit par des piles seules, ce qui est à peu près la même chose au point de vue de la dépense.

J'appelle donc de tous mes vœux la venue de cet inventeur intelligent qui nous donnera la véritable électricité pratique et répandra les bienfaits de cette puissance invisible dans les intérieurs même les plus modestes. Mais ne doutons pas de la science, et de l'électricité surtout ! En regardant en arrière, nous voyons les prodiges qu'elle a enfantés ; on peut donc espérer hardiment qu'elle n'a pas dit son dernier mot et que d'autres merveilles surgiront à leur heure, car bien certainement l'électricité est et demeure la *science de l'avenir !*

III.

Procédés et recettes utiles.

Formules pour piles électriques au bichromate :

Bichromate de potasse..........	100	grammes.
Acide sulfurique..............	50	—
Eau.......................	1000	—

(Poggendorff.)

Bichromate.................	18,4	
Acide sulfurique..............	42,8	
Eau.......................	200	

(Delaurier.)

Cette formule, très rationnelle, est celle qui est donnée par les équivalents chimiques :

$$KO, 2\,CrO^3 + SO^3 + 3\,(ZnO, SO^3) + KO, SO^3 + Cr^2O^3, 3\,SO^3.$$

Bichromate de potasse........	250	grammes.
Acide sulfurique..............	450	—
Eau.......................	1000	—

(Trouvé.)

Bichromate de potasse........	16	parties en poids.
Acide sulfurique à 66°.........	17	—
Eau.......................	100	—

(Tissandier.)

Pour la préparation du liquide dans ces formules, le bichromate doit être pulvérisé très fin, fondu dans de l'eau tiède et l'acide ajouté ensuite goutte à goutte. Laisser refroidir avant de s'en servir pour la première fois. La seconde ne donne plus de bons résultats aussitôt que la température du liquide devient inférieure à 15° centigrades.

Formules pour piles autres qu'au bichromate :

Acide nitrique...	1 partie.
Acide chlorhydrique...	1 —
Eau...	5 —

Au lieu et place de l'acide azotique dans les piles Bunsen. On emploie aussi, pour le liquide excitateur :

Acide sulfurique à l'huile...	1 volume.
Acide chlorhydrique...	1 —
Eau...	2 —

(D'Arsonval.)

Et pour liquide dépolarisant :

Acide chromique...	25,14 parties.
Sulfate de protoxyde de fer...	25,00 —
Acide sulfurique anglais...	30,62 —
Eau...	60,00 —

(Delaurier.)

Charbons des piles. — Les charbons Carré sont supérieurs aux charbons de cornue, ils sont très conducteurs, et leur densité empêche les acides de grimper et de ronger les attaches par capillarité. On évite complètement cet inconvénient par le procédé suivant : la tête du charbon est plongée pendant quelques minutes dans de la paraffine bouillante ; après refroidissement, elle est recouverte de cuivre par la galvanoplastie, et enfin immergée dans l'alliage d'imprimerie fondu. On assure ainsi des contacts parfaits et indestructibles.

Charbon platiné. — On commence par purifier les plaques en les laissant tremper pendant plusieurs jours dans de l'acide sulfurique étendu de 3 à 4 fois son volume d'eau ; puis on fixe le conducteur en cuivre étamé à l'aide de rivets en cuivre étamé. Enfin on platine la lame en la faisant plonger dans de l'acide sulfurique étendu de 10 fois son volume d'eau et dans lequel on ajoute des cristaux de chlorure de platine jusqu'à ce qu'il prenne une belle teinte jaune paille, le charbon étant relié au pôle négatif d'une pile dont l'autre pôle communique avec une lame de platine ou de charbon plongeant aussi dans la solution. Après vingt minutes environ, l'opération est terminée ; on vérifie si la plaque est bonne en s'en servant pour décomposer l'eau : elle doit laisser l'hydrogène se dégager sans aucune adhérence.

Amalgamation du fer. — On laisse séjourner le fer dans une solution d'un sel de mercure ou dans du mercure sur lequel on a versé de l'acide sulfurique étendu. Bœttger chauffe le fer dans un vase en porcelaine avec un mélange de 12 parties de mercure, 1 de zinc, 2 de sulfate de fer, 12 d'eau et 1,5 d'acide chlorhydrique.

Amalgamation du zinc. — Placer dans une assiette un peu de mercure et d'acide sulfurique du commerce. Frotter les zincs avec un chiffon ou un gratte-bosse, pour étendre le mercure qui s'étale comme un étamage. Laver ensuite à grande eau.

Converture des fils extérieurs des gros électro-aimants. — Les gros électro-aimants sont formés en général de fil de cuivre recouvert d'une double couche de coton. On durcit la couche extérieure en l'enduisant à froid d'un vernis épais à la gomme laque. On fait rôtir à petit feu à l'aide d'une grille à charbon de bois. La couche ainsi formée devient très dure ; on la lime pour la lisser, on la polit avec du chanvre et de la ponce fine, et on vernit par-dessus.

Arcanson des bobines d'induction. — Les proportions varient beaucoup, mais se rapprochent en moyenne de la formule suivante :

Résine	2 parties.
Cire	1 —

Pour les pays chauds, on augmente un peu la proportion de résine.

Vernis pour papier isolant. — Faites dissoudre une partie de baume de Canada dans deux parties d'essence de térébenthine. Faites digérer à une chaleur douce dans une bouteille et filtrez avant refroidissement.

Soudures. — Parties égales d'étain et de plomb. Dans les appareils, il est important de ne pas faire la soudure avec les acides ou le chlorure de zinc. Ces liquides ne peuvent s'enlever entièrement et finissent par corroder le métal. Étendu sur le bois ou l'ébonite, le chlorure de zinc ne sèche jamais et compromet l'isolement. On doit, dans ce cas, toujours faire usage de résine.

Vernis rouge. — Pour bois, intérieur de bobines d'électro-aimants et de galvanomètres métalliques, etc. On fait dissoudre de la cire à cacheter dans de l'alcool à 90° et on applique au pinceau, à froid, quatre à cinq couches successives, jusqu'à épaisseur voulue. Il vaut mieux augmenter le nombre des couches que l'épaisseur du vernis.

Glu marine. — S'emploie pour les auges de piles. On fait dissoudre une partie de caoutchouc dans 12 parties de benzine et on y ajoute 20 parties de laque en poudre, en chauffant le mélange avec précaution. On l'applique au pinceau.

Composition de Clark. — Pour recouvrir l'armature des câbles.

Poix minérale	65 parties.
Silice	30 —
Goudron	5 —

On l'étend avec du chanvre grossier dans la proportion de 1 volume de chanvre pour 2 de composition. Sa densité est environ 1,62. Le poids en kg. par mille marin s'obtient en multipliant la section en millimètres carrés par 3.

Composition de Chatterton. — Pour cimenter entre elles les couches successives de gutta-percha qui recouvrent les câbles.

Goudron de Stockholm	1 parties.
Résine	1 —
Gutta-percha	3 —

Mastic résistant à la chaleur et aux acides :

Soufre	100 parties.
Suif	2 —
Résine	2 —

On fait fondre à feu doux le soufre et le suif, que l'on mélange avec du verre pilé et tamisé, puis on ajoute la résine.

Ciment de Muirhead. — 3 parties de ciment de Portland, 3 parties de cendres grossières, 3 parties de mâchefer, 4 parties de résine.

Ciment noir. — 1 partie de cendre grossière, 1 partie de cendres de forge (mâchefer), 2 parties de résine.

Ciment de Siemens. — 12 parties de limaille de fer ou de fer rouillé et 100 parties de soufre.

Purification de l'acide sulfurique ordinaire du commerce (*M. A. d'Arsonval*). — On le purifie simplement par agitation avec de l'huile à brûler ordinaire, à raison de 4 à 5 centimètres cubes d'huile par litre. Les corps étrangers, arsenic, plomb, etc., qui attaqueraient le zinc, sont précipités.

Colle pour l'os et l'ivoire. — Solution d'alun concentrée à chaud jusqu'à consistance sirupeuse. Appliquer à chaud.

Ébonite. — Mélange de 2 à 3 parties de soufre avec 5 parties de caoutchouc cuit pendant plusieurs heures à 75° C. sous une pression de 4 à 5 atmosphères. Prend par le moulage toutes les formes voulues. Excellente substance isolante, mais devient poreuse et spongieuse sous l'action de l'humidité et perd ses qualités.

Auges étanches à galvanoplastie (*E. Berthoud*). — Une auge en bois de chêne bien boulonnée peut durer douze et quinze ans en l'enduisant de :

Poix de Bourgogne..................	1500 grammes.
Gutta-percha vieille, en morceaux fins.	250 —
Pierre ponce, pilée fine..............	750 —

Faire fondre la gutta et pétrir avec la pierre ponce, et ajouter seulement ensuite la poix de Bourgogne. Quand le mélange est liquide, on en enduit l'auge en la barbouillant de plusieurs couches. On enlève les rugosités et les solutions de continuité en promenant un fer à repasser ou à souder à l'intérieur de l'auge : la chaleur du fer fait pénétrer le mastic dans les pores du bois, ce qui augmente l'adhérence. L'auge résistera aux bains de sulfate de cuivre, mais non aux bains de cyanure.

Noir à l'argent (*A. Bailleux*). — 1° Prendre de l'acide nitrique à 40°, y faire dissoudre de l'argent 1 (*à saturation*); 2° chauffer doucement la pièce à noircir, qui doit être exempte de soudure à l'étain; 3° plonger la pièce dans la solution d'argent, jusqu'à refroidissement, puis la remettre sur le feu pour la sécher.

La pièce est alors noire. On la laisse refroidir, puis on la frotte avec une brosse demi-douce, enduite de mine de plomb.

Plombagine dorée (*Tabouret*). — Pour la métallisation des moules. On fait dissoudre 10 gr. de chlorure d'or dans un litre d'éther sulfurique et on y délaye 500 à 600 gr. de plombagine : on verse le tout dans un grand plat, et on expose à l'air et à la lumière. L'éther se volatilise : on remue de temps en temps avec une spatule de verre. On achève la dessiccation à l'étuve et on conserve pour l'usage.

Mastic pour faire adhérer les métaux au verre. — Ce mastic s'obtient en formant une pâte plastique avec 2 parties de litharge fine et 1 partie de céruse sèche, triturées avec de l'huile de lin cuite et du copal, ces derniers dans la proportion de 3 à 1.

Alliages ayant une très belle apparence, une fois mis en couleur : — 18 carats; or 18, argent 3, cuivre rouge 3. — 15 carats; or 15, argent 3, cuivre rouge 6.

Teinte d'or sur argent. — Trempez la pièce d'argent pendant assez longtemps dans une faible solution d'acide sulfurique fortement imprégnée de rouille de fer.

Vernis résistant aux acides. — M. Mairesse de Rouen donne la formule suivante :

Chauffez le vernis goudron à 70 degrés, et ajoutez 100 pour 100 de chaux hydraulique, de ciment romain ou de ciment de Portland, en ayant soin d'agiter constamment. Ce mélange reste parfaitement liquide et constitue un vernis résistant aux influences atmosphériques, ainsi qu'à l'action des acides.

Bronzage du cuivre rouge. — Faites bouillir, dans un vase de cuivre non étamé, l'objet à bronzer, dans la dissolution suivante :

Sous-acétate de cuivre	250 grammes.
Carbonate de cuivre	250 —
Chlorhydrate d'ammoniaque	450 —
Acide acétique	100 —
Eau	2 litres.

Vernis noir brillant pour fer et acier. — Pour donner un beau vernis noir brillant aux objets en fer ou en acier poli, on les couvre d'une couche aussi mince que possible d'huile obtenue par la cuisson d'une partie de soufre et de dix parties d'essence de térébenthine. Cette huile a une couleur brunâtre. Lorsqu'on a peint les objets, on les chauffe au-dessus d'une lampe à esprit-de-vin ou à gaz, jusqu'à ce qu'ils deviennent d'un noir foncé et brillant.

Nettoyage du bronze, cuivre, acier, etc. — Prenez 1 once d'acide oxalique, 6 onces de terre pourrie, 1 once d'huile douce et de l'eau en quantité suffisante pour faire une pâte de ce mélange. Appliquez cette composition sur l'objet à nettoyer et frottez jusqu'au poli avec de la flanelle ou de la peau souple.

Dorure artificielle du fer et de l'acier. — Plonger le fer ou l'acier dans une dissolution aqueuse de deutosulfate de cuivre. En le retirant, il paraîtra doré. Passer au vernis.

Donner au cuivre l'aspect du platine (*L. de Combettes*). — Décaper la pièce et la plonger, jusqu'à ce qu'elle ait pris l'aspect du platine, dans un bain composé de :

Acide chlorhydrique...............	1 litre.
Acide arsénieux...................	250 grammes.
Acétate de cuivre.................	45 —

Sécher en brossant avec de la mine de plomb anglaise.

Dévisser une vis rouillée. — Il suffit de chauffer la tête de la vis. On fait rougir au feu une tige de fer plate à son extrémité et on l'applique pendant deux ou trois minutes sur la tête de la vis rouillée. On peut alors la retirer aussi facilement que si elle venait d'être mise en place.

Laquage en couleur des bronzes. — Les bruns s'obtiennent par immersion dans une solution de nitrate ou de perchlorure de fer ; le degré de la solution détermine l'intensité du ton. Les violets se produisent avec une solution de chlorure d'antimoine ; le brun chocolat, en frottant le bronze avec du peroxyde de fer humide et en le polissant ensuite avec une très mince quantité de graphite porphyrisé. Pour avoir le vert olive, noircir d'abord la surface du bronze en l'immergeant dans une solution de perchlorure de fer et d'arsenic ; polir ensuite à la brosse avec du graphite, chauffer légèrement et laquer avec un composé fait d'une partie de gomme-gutte, d'une partie de vernis de laque et de quatre parties de curcuma.

Vernis pour donner l'aspect de l'or aux pièces de cuivre. — Diverses formules rendent de très bons services en ce genre. En voici deux dans lesquelles on varie la nuance en modifiant légèrement l'un ou l'autre des corps tinctoriaux :

I. Laque en grains et pulvérisée, 90 grammes ; succin fondu, 30 ; gomme-gutte, 3 ; gomme sang-dragon, 18 ; alcool absolu, 500.

Dissolvez au bain-marie. Filtrez sur tampon de chanvre.

Décapez la pièce *au clair*, chauffez-la à 40° ou 45°, sur lampe à alcool pour petites pièces, à l'étuve d'une cuisinière pour plus grandes. Peignez alors très lestement avec un petit blaireau plat, égoutté par pression sur le bord du vase.

II. Laque en grains, 30 grammes ; gomme élémi, 40 ; gomme-gutte, 15 ; sandaraque, 50 ; sang-dragon, 20 ; terra merita, 15 ; safran, 3 ; alcool absolu, 500.

Laissez digérer. Filtrez comme ci-dessus. Plusieurs couches prestement enlevées sont préférables à une seule couche. Même emploi.

Dépôt de cuivre sur le verre. — On recouvre celui-ci d'une solution de gutta-percha dans la térébenthine ou le naphte, ou bien de cire dans la térébenthine. On passe ensuite à la plombagine et on porte au bain. On peut aussi rendre la surface du verre rugueuse en l'exposant aux vapeurs d'acide fluorhydrique, mais cela est rarement nécessaire.

Bronze noir. — On obtient facilement un bronze noir en mouillant les cuivres avec une solution étendue de chlorure de platine et en chauffant légèrement. On peut aussi l'obtenir en plongeant le cuivre décapé dans une légère solution chaude de chlorhydrate de chlorure d'antimoine (beurre d'antimoine dissous dans l'acide chlorhydrique). Mais la coloration est quelquefois violette au lieu d'être noire.

Soudure à basse température. — A employer pour les objets qui ne peuvent subir une température élevée. Dans un mortier en porcelaine on mélange du cuivre en poudre avec de l'acide sulfurique concentré. Ce cuivre s'obtient en précipitant une dissolution de sulfate par le zinc.

On prend de 30 à 36 parties de cuivre, suivant le degré de dureté que l'on désire, et l'on ajoute en remuant toujours 70 parties de mercure. Quand l'amalgame est achevé, on lave à l'eau chaude pour enlever tout l'acide, puis on laisse refroidir.

Quand on veut se servir de cette composition, on la chauffe jusqu'à consistance de la cire, de manière à pouvoir l'étendre sur les surfaces à réunir. En refroidissant, elle adhère très fortement.

Bronze médaille. — On applique au pinceau sur l'objet bien décapé une bouillie claire composée d'eau et d'un mélange à parties égales de sanguine et de plombagine. On chauffe la pièce assez fortement ; puis, quand elle est bien refroidie, on la frotte longtemps et en tous sens avec une brosse demi-douce qu'on passe fréquemment sur un morceau de cire jaune, et ensuite sur les mélanges de sanguine et de plombagine. Ce procédé fournit un bronze rougeâtre très brillant d'un bon effet pour les médailles.

Pratique de la galvanoplastie. — Avant de mettre au bain, il faut faire subir aux pièces une série d'opérations très importantes qui ont pour but d'assurer l'adhérence des deux couches métalliques. Nous allons résumer ces opérations :

1° *Recuisson ou dégraissage*. — A pour but d'enlever les corps gras. Chauffer les pièces sur un feu doux de poussier de charbon, de braise de boulanger, ou mieux dans un four jusqu'au rouge sombre. Pour les objets délicats ou soudés, faire bouillir dans une solution alcaline de potasse caustique dissoute dans 10 fois son poids d'eau.

2° *Déroché*. — Le bain de déroche se compose de 100 parties d'eau ordinaire et de 5 à 20 parties d'acide sulfurique à 66° Baumé. On peut y plonger les objets *à chaud* en général ; les laisser dans le bain jusqu'à ce que la surface prenne une teinte rouge ocreux. Les objets dégraissés à la potasse devront être lavés et rincés à grande eau avant de passer à la déroche. A partir de ce moment, les objets ne doivent plus être touchés avec la main ; il faut faire usage de crochets en cuivre, ou mieux en verre, et, pour les menus objets, de passoires en grès ou porcelaine.

3° *Passé à l'eau-forte vieille*. — C'est de l'acide azotique très affaibli par de précédents décapages. On y laisse les objets jusqu'à ce que l'eau-forte ait pris une couleur bleue très foncée.

4° *Décapage des pièces*. — Le *cuivre* et ses alliages se décapent en quelques secondes en les trempant dans un bain composé (en poids) de 10 parties d'eau et 1 partie d'acide azotique. Pour les pièces *brutes*, il faut un bain plus énergique composé de : eau, 2 parties ; acide azotique, 1 partie ; acide sulfurique, 1 partie.

Le fer, l'acier et la fonte polis se décapent dans un bain composé de 100 parties d'eau et 1 partie d'acide sulfurique ; on les laisse dans le bain jusqu'à ce qu'elles prennent un ton gris uniforme. On frotte ensuite avec de la poudre de pierre ponce mouillée qui met le métal à nu.

Le fer, l'acier et la fonte bruts doivent séjourner trois ou quatre heures dans le bain de décapage, puis être frottés avec de la poudre de grès bien tamisée et mouillée ; on recommence les deux opérations jusqu'à disparition complète de la couche d'oxyde.

Bain de nickel. — Voici la formule d'un bain de nickel, essayé dans plusieurs ateliers, qui permet de déposer avec adhérence, en peu de temps et sous un courant électrique relativement faible, une forte épaisseur de nickel sur tous métaux :

Composition du bain.

Sulfate de nickel pur........................	1,000 kg.
Tartrate d'ammoniaque neutre...............	0,725
Acide tannique à l'éther....................	0,002
Eau..	20 litres.

Préparation.

Le tartrate neutre d'ammoniaque s'obtient en saturant

une dissolution d'acide tartrique par de l'ammoniaque; de même le sulfate de nickel doit être neutralisé exactement. Dans ces conditions, on fait dissoudre le tout dans 3 ou 4 litres d'eau et on fait bouillir pendant un quart d'heure environ ; on ajoute ensuite le complément d'eau pour faire 20 litres, et on filtre ou on décante. Ce bain se remonte indéfiniment en y ajoutant les mêmes produits et dans les mêmes proportions. Le dépôt obtenu est très blanc, doux, homogène, et, quoique pouvant donner une très forte épaisseur, il ne produit pas de rugosités à la surface et n'écaille pas, si les pièces ont été bien décapées. On obtient par ce procédé de très forts dépôts de nickel sur fonte brute ou polie à un prix de revient ne dépassant guère celui du cuivrage. On peut de même employer cette formule pour la reproduction galvanoplastique de nickel.

Bronzage du fer. — Les objets à bronzer, nettoyés avec soin, sont exposés aux vapeurs d'un mélange d'acides chlorhydrique et nitrique concentrés, mélangés en parties égales, pendant cinq minutes environ ; on les chauffe ensuite à une température de 300 à 350° jusqu'à ce que la couleur du bronze devienne visible sur ces objets. Après leur refroidissement on les frotte avec de la paraffine et on les chauffe de nouveau jusqu'à ce que cette paraffine commence à se décomposer; cette dernière opération est répétée deux fois. Si alors on dirige sur l'objet les vapeurs d'un mélange d'acides chlorhydrique et nitrique concentrés, on obtient des tons d'un brun rouge clair. En ajoutant à ces deux acides de l'acide acétique, on obtient des enduits oxydés d'une belle couleur jaune de bronze. Toutes les gradations de couleurs du brun rouge clair au brun rouge foncé, ou du jaune bronze clair au jaune bronze foncé, peuvent être produits en variant les mélanges d'acides.

Le professeur *Oser* a recouvert ainsi d'oxyde des tiges de fer de 1^m,50 de longueur et, après dix mois, pendant lesquels elles ont été constamment exposées à l'air de son laboratoire, chargé de vapeurs acides, elles n'ont montré, à ce qu'il affirme, aucune trace d'altération.

Cuivrage par simple immersion. — Ce procédé, très bon pour les métaux, tels que la fonte, le fer ou l'acier, consiste, dit M. Fontaine, à employer une solution de 10 parties d'acide nitrique, 10 parties de chlorure de cuivre et 88 parties d'acide hydrochlorique. Les objets sont plongés plusieurs fois et essuyés après chaque immersion avec un chiffon de laine. Lorsqu'on recouvre du fil de fer, il faut l'étirer ensuite pour consolider la couche de cuivre et la rendre plus adhérente.

Pour recouvrir de grands objets, tels que statues, candélabres, etc., on se sert d'une solution composée de :

Eau	26 litres.
Tartrate de soude potassique	8 kilog.
Chaux de soude	3 —
Sulfate de cuivre	1 kg,250

On remue avec soin le mélange, lui laissant le temps de bien se dissoudre ; on doit plonger les objets dans le liquide au moyen de fils de zinc. Le travail se fait lentement. Cinq heures sont nécessaires pour un dépôt uniforme.

Après avoir été retirés du bain, les objets doivent être lavés et séchés avec soin.

Pose des fils de sonneries domestiques. — On prend en général du fil en cuivre rouge de $\frac{11}{10}$ de millimètre pour les fils partant de la pile, et des fils de 1 millimètre ou $\frac{9}{10}$ pour les branchements aux boutons. Le meilleur est le fil recouvert de gutta et de coton. Pour distinguer les pôles, il convient d'attacher un fil *rouge* au pôle positif (cuivre ou charbon) et un fil bleu, vert ou blanc, au pôle négatif (zinc). Supporter les fils sur des isolateurs en os ou des crochets vitrifiés. Garnir d'un tube de gutta ou de caoutchouc dans les traversées des murs. Les ligatures ne doivent jamais tomber dans les percements ; elles doivent se trouver à une distance d'au moins 10 centimètres les unes des autres. Les torsades des ligatures seront recouvertes d'une feuille de gutta que l'on chauffera en la roulant entre les doigts.

Sonneries. — Les meilleures sont montées sur châssis entièrement métallique, ce qui évite le déréglage dû au jeu du bois, avec contre-écrou pour empêcher le déréglage du contact du trembleur. Éviter de les poser directement sur un mur humide ; interposer dans ce cas une planchette de bois peinte à l'huile ou à la chaux.

Machines d'induction dites **statiques.** — Ces machines fournissent un courant continu comme les piles hydro-électriques et les machines magnéto et dynamo-électriques ; ce courant est caractérisé par une très faible intensité et une très grande force électromotrice.

Ainsi, par exemple, la machine de Holtz, modèle ordinaire des laboratoires, a une f. c. m. constante et égale à

50,000 volts environ à toutes les vitesses, mais l'intensité augmente proportionnellement à la vitesse de rotation.

A 120 tours par minute, sa résistance intérieure est de 2,810 megohms ; à 450 tours, elle s'abaisse à 646 megohms.

D'après des expériences de Kohlrausch, le courant maximum fourni par une machine de Holtz ne peut décomposer plus de 0,0035 microgramme d'eau par seconde, ce qui correspond à une intensité de 40 micro-ampères environ. (Ed. Hospitalier.)

OUVRAGES CONSULTÉS

POUR LA RÉDACTION DU PRÉSENT VOLUME.

Le Formulaire de l'Électricien, par Ed. HOSPITALIER.
Les Merveilles de la Science, par Louis FIGUIER.
L'Électricité à l'Exposition, de l'Observatoire, par JUPPONT.
L'Éclairage électrique, par Th. DU MONCEL.
L'Électricité comme force motrice, par GERALDY et DU MONCEL.
Les Moteurs à gaz, par AIMÉ WITZ.
Traité de la pile électrique, par L. NIAUDET.
L'Année électrique, par Ph. DELAHAYE.
Rapport sur les piles au bichromate, par Th. DU MONCEL.
L'Électricité dans la maison, par E. HOSPITALIER.
Traité d'Électricité industrielle, par CADIAT et DUBOST.
Le Téléphone et le microphone, par Th. DU MONCEL.
Les Piles électriques, par W. HAUCK, trad. Fournier.
Piles et accumulateurs, par E. REYNIER.
Le Monde physique, par Amédée GUILLEMIN.

JOURNAUX ET REVUES.

La *Nature*, — le *Cosmos*, — la *Lumière électrique*, — l'*Électricien*, — l'*Électricité*, — le *Franklin*, — l'*Étincelle électrique*, — le *Journal des applications électriques*, — la *Revue industrielle*, — la *Revue Scientifique*, — la *Science Universelle*, — la *Revue professionnelle des Horlogers*, — le *Guide scientifique*, — l'*Iron*, — le *Jewellers and metalworker*, — le *Scientific American*, — l'*Engineering*, — l'*Elettricità*, — le *Progresso*, — l'*American register*, — *il Giorno*, — la *Science en famille*.

TABLE DES GRAVURES

	Pages.		Pages.
Machine électro-statique de Ramsden	4	Plaque en plomb feutré Simmen	54
Pile de Volta	8	Accumulateur domestique	58
Pile de Wollaston	9	Conjoncteur Berjot	61
Pile en hélice de Hare	10	Disjoncteur Jolly	62
Pile Daniell	12	Coupleur Planté Hospitalier	64
Pile de Grove	13	Machine de Clarke	67
Pile Bunsen	13	Armature Siemens	69
Pile Duchemin	15	Dynamo Édison	73
Pile impolarisable	22	Magnéto de Meritens	74
Cuvette Radiguet	22	Machine Chertemps	75
Pile à écoulement suivant Hospitalier	23	Machine Gramme	79
Pile siphoïde Baudet	24	Ampèremètre Carpentier	99
Circulation par raccords	25	Boîte de résistances	103
Pile à déversement	26	Commutateur	104
Pile thermo-électrique Clamond	27	Compteur d'Edison	105
		Compteur Lipmann	107
Élément Leclanché	33	Moteur Jacomy	116
Vase poreux Goodwin	34	Moteur Lenoir	199
Élément Lalande Chasseron	37	Moteur à gaz Forest	120
Pile Buchin-Tricoche	38	Câble télégraphique et coupe	124
Pile Maiche	40	Câble transatlantique et coupe	126
Modèle Graffigny	42	Boîte de jonction de câbles	130
Accumulateur Planté en charge	49	Régulateur Foucault	136
Accumulateur Faure-Sellon-Volckmar	51	Mécansime du régulateur Foucault	136
		Régulateur électrique Serrin	137
Plaque Gadot	52	Lampe différentielle Siemens	140

TABLE DES GRAVURES

	Pages.		Pages.
Bougie Jablochkoff	142	Bijoux électro lumineux	199
Lampe Werdermann	143	Moule galvanoplastique	203
Lampe Édison	144	Cuve à galvanoplastie	207
Lampe Swan	144	Manipulateur Morse	220
Solénoïde	148	Poste de télégraphe à cadran	222
Régulateur Archereau	148	Récepteur de Morse	223
Rhéostat	153	Figure schématique	229
Lampe portative	155	Télégraphe-jouet	237
Applique	156	Téléphone Boisselot	242
Moteur Jacobi	161	Poste téléphonique Corneloup	243
Moteur Bourbouze	162	Appel Corneloup	244
Moteur Cloris Baudet	164	Électrophone Maiche	245
Moteur électrique Radiguet	165	Téléphone Ochorowickz	247
Moteur dynamo de Méritens	169	Appels magnétiques	248
Moteur Gramme (type supérieur)	170	Bouton-téléphone	249
		Poste Van Rysselberghe	252
Tricycle électrique	173	Appareil téléphonique d'amateur	254
Moteur Trouvé (genre Gramme)	174	Bouteille de Leyde	265
Canot électrique Trouvé	175	Carillon électrique	266
Moteur pour tubes	179	Maison de Franklin	268
Électro-aimant	180	Canon de Volta	268
Sonnerie électrique à trembleur	188	Pile au coke	269
		Voltamètre	270
Sonnette de Redon	190	Bobine de Ruhmkorff	271
Sonnette à un coup	191	Tube de Geissler	271
Tableau indicateur	192	Fusée Stateham	273
Pile-bouteille	195	Microphone Hughes	274
Luciphore	195	Chandelier électrique	275
Allumoir Ullmann	196	Lampe portative Trouvé	277
Bec de gaz de Née	197	Allumeur-extincteur Radiguet	280
Avertisseur d'incendie	198		

FIN DE LA TABLE DES GRAVURES.

NOMS

PAR ORDRE ALPHABÉTIQUE

DES PERSONNES NOMMÉES DANS L'OUVRAGE

L'INGÉNIEUR ÉLECTRICIEN.

A

	Pages.
Ader	241
Allen	103
Amontons	218
Ampère	65
Arago	160
Armstrong	4
Arsonval (d')	22, 254, 290
Ayrton et Perry	103, 166

B

	Pages.
Bailleux	291
Balsano et Hopkinson	221
Bain	223
Barbier	254
Baudet (Cloris)	24, 164
Baudot	225
Bazin	48
Becquerel	11, 32
Becher	29
Berjot	60
Bernstein	147
Bert (Paul)	254
Bernabi	206
Berthoud	236, 290
Berzélius	2
Boisselot	241
Bonelli	223
Borel	236
Bourbouze	161
Brookes	236
Brotherhood	114
Bréguet	220
Brard (le Dr)	27
Brugnatelli	251
Brush	71
Buchin-Tricoche	36
Bunsen	13, 31
Bürgin	139, 167

C

	Pages.
Carlisle	6
Casal	163
Carré	148
Callan	14
Callaud	12
Camacho	23
Carpentier	99
Cance	140
Chappe (Claude)	218

NOMS DES PERSONNES NOMMÉES

	Pages.
Chutaux	189
Christofle	201
Chaudron	27
Clamond	27
Clerc	142
Chertemps	75
Collé	279
Cormillot	99
Corneloup	242
Combettes (de)	293
Crahay	9
Cruishanck	9
Cruto	146

D

Dalibard	5
Daniell	7
Davy (sir Humphry)	6, 133
De Baillehache	254
Debrun	142
Dubos	141
Dubosq	135
Duchemin	14
Dufaÿ	1
Dunand	241
Du Moncel	239
Dupont	110
Dupuy	171
Delaurier	22
Dembowsky	254
Drawbangh	254
Dolbear	241

E

Edison	72, 106, 144
Elkington	205
Elisha Grey	240
Erckmann fils	43
Eseinlohr	11

F

	Pages.
Fabroni	6
Faraday	11, 65
Farmer (sir Wallace)	2
Faure (Camille)	49
Figuier (Louis)	201
Fontaine (Hippolyte)	175, 176
Fonvielle (Wilfrid de)	23
Forest	119
Foucault	135
Fournier (Georges)	112
Fourneyron	113
Foy-Bréguet	220
Franchot	114
Franklin	5
Freeman	211
Froment (Gustave)	178

G

Gadot (Paul)	51
Gaiffe (Adolphe)	139
Garnier	194
Galvani	6
Gauduin	150
Gaugain	54
Gaulard	31
Gay-Lussac	19
Glass et Elliott	125
Gilbert	2
Goubet	113
Gower	244
Guéricke (Otto de)	5
Graham-Bell	240
Gramme	78, 168
Grenet	23, 175
Griscom	165
Grove	13
Gülcher	138

H

	Pages.
Hare	10
Harrisson	191
Halske	144
Hawkins	14
Hawskbee	3
Higgins	22
Hjorth	68
Hooke (Robert)	114
Hospitalier (Ed.) 23,64,89,98,	127
Heinrichs	141
Herz (Dr Cornélius)	241
Hopkinson-Muirhead	76
Hughes	222
Humblot	13

J.

Jablochkoff (Paul).... 19,	142
Jacobi 161,	202
Jacomy	115
Jamin	142
Jaspar	140
Jürgensen	76

K

Keenan (O')	21
King et Star	143
Killingworth-Hedges	141
Küper	124

L

Lacassagne et Thiers	141
Lachaussée-Lambotte	75
Ladd	68
Lalande et Chaperon	36
Leclanché	34
Larmenjeat	163

	Pages.
Laubereau	141
Lehmann	114
Lane-Fox	144
Lenoir 119,	208
Leuchtenberg (duc de)	11
Lippmann	106
Lodyguine et Kosloff	143
Lontin	75
Lozerand	5

M

Maîche (Louis).. 14,40,101,	245
Mairesse (de Rouen)	292
Mance	139
Mandon	141
Marcus	27
Marié-Davy 14,	39
Masson	68
Maxim	144
Marçais 135,	141
Meidinger	12
Mersanne (de)	141
Meritens	71
Mégy	113
Middleton, Elwell et Warral.	115
Mignon et Rouart	119
Minotto	11
Molera et Cébrian	135
Mondos	141
Müncke	10
Münnich	15
Munro	139
Muthel	146

N

Napoli	150
Nairne	4
Nézeraux	41
Newall	125

	Pages.		Pages.
Niaudet (Albert)...	14	Rousse...	13
Nicholson et Carlisle...	6	Roux...	163
Nobili...	57	Roseleur...	215
Nollet...	1	Ruhmkorff... 27,	271
Nothomb...	144	Ruolz (de)...	205
		Rysselberghe (Van)...	245

O

Œrsted...	27
Ochorowickz...	246
Oudry...	204

S

Salomon et Tenting...	117
Sabine (R.)...	137
Sawyer...	143
Schweiger...	219

P

Pacinotti...	71
Page... 10,	161
Parsons...	115
Partz...	19
Petit et Boudenoot...	111
Piette et Krisik...	141
Pifre (Abel)...	118
Pixii...	68
Planté (Gaston)...	48
Poggendorff...	10
Popp...	112
Pulvermacher...	11
Puviland...	140
Ptolémée Philadelphe...	217
Preece...	245
Prescott...	234

Schilling...	219
Schott...	218
Schönbein...	14
Schücker...	74
Sedlazeck...	141
Seebeck... 7,	27
Sellon et Volckmar...	51
Sexton...	68
Skriwanow...	17
Siemens... 68,71.138,	168
Siemens et Halske...	144
Silvanus Thompson...	254
Simmen... 23,	53
Sinsteden...	69
Slater et Lalande...	15
Smée...	15
Smith...	29
Société du Val d'Osne...	206
Sœmmering...	218

R

Radiguet... 22,25,39,165,	173
Raffard...	171
Rapieff...	141
Redon (de)...	190
Reynier (Emile)... 45,55,	259
Richtie...	219
Rive (W. de la)...	19
Romas (de)...	5

Somzée...	51
Spencer...	204
Statham...	272
State et Petrie...	134
Steinheil...	192
Stöhrer...	11
Suisse...	138
Swan...	144

T

	Pages
Tabouret	291
Thalès	2
Thion et Rezard	142
Thompson (sir W.)	12, 224
Tchikoleff	144
Tommasi (Dr)	14, 21
Trouvé (Gustave)	35, 164, 174, 198

V

	Pages
Varley (l'ingénieur)	103
Vérité	12
Vernons de Boys	109
Volta	5, 7

W

	Pages
Walcker	10
Warnon	15
Werdermann	143
Westinghouse	115
Wollaston	9
Wright	134
Woodhouse et Rawson	276

Z

	Pages
Zamboni	7, 27
Zurcher	2, 6

TABLE DES MATIÈRES.

PREMIÈRE PARTIE.

	Pages.
INTRODUCTION	I
I. — Histoire de l'électricité	1
II. — Producteurs chimiques d'électricité	6
III. — Construction et applications des piles	11
IV. — Accumulateurs ou piles secondaires	16
V. — Producteurs mécaniques d'électricité	20
VI. — Construction des machines électriques	25
VII. — Unités et mesures électriques, appareils et étalons	31
VIII. — Moteurs à employer pour la production de l'électricité	110
IX. — Câbles et conducteurs	122

DEUXIÈME PARTIE.

X. — Histoire de la lumière électrique	133
XI. — Construction et installation de lampes électriques	148
XII. — La force motrice électrique	460
XIII. — Construction des moteurs électriques	178
XIV. — Sonneries électriques et allumoirs	188
XV. — Électro-chimie et électro-métallurgie	201
XVI. — Histoire des télégraphes électriques	217
XVII. — Détails et renseignements sur la construction des télégraphes	226
XVIII. — La téléphonie. Son histoire et ses principes	239
XIX. — Construction et installation des postes téléphoniques	255

TROISIÈME PARTIE.

Les récréations électriques, avec et sans appareils	263
La maison d'un électricien. Applications domestiques	274
Procédés et recettes utiles ; secrets d'atelier, etc.	285
Ouvrages consultés	303
Table des gravures	305
Table des personnes nommées dans l'ouvrage	307
Table des matières	313

ENSEIGNEMENT PROFESSIONNEL

BIBLIOTHÈQUE

DES

PROFESSIONS

INDUSTRIELLES, COMMERCIALES et AGRICOLES

	PAGES
Avertissements.	2-3
Liste des ouvrages par ordre de série	7
Table des matières par ordre alphabétique.	13
Table des noms d'auteurs par ordre alphabétique.	64

PARIS

J. HETZEL ET Cie, ÉDITEURS

18, RUE JACOB, 18

CATALOGUE **D.-O.**

Bibliothèque des Professions industrielles, commerciales et agricoles

Le premier mérite des volumes qui composent cette ENCYCLOPÉDIE c'est d'être accessibles par la forme, par le fond et par le prix, aux personnes qui ont le plus souvent besoin d'indications pratiques sur la profession dont elles font l'apprentissage, ou dans laquelle elles veulent devenir plus intelligemment habiles.

A ces personnes, dont le nombre est très grand, il faut des *guides pratiques exacts*, d'un format commode, d'un prix modéré, rédigés avec clarté et méthode, comme est clair et méthodique l'enseignement direct du professeur à l'élève ou celui du maître à l'apprenti. Telle a été la pensée qui a présidé à la publication de la *Bibliothèque des professions industrielles, commerciales et agricoles*.

Elle se compose de *onze séries*, qui se subdivisent comme suit :

A. Sciences exactes. — B. Sciences d'observation. — C. Art de l'Ingénieur. — D. Mines et Métallurgie. — E. Professions commerciales. — F. Professions militaires et maritimes. — G. Arts et métiers, Professions industrielles. — H. Agriculture, Jardinage, etc. — I. Economie domestique, Comptabilité, Législation, Mélanges. — J. Fonctions politiques et administratives, Emplois de l'Etat, Départementaux et Communaux, Services publics. — K. Beaux-arts, Décoration, Arts graphiques.

Les volumes de cette collection sont publiés dans le format grand in-18, la plupart d'entre eux sont illustrés de gravures qui viennent mieux faire comprendre le texte ; des atlas renferment les dessins qui exigent d'être représentés à grandes échelles et avec plus de détails.

L'ENVOI est fait franco pour toute demande dépassant 15 francs et accompagnée de son montant en billets de banque, timbres-poste, mandats-poste, chèques ou mandats à vue sur Paris, coupons de valeur (déduction faite de l'impôt de 3 0/0).

Le prix du port est de 30 centimes pour les volumes de 3 francs et au-dessous ; 40 centimes pour les volumes de 4 francs ; 50 centimes pour les volumes de 5 et 6 francs ; — 60 centimes pour les volumes au-dessus de ce prix.

NOTA. — Les ouvrages marqués d'un ✷ ont été choisis par le ministère de l'Instruction publique pour faire partie des catalogues des bibliothèques publiques scolaires. Le deuxième ✷, plus petit, désigne les ouvrages choisis pour être distribués en prix.

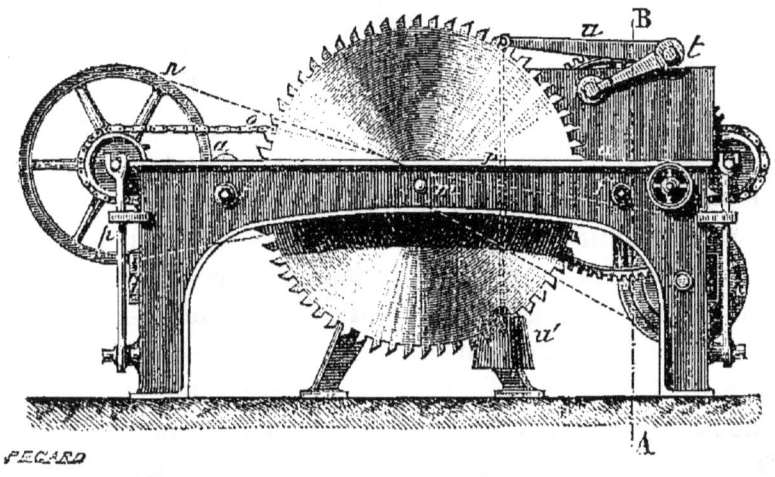

Figure spécimen du *Guide pratique de l'ouvrier mécanicien*. (Voir page 44.)

BIBLIOTHÈQUE
DES
PROFESSIONS INDUSTRIELLES
COMMERCIALES ET AGRICOLES

Parmi les bibliothèques spéciales, techniques plutôt, qui tiennent ou commencent à tenir une si grande place dans la librairie contemporaine, il faut citer au premier rang la *Bibliothèque des Professions industrielles, commerciales et agricoles*, mise en vente par la librairie Hetzel, et qui comprend déjà 121 ouvrages formant 124 volumes accompagnés de 4 atlas. Le champ est vaste de toutes les connaissances exigées, ou qui devraient l'être, par ceux, — et le nombre en est de plus en plus considérable, — qui se destinent à l'industrie, au commerce ou à l'agriculture. Autrefois, il n'y a pas longtemps encore, la seule science à peu près reconnue était la routine. En tout, partout, dans les grandes comme dans les petites exploitations, on tenait à ne pas s'éloigner des habitudes et des traditions transmises. Cela faisait, en quelque sorte, partie de l'héritage.

Depuis quelques années, nous commençons, en France, à nous affranchir de ces méthodes arriérées. C'était bon de s'enfermer dans sa coquille quand les communications étaient difficiles, quand on se suffisait, pour ainsi dire, chacun chez soi, et quand on n'avait qu'un médiocre intérêt à suivre les progrès de l'industrie, par exemple, puisque la production répondait à la consommation. Aujourd'hui, ce n'est plus tout à fait cela ; c'est à qui fera le mieux, et, en même temps, fera le plus vite. La rapidité des transports, la rapidité des demandes qui peuvent être transmises, le même jour, d'un bout du monde à l'autre, ont provoqué une concurrence presque sans limites, et c'est tant pis pour ceux qui, s'en tenant aux vieux moyens, n'ont à leur service qu'un outillage inférieur. N'en pourrait-on dire autant pour l'agriculture, si complètement transformée depuis quelques années ? et même pour le commerce, dont les relations, au lieu d'être limitées, confinées dans un certain rayon, sont aujourd'hui universelles ?

Quoi de plus naturel que d'étudier les conditions nouvelles auxquelles sont soumises les industries diverses, les transactions commerciales, les exploitations agricoles ? Et en même temps, quoi de plus curieux, pour cette partie du public éclairé et qui aime d'autant plus à s'instruire, que l'étude rendue claire et facile, de ces trois choses qui sont les bases mêmes de la fortune d'un pays ? Les spécialistes n'ont qu'à choisir, dans les rayons de cette bibliothèque, pour trouver aussitôt ce qui les concerne et les intéresse. Autant de branches de la science, autant de traités particuliers, composés et écrits par les savants les plus autorisés et les professeurs les plus compétents.

La collection comprend onze séries consacrées à des ouvrages spéciaux, mais réunis tous, cependant, par un lien commun. Ainsi, il y a une série pour les sciences exactes, une autre pour les sciences d'observation. Dans la troisième, se trouve traité, sous ses différents aspects, l'art de l'ingénieur ; la quatrième s'occupe des mines et de la métallurgie. Ici sont étudiées les machines motrices ; là les professions militaires et maritimes. Plus loin, sous la rubrique Arts et Métiers, sont passées en revue les professions industrielles ; puis enfin l'agriculture, le jardinage et tout ce qui s'y rattache, l'étude des eaux, des bois et forêts, et enfin l'économie domestique. On voit tout ce qui peut tenir de traités particuliers dans cette nomenclature générale. Chacun a son volume, accompagné de dessins explicatifs et de figures, quand il est nécessaire, pour les mieux mettre à la portée du public.

Il est aisé de comprendre qu'une telle collection ne peut pas être exactement limitée, par la raison bien simple qu'elle doit se tenir à la hauteur du mouvement, c'est-à-dire du progrès, et tenir compte des inventions nouvelles qui, sans bouleverser de fond en comble les systèmes adoptés, les transforment en partie, ou tout au moins les modifient. Telle qu'elle est, on peut la considérer déjà comme supérieure à tout ce qui existe dans le même ordre d'idées. Le cadre général est plus vaste et peut s'élargir encore ; quant aux traités particuliers, comment n'offriraient-ils pas toutes les garanties désirables, grâce aux noms des spécialistes qui les ont rédigés ? La physique, la chimie, les sciences naturelles, d'un côté, la géométrie, l'algèbre, de l'autre, sont enseignées de la façon la plus claire, et, ce qu'il ne faut pas oublier, par des moyens mis à la portée des gens du monde désireux d'acquérir des connaissances au moins superficielles sur toutes choses.

Ce qui caractérise notre époque, est un immense besoin de savoir. On veut au moins des notions sur toutes choses. Comment les propriétaires, par exemple, pourraient-ils se rendre compte des engagements imposés à leurs fermiers, s'ils n'étaient, eux-mêmes, au fait des exigences de l'agriculture ? Et il en est partout ainsi.

Cette bibliothèque répond donc à un besoin réel, à un moment où la machine remplace de plus en plus les bras et où le mécanicien fait des progrès constants. Rien de plus clair et de plus complet n'a été fait jusqu'à ce jour, ni de plus réellement utile. C'est l'encyclopédie du dix-neuvième siècle, qui se recommande aussi bien par la variété des sujets que par la valeur propre de chacun d'eux, où l'on trouve, en même temps que les vues d'ensemble, les guides pratiques de toutes les industries en exploitation et de toutes les professions et métiers. Nous ne saurions trop la recommander aux gens du monde curieux de notions générales, ainsi qu'aux personnes désireuses d'apprendre ou d'approfondir une spécialité.

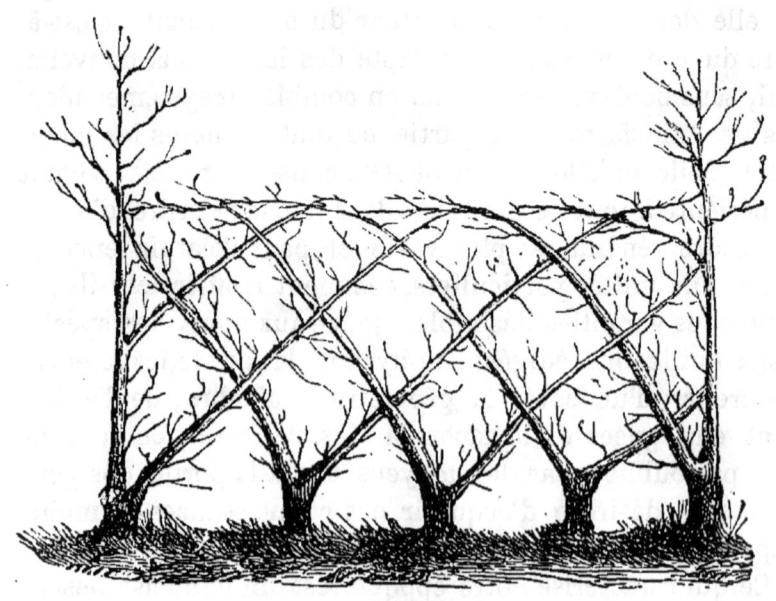

Gravure spécimen du *Manuel pratique de Jardinage.* (Voir page 40.)

LISTE DES OUVRAGES

PAR ORDRE DE SÉRIE

SÉRIE A

SCIENCES EXACTES

1.	P. Leprince. Principes d'algèbre. 1 vol.	5 »
2.	Lenoir. Calculs et comptes faits.	4 »
3-4.	Ch. Rozan. Leçons de géométrie. 1 vol. et un atlas.	6 »
5-6.	Ortolan et Mesta. Dessin linéaire. 1 vol. et un atlas.	6 »

SÉRIE B

SCIENCES D'OBSERVATION

CHIMIE — PHYSIQUE — ÉLECTRICITÉ

1.	Dr Sacc. Chimie minérale. 1 vol.	3 50
2.	— Chimie organique. 1 vol.	3 50
3-4.	Hetet. Chimie générale élémentaire. 2 vol.	10 »
5.	Chevalier. L'étudiant photographe. 1 vol.	3 »
6.	Gaudry. Essais des matières industrielles. 1 vol.	4 »
7.	B. Miège. Télégraphie électrique. 1 vol.	2 »
8.	Du Temple. Introduction à l'étude de la physique. 1 vol.	4 »
9.	Flammarion (C.). Manuel pratique de l'astronome (*en préparation*).	» »
10.	Frésenius et Will. Potasses, soudes. 1 vol.	2 »
11.	Liebig. Introduction à l'étude de la chimie. 1 vol.	3 »
12.	J. Brun. Fraudes et maladies du vin. 1 vol.	3 »

13. Dʳ **Lunel**. Les falsifications. 1 vol.	5	»
14-15. **Noguès**. Minéralogie appliquée. 2 vol.	10	»
16. **Du Temple**. Transmission de la pensée et de la voix. 1 vol.	4	»
17. **Snow-Harris**. Leçons d'électricité. 1 vol.	3	»
18. **Laffineur**. Hydraulique et hydrologie. 1 vol.	3	50
19-20. **R. Clausius**. Théorie mécanique de la chaleur. 2 vol.	15	»

SÉRIE C

ART DE L'INGÉNIEUR

PONTS ET CHAUSSÉES — CHEMINS DE FER — CONSTRUCTIONS CIVILES

1. **Guy**. Guide du géomètre arpenteur. 1 vol.	4	»
2-3. **Birot**. Guide du conducteur des Ponts et Chaussées et de l'agent voyer.		
Première partie. Ponts. 1 vol.	4	»
Deuxième partie. Routes. 1 vol.	4	»
4. **G. Cornet**. Album des chemins de fer. 1 vol.	10	»
5. **Viollet-le-Duc**. Comment on construit une maison. 1 vol.	4	»
6. **Viollet-le-Duc**. Introduction à l'étude de l'architecture (*en préparation*)	»	»
7. **Pernot**. Guide du constructeur. 1 vol	4	»
8. **Frochot**. Cubage et estimation des bois. 1 vol	4	»
10. **Demanet**. Maçonnerie. 1 vol.	5	»
11. **Laffineur**. Roues hydrauliques. 1 vol.	3	50
12. **Dinée**. Engrenages. 1 vol.	3	50
13. Dynamite et agents explosifs (*en préparation*)	»	»
19-20. **Bouniceau**. Constructions à la mer. 1 vol. et 1 atlas.	18	»
21. **Emion**. Exploitation des chemins de fer. Voyageurs et Bagages. 1 vol.	4	»
22. **Emion**. Exploitation des chemins de fer. Marchandises. 1 vol.	4	»

SÉRIE D

MINES ET MÉTALLURGIE

GÉOLOGIE — HISTOIRE NATURELLE

1. **Dana**. Manuel du Géologue. 1 vol.	4	»
3. **D.-L.** Métallurgie pratique. 1 vol.	4	»

4.	Fairbairn. Le fer. 1 vol..	4 »
5.	L.-B.-J. Dessoye. Emploi de l'acier. 1 vol.	4 »
6.	Landrin. Traité de l'acier. 1 vol..	5 »
7.	Agassiz et Gould. Manuel du Naturaliste — Zoologie — (*en préparation*).	» »
11.	C. et A. Tissier. Aluminium et métaux alcalins. 1 vol.	3 »
12.	Guettier. Alliages métalliques. 1 vol.	3 »
15.	Drapiez. Minéralogie usuelle. 1 vol.	3 »

SÉRIE E

PROFESSIONS COMMERCIALES

1.	Manuel des Entreprises commerciales (*en préparation*).	» »
2.	Bourdain. Manuel du Commerce des Tissus. 1 vol.	3 »
3.	Manuel du Caissier (*en préparation*).	» »
4.	Emion. La liberté et le courtage des marchandises (*épuisé*).	»

SÉRIE F

PROFESSIONS MILITAIRES ET MARITIMES

1.	Doneaud. Droit maritime. 1 vol.	3 »
2.	Bousquet. Architecture navale. 1 vol..	2 »
3.	Tartara. Code des bris et naufrages. 1 vol.	7 »
4.	Steerk. Poudres et salpêtres. 1 vol..	6 »

SÉRIE G

ARTS ET MÉTIERS

PROFESSIONS INDUSTRIELLES

1.	Basset. Culture et alcoolisation de la betterave. 1 vol.	3 »
2.	Rouland. Nouveaux barêmes de serrurerie. 1 vol.	4 »
3.	Dubief. Guide du Féculier et de l'Amidonnier. 1 vol..	4 »
4.	Souviron. Dictionnaire des termes techniques. 1 vol.	6 »

5.	Dromart. Carbonisation des bois. 1 vol.	4 »
6.	A. Ortolan. Guide de l'ouvrier mécanicien. 1 vol. et un atlas	12 »
7.	Jaunez. Manuel du chauffeur. 1 vol.	2 »
8.	Violette. Fabrication des vernis. 1 vol.	6 »
9.	Th. Chateau. Corps gras industriels. 1 vol.	5 »
10.	Mulder. Guide du brasseur. 1 vol.	4 »
11.	Dubief. Traité de la fabrication des liqueurs. 1 vol.	4 »
12.	Houzé. Le livre des métiers manuels. 1 vol.	5 »
13.	J.-F. Merly. Livre du charpentier. 1 vol.	5 »
14.	Fol. Guide du teinturier. 1 vol.	8 »
15.	Barbot. Guide du joaillier. 1 vol.	4 »
16.	Leroux. Filature de la laine. 1 vol.	15 »
17.	De Courten. Collodion sec au tanin. 1 vol.	4 »
18.	Prouteaux. Fabrication du papier et du carton.	4 »
19.	Berthoud. La charcuterie pratique	4 »
20.	Lunel. Guide du parfumeur. 1 vol.	4 »
21.	H. de Graffigny. L'ingénieur électricien. 1 vol.	4 »
22.	Guide pratique de l'ouvrier électricien (*en préparation*)	» »
23.	L. Moreau. Guide du bijoutier. 1 vol.	2 »
31.	Laffineur. Hydraulique urbaine et agricole (*épuisé*).	» »
44.	Lunel. Guide de l'épicerie. 1 vol.	3 »
48.	Monier. Essai et analyse des sucres. 1 vol.	3 »
51.	Dubief. Vinification. 1 vol.	6 »

SÉRIE H

AGRICULTURE

JARDINAGE. — HORTICULTURE. — EAUX ET FORÊTS.
CULTURES INDUSTRIELLES. — ANIMAUX DOMESTIQUES. — APICULTURE.
PISCICULTURE.

1.	Gobin. Agriculture générale (*en réimpression*).	» »
2.	Grimard. Manuel de l'herboriseur. 1 vol.	4 »
3.	Laffineur. Guide de l'ingénieur agricole. 1 vol.	3 »
4.	Gayot. Habitations des animaux. Ecuries et Etables. 1 vol.	3 »
5.	— Habitations des animaux. Porcheries, Bergeries. 1 vol.	3 »
6-7.	Pouriau. Sciences physiques appliquées à l'agriculture. 2 vol.	14 »
8.	Kielmann. Drainage. 1 vol.	2 »
9.	H. Gobin. Entomologie agricole. 1 vol.	4 »
10.	Sérigne. La Vigne et ses maladies. 1 vol.	3 »

11.	Gossin. Conférences agricoles. 1 vol.	1	»
12.	Sourdeval. Elevage et dressage du cheval (*en préparation*).		»
13.	Bourgoin d'Orly. Cultures exotiques. 1 vol.	4	»
14.	Dubos. Choix de la vache laitière. 1 vol.	2	50
15.	Dubief. Le Trésor des vignerons et marchands de vin. 1 vol.	3	»
16.	Canu et Larbalétrier. Météorologie agricole. 1 vol.	2	»
17.	Mariot-Didieux. L'éducateur de lapins. 1 vol.	2	50
18.	— Education lucrative des poules. 1 vol.	4	»
19.	— — des oies et canards. 1 vol.	2	50
20.	Larbalétrier. Guide de Pisciculture et d'Aquiculture fluviales. 1 vol.	4	»
21.	Mariot-Didieux. Le chasseur médecin. 1 vol.	2	»
23.	Courtois-Gérard. Culture maraîchère. 1 vol.	4	»
32.	Gobin. Culture des plantes fourragères. Prairies naturelles. 1 vol.	3	»
33.	— Culture des plantes fourragères. Prairies artificielles. 1 vol.	3	»
40.	Fleury-Lacoste. Le Vigneron. 1 vol.	3	»
41.	Courtois-Gérard. Manuel pratique du jardinage. 1 vol.	4	»
42.	Koltz. Culture du saule et du roseau. 1 vol.	2	»
43.	Sicard. Culture du cotonnier. 1 vol.	2	»
48.	Lunel. Acclimatation des animaux domestiques. 1 vol.	3	»
52.	F. Fraiche. Guide de l'ostréiculteur. 1 vol.	3	»
53.	Touchet. Vidange agricole. 1 vol.	1	»
55.	Pouriau. Chimiste agriculteur. 1 vol.	6	»
56.	Lerolle. Botanique appliquée. 1 vol.	6	»

SÉRIE I
ÉCONOMIE DOMESTIQUE
COMPTABILITÉ. — LÉGISLATION. — MÉLANGES

1.	Dubief. Fabrication des vins factices. 1 vol.	2	»
2.	Lunel. Economie domestique. 1 vol.	2	»
3.	I.-A. Rey. Ferments et fermentation. 1 vol.	4	»
4.	Dubief. Le Liquoriste des dames. 1 vol.	3	»
5.	Hirtz. Coupe et confection des vêtements de femmes ou d'enfants. 1 vol.	3	»
6.	Dufréné. Droits des inventeurs. 1 vol.	3	»
8.	Baude. Calligraphie. 1 vol.	5	»
9.	Lescure. Traité de géographie. 1 vol.	3	»
10.	Block (M.). Principes de législation pratique appliquée au Commerce, à l'Industrie et à l'Agriculture. 1 vol.	4	»

12.	Emion. Manuel des expropriés. 1 vol.	1 »
14.	Lunel. Hygiène et médecine usuelle. 1 vol.	2 »
16.	J. d'Omalius d'Halloy. Manuel d'Ethnographie. 1 vol.	4 »

SÉRIE J

FONCTIONS POLITIQUES & ADMINISTRATIVES

EMPLOIS DE L'ÉTAT, DÉPARTEMENTAUX, COMMUNAUX SERVICES PUBLICS

1.	Mortimer d'Ocagne. Les grandes Ecoles de France. 1 vol.	3 »
2.	Mortimer d'Ocagne. Choix d'une carrière (*en préparation*).	» »
3.	J. Albiot. (*Code départemental*). Manuel des Conseillers généraux. 1 vol.	4 »
4.	Manuel des Censeillers communaux. 1 vol. (*en préparation*).	» »
6.	Lelay (E.). Lois et règlements sur la Douane. 1 vol.	4 »
7.	Laffolay. Nouveau manuel des octrois. 1 vol.	4 »

SÉRIE K

BEAUX-ARTS — DÉCORATIONS ARTS GRAPHIQUES

1.	Carteron. Introduction à l'étude des Beaux-Arts. 1 vol.	4 »
2.	Viollet-le-Duc. Comment on devient dessinateur. 1 vol.	4 »
3.	Pellegrin. Perspective. 1 vol.	4 »

Le cartonnage toile de chaque volume se paye 0,50 c. en plus des prix indiqués.

TABLE DES MATIÈRES

TRAITÉES DANS LA

BIBLIOTHÈQUE DES PROFESSIONS

INDUSTRIELLES, COMMERCIALES ET AGRICOLES

Collection de volumes grand in-18

BIBLIOGRAPHIE RAISONNÉE

ACCLIMATATION DES ANIMAUX DOMESTIQUES (*Guide pratique de l'*), étude des animaux destinés à l'acclimatation, la naturalisation et la domestication : Animaux domestiques, méthodes de perfectionnement, mammifères, oiseaux, poissons, insectes, précédée de considérations sur les climats et de l'Exposé des classifications d'histoire naturelle, etc., par le docteur LUNEL, 1 volume avec figures dans le texte. . . . . 3 fr.

<small>M. le docteur Lunel a résumé les notions concernant l'acclimatation disséminées dans un grand nombre d'ouvrages volumineux. Ce livre sera consulté avec fruit par toutes les personnes qu'intéresse la grande question de l'acclimatation. Il peut être considéré comme un guide sûr dans les jardins d'acclimatation où sont réunies toutes les races d'animaux indigènes et étrangères, et il donne</small>

d'une manière concise et substantielle les notions usuelles nécessaires pour l'étude des animaux destinés à l'acclimatation, la naturalisation et la domestication.

ACIDES (Voir Chimie, page 23, et Potasses, page 54).

ACIER (*Guide pratique de l'emploi de l'*), ses propriétés, avec une introduction et des notes de Ed. GRATEAU, ingénieur civil des mines, par J.-B.-J. DESSOYE, ancien manufacturier, 1 volume.............. 4 fr.

Ce livre constitue une véritable monographie de l'acier. M. Dessoye prend l'art de fabriquer l'acier à son origine et nous montre ses progrès. Il signale la nature et les propriétés natives de l'acier, en indique les différents modes d'élaboration et termine son guide par une étude sur l'emploi de l'acier dans les manipulations qu'on lui fait subir. Comme le fait remarquer M. Grateau dans sa savante introduction, ce livre s'adresse à tous ceux qui sont appelés à acheter et à consommer de l'acier d'une qualité quelconque, sous toute forme, et il devra être consulté par tous les praticiens.

Extrait de la table. — Considérations préliminaires. — Etudes historiques sur la fabrication de l'acier. — Etudes générales sur l'existence des propriétés natives. — Etudes sur l'emploi de l'acier, considéré dans ses propriétés caractéristiques. — De l'emploi de l'acier considéré dans les manipulations qu'on lui fait subir.

ACIER (*Traité de l'*), théorie métallurgique, travail pratique, propriétés et usages, par H.-C. LANDRIN fils, ingénieur civil, 1 volume, avec figures........ 5 fr.

Figure spécimen du *Traité de l'acier*.

Les deux ouvrages de MM. Landrin et Dessoye se complètent l'un par l'autre. Ils donnent au complet la fabrication et l'emploi de l'acier. Nous avons dit, en parlant de celui de M. Dessoye, en quoi consistait son étude ; nous allons, par un extrait de la table des matières du livre de M. Landrin, indiquer en quoi il complète le précédent. — Histoire de l'acier, sa découverte, sa métallurgie dans l'antiquité et dans les différentes contrées. — De la chaleur, de l'oxygène, du soufre, de la chaux, des minerais de fer, des combustibles. — De l'acier et de sa théorie. — Théorie de Réaumur, docimasie. — Métallurgie, acide naturel, acier de fonte, acier puddlé, acier cimenté, acier de fusion, acier du Wootz.

Nouveaux procédés : Procédé Chenot, procédé Bessemer, procédé Taylor, procédé Uchatuis, acier damassé. *Etoffes* : Travail de l'acier, raffinage, soudure, recuit à la forge, trempe, recuit à la trempe, écrouissage. *Propriétés de l'acier :* Des limes, du fil d'acier, des aiguilles, tôle d'acier, des scies.

AGENT VOYER (Voir Ponts et Chaussées, page 53).

AGRICULTURE GÉNÉRALE (*Guide pratique d'*), par A. GOBIN, 1 vol. — En réimpression. —

ALGÈBRE (*Principes d'*), par Paul LEPRINCE, ingénieur, ancien élève de l'Ecole d'arts et métiers de Châlons-sur-Marne, 1 volume avec figures . . . . . 5 fr.

Un ouvrage de ce genre n'a pas encore été publié. Il indique les moyens les plus prompts et les plus simples à employer pour parvenir à la solution des problèmes. Il ne comprend que la marche pratique à suivre en algèbre pour arriver aux formules appliquées dans l'industrie en général.

ALLIAGES MÉTALLIQUES (*Guide pratique des*), par A. GUETTIER, ingénieur, directeur de fonderies, etc. 1 volume . . . . 3 fr.

Après avoir donné quelques explications préliminaires sur les propriétés physiques et chimiques des métaux et des alliages, l'auteur examine au point de vue des alliages entre eux les métaux spécialement industriels, c'est-à-dire d'un usage vulgaire très répandu (cuivre, étain, zinc, plomb, fer, fonte, acier). Il donne ensuite quelques indications générales sur les métaux appartenant aux autres industries, mais n'occupant qu'une place secondaire (bismuth, antimoine, nickel, arsenic, mercure), et sur des métaux riches appartenant aux arts ou aux industries de luxe (or, argent, aluminium, platine) ; enfin, il envisage les métaux d'un usage industriel restreint, au point de vue possible de leur association avec les alliages présentant quelque intérêt dans les arts industriels.

ALUMINIUM et **MÉTAUX ALCALINS** (*Guide pratique de la recherche, de l'extraction et de la fabrication de l'*). Recherches techniques sur leurs propriétés, leurs procédés d'extraction et leurs usages, par Charles et Alexandre TISSIER, chimistes-manufacturiers. 1 volume, 1 planche et figures dans le texte . . . . 3 fr.

Les notions sur l'aluminium se trouvaient disséminées dans des recueils nombreux publiés en France et à l'étranger. Les auteurs de ce guide ont eu l'idée de faire de ces notions éparses un tout homogène dans lequel, après avoir retracé l'historique de la préparation des métaux alcalins, ils esquissent l'histoire de la préparation de l'aluminium. Des chapitres spéciaux sont consacrés à la fabrication industrielle et aux propriétés physiques et chimiques de ce nouveau métal, qui a conquis très rapidement une grande place dans l'industrie.

AMIDONNIER (Voir Féculier et Amidonnier, p. 34).

ANIMAUX (Voir Habitations des Animaux, page 37).

ANIMAUX DOMESTIQUES (Voir Acclimatation des Animaux domestiques, page 13).

ARCHITECTURE (*Introduction à l'étude de l'*), par Viollet-le-Duc. — **En préparation.** —

ARCHITECTURE NAVALE (*Guide pratique d'*) à l'usage des capitaines de la marine du commerce, appelés à surveiller les constructions et les réparations de leurs navires, par Gustave Bousquet, capitaine au long cours, ingénieur, 1 volume avec figures dans le texte... 2 fr.

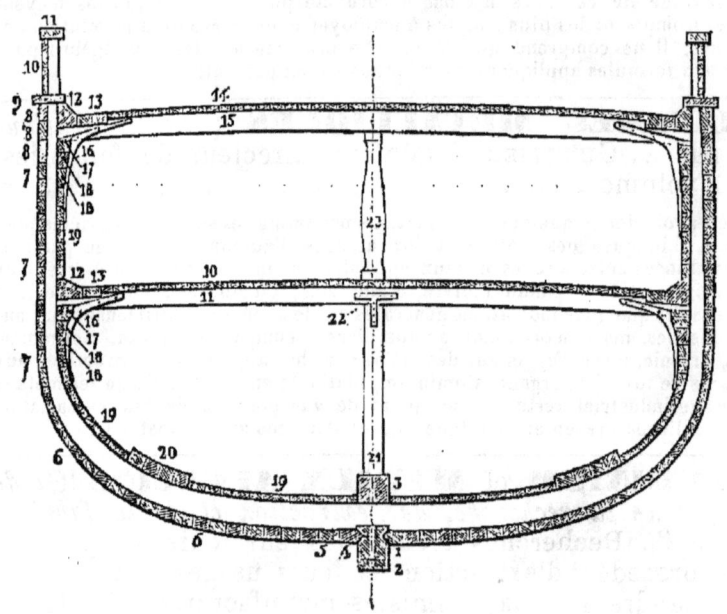

Figure spécimen du *Guide pratique d'architecture navale*.

Dans la *première partie*, l'auteur traite de la connaissance des cales, c'est-à-dire l'endroit où doit être réparé le navire. — Droit et tour d'une pièce. — Ecarts. — Quille. — L'étrave. — L'étambot. — L'assemblage des couples, etc.
Dans la *deuxième partie*, nous avons les revêtements intérieurs. — La lisse. — Les carlingues. — Les livets. — Bauquières. — Barrots. — Epontilles, etc.
Puis les revêtements extérieurs. Précintes, bordées, bois étuvés, chevillage, clous, calfatage, panneaux ou écoutilles, etc.
Cet abrégé très sommaire des matières contenues dans ce volume suffira pour faire comprendre que sa lecture ne peut être que très profitable.

ASTRONOMIE (*Manuel pratique de l'*), par Camille Flammarion. *L'art d'observer le ciel et de se servir des instruments d'optique.* 1 volume. — **En préparation.** —

Figure spécimen de *Habitations des animaux*. (Voir page 37.)

B

BEAUX-ARTS (*Introduction à l'étude des*). 1 volume. — En préparation. —

BERGERIES (voir Habitation des animaux, page 37).

BETTERAVE (*Traité pratique de la culture et de l'alcoolisation de la*). Résumé complet des meilleurs travaux faits jusqu'à ce jour sur la betterave et son alcoolisation, renfermant toutes les notions nécessaires au cultivateur et au distillateur, ainsi que l'examen des méthodes de pulpation, de macération, de fermentation et de distillation employées aujourd'hui. 3e édition corrigée et considérablement augmentée, par N. Basset. 1 volume avec figures dans le texte . . . . 3 fr.

Avant de donner au public cette nouvelle édition, l'auteur avait étudié à fond les principales questions relatives à la culture, à la distillation de la betterave, afin d'apporter son contingent à la grande question de la transformation agricole, par les données que l'expérience lui a fournies. Il a voulu mettre sous les yeux des agriculteurs et des distillateurs les faits techniques, scientifiques et pratiques, dans la plus grande simplicité d'expression. Il examine avec impartialité les différents systèmes : Champenois, Kessler, Dubrunfaut, etc.

BIÈRE (Voir Brasseur, page 19).

BIJOUTIER (*Guide pratique du*). Application de l'harmonie des couleurs dans la juxtaposition des pierres précieuses, des émaux et de l'or de couleur, par L. Moreau, bijoutier et dessinateur. 1 volume avec 2 planches coloriées . . . . 2 fr.

Ce petit livre est une protestation hardie contre l'esprit de routine. L'auteur a réuni les données fournies par la science sur l'harmonie et le contraste des couleurs, et comparant ces données aux observations faites dans la pratique du métier, il a formé une théorie applicable à la bijouterie.

BOIS EN FORÊTS (*Carbonisation des*), par E. Dromart, ingénieur civil, 1 volume avec figures et 1 planche . . . . 4 fr.

Extrait de la table des matières : Bois. — Charbon de bois. — Carbonisation des meules en forêts. — Carbonisation des bois à goudron. — Appareils à vases clos. — Appareils à vapeur surchauffée. — Carbonisation des bois durs, des tiges de bruyère. — Analyse des charbons.

BOIS (*Guide théorique et pratique de Cubage et d'Estimation des*) à l'usage des propriétaires, régisseurs, marchands de bois, gardes forestiers, etc., etc., par Alexis FROCHOT, sous-inspecteur des forêts, etc. 2ᵉ édition. 1 volume, tableaux et 14 figures et 1 planche graphique donnant les tarifs de cubage des arbres sur pied et des arbres abattus. . . . . 4 fr.

Extrait de la table des matières. — **Cubage des bois abattus.** Bois en grume, bois ronds, bois méplats, bois équarris, bois de feu ; exécution des calculs de cubage. — **Cubage des bois sur pied.** — Mesures des hauteurs : 1º au dendromètre ; 2º à vue d'œil ; 3º mesure des diamètres. — Cubage des résineux. — **Estimation des bois sur pied en matière** de charpente, étais, perches de mines, poteaux télégraphiques, sciage, traverses de chemins de fer, bois de fente, bois de feu, écorces, frais de transport et d'exploitation. — Estimation en argent. — **Estimation des forêts en fonds et superficie.** — Exposé de la méthode, bois susceptibles de revenus égaux et périodiques, bois donnant des revenus inégaux. — Procédés de calculs à employer. — Applications, tarifs linéaires, renseignements bibliographiques.

BOTANIQUE (**Traité pratique et élémentaire de*) appliquée à la culture des plantes, par Léon LEROLLE, ancien élève de l'Ecole d'agriculture de Grand-Jouan, membre de la Société d'horticulture de Marseille, 1 volume, 108 figures dans le texte. . . . . 6 fr.

Extrait de la table : De la germination des graines, choix et conservation des graines. — De la végétation des plantes, des bourgeons. — Phénomènes souterrains, phénomènes aériens, phénomènes anatomiques de la végétation. — Nutrition des végétaux, nature des substances absorbées par les racines, sécrétion, transpiration. — Agents essentiels de la végétation. — De la reproduction des plantes, du périanthe, des étamines, du pistil, des ovules. — Floraison. — Fécondation. — Fructification. — Granification.

BRASSEUR (*Guide du*) ou *l'Art de faire de la Bière*, par G.-J. MULDER, professeur à l'Université d'Utrecht. Traité élémentaire théorique et pratique. La bière, sa composition chimique, sa fabrication, son emploi comme boisson, traduit de l'allemand et annoté par L.-F. Dubief, chimiste, nouvelle édition revue et corrigée, par M. Ch. BAYE. 1 vol. . . . . 4 fr.

M. Mulder a tâché d'analyser tous les écrits qui ont été publiés sur ce sujet pour en tirer la quintessence en y apportant de son propre fond. C'est un travail consciencieusement écrit, fruit de laborieuses études dont le brasseur pourra faire son profit.

BRIS ET NAUFRAGES (*Nouveau code des*), ou sûreté et sauvetage maritime, publié avec l'autorisation du ministre de la Marine et des Colonies, par J. Tartara, commissaire ordonnateur de la marine en Algérie, 1 volume . . . . 7 fr.

Figure spécimen du *Guide de cubage et d'estimation des bois*. (Voir page 19.)

C

CAFÉIER ET CACAOYER (Voir Cultures exotiques, page 28).

CAISSIER (*Manuel du*). Traité théorique et pratique des paiements et recettes. — **En préparation.** —

CALCULS ET COMPTES FAITS à l'usage des industriels en général et spécialement des mécaniciens, charpentiers, serruriers, chaudronniers, toiseurs, arpenteurs, vérificateurs, etc. Troisième édition complètement refondue des calculs faits de A. Lenoir, par Joseph Vinot. 1 volume et tableaux . . . . 4 fr.

Son objet est d'éviter aux chefs d'atelier une foule de calculs souvent assez difficiles à résoudre; enfin c'est un aide-mémoire qui est appelé à rendre de grands services par le temps qu'il fait économiser. Il se divise comme suit : 1° Arithmétique. — 2° Conversion — 3° Physique. — 4° Mécanique. — 5° Frottements, résistances. — 6° Cubage des métaux. — 7° Cubage des bois. — 8° Tables commerciales.

CALLIGRAPHIE. Cours d'écriture avec 32 planches, par L. BAUDE, 1 vol. . . . . 5 fr.

SOMMAIRE : Objets et instruments nécessaires pour écrire. — Formes et variante de l'écriture anglaise. — De la manière de tenir la plume. — Principes généraux de l'écriture anglaise. — Des différentes grosseurs d'écriture. — Majuscules. — Minuscules. — Chiffres. — De l'expédiée ou cursive anglaise. — Des écritures fortes : Bâtarde, Coulée, Ronde et Gothique. — *De l'emploi dans l'écriture des accents, de la ponctuation et autres signes.*

CANARDS (Voir Oies et Canards, page 48).

CANNE A SUCRE (Voir Cultures exotiques, page 28).

CARBONISATION DES BOIS (Voir Bois, page 18).

CARTON (Voir Papier et Carton, page 50).

CENDRES (Voir Potasses, page 54).

CHALEUR (*Théorie mécanique de la*), traduit de l'allemand par F. FOLIE, professeur à l'École industrielle, et répétiteur à l'École des mines de Liège, par R. CLAUSIUS, professeur à l'Université de Wurtzbourg. 2 volumes. 15 fr.

CHARCUTERIE PRATIQUE (*La*), par Marc BERTHOUD, ancien charcutier, ex-président de la corporation des charcutiers de Genève. 2ᵉ édition. 1 volume avec 74 figures. . . . . 4 fr.

EXTRAIT DE LA TABLE DES MATIÈRES. — *1ʳᵉ partie* : Le porc, différentes races, élevage, engraissement, maladies, transports. — Locaux, appareils, ustensiles. — Condiments, accessoires. — Abatage du porc, utilisation des différentes parties du porc, salaison, désalaison. — Premières manipulations. — *2° partie* : Charcuterie proprement dite : Andouilles, andouillettes, boudins, saucisses, saucissons, jambons, petites pièces chaudes et froides. — Grosses pièces froides. — Sauces, accessoires. — Cochon de lait, sanglier. — Pâtisserie. — Terrines. — Décoration. — Conservation des viandes, conserves. — *3° partie* : Charcuterie allemande : saucisses, produits divers.

CHARPENTIER ✳ (*Le livre de poche du*), application pratique à l'usage des CHANTIERS, des ÉLÈVES DES ÉCOLES PROFESSIONNELLES, etc., par J.-F. MERLY, charpentier, entrepreneur de travaux publics, membre de la

Société industrielle d'Angers, etc. Collection de 140 ÉPURES, 1 vol. 287 pages de texte et planches en regard. . . 5 fr.

M. Merly n'est pas un savant qui doit s'efforcer d'oublier la technologie de l'école pour parler le langage ordinaire de la plupart de ses auditeurs ; M. Merly est, au contraire, un ouvrier, un homme pratique, qui a cherché à se faire comprendre par les compagnons de travail auxquels il s'adressait, et qui est arrivé à des démonstrations si claires, à des explications si naturelles, que les théoriciens eux-mêmes ont bientôt eu à s'inspirer de ses travaux. Rien de plus net que ses dessins, rien de plus simple que ses préceptes : c'est en quelque sorte en se jouant qu'il arrive aux épures les plus compliquées. — C'est le résumé des cours faits par M. Merly à ses compagnons charpentiers.

CHASSEUR MÉDECIN (*Le*), ou traité complet sur les maladies du chien, par M. Francis CLATER, vétérinaire anglais, traduit de l'anglais sur la 27e édition. 3e édition française, corrigée et augmentée, par M. Mariot-Didieux. 1 volume. . . . . 2 fr.

Le succès que ce livre a eu en Angleterre (vingt-sept éditions) dispense de tout commentaire. Le guide que nous avons placé dans notre Bibliothèque en est la troisième édition française. M. Mariot-Didieux, le savant vétérinaire, en acceptant la revision de cette édition, s'est attaché à supprimer dans le texte original des formules trop compliquées, à en simplifier d'autres et en ajouter de nouvelles. Ainsi entièrement refondu, l'ouvrage est véritablement un traité complet sur les maladies du chien, traité auquel un chapitre sur l'art de mégisser les peaux pour en faire des tapis sert de complément.

CHAUFFEUR (*Manuel du*), guide pratique à l'usage des mécaniciens, des chauffeurs et des propriétaires de machines à vapeur ; exposé des connaissances nécessaires, suivi de conseils afin d'éviter les explosions des chaudières à vapeur, par JAUNEZ, ingénieur civil. 2e édition. 1 volume, 37 figures dans le texte et planches . . . . 2 fr.

Cet ouvrage est spécialement destiné aux chauffeurs, comme l'indique son titre. Les bons chauffeurs pour l'industrie privée sont rares et, par conséquent, recherchés. Les personnes qui ont des machines à vapeur ne sont que trop souvent obligées d'employer pour chauffeurs des hommes qui manquent non seulement des connaissances indispensables pour remplir un tel emploi, mais quelquefois même de la moindre instruction pratique. Dans de telles circonstances, il y a évidemment danger, et c'est pourquoi nous avons publié cet ouvrage, afin qu'il soit mis dans les mains de tous les ouvriers qui, sans savoir le premier mot de la théorie de la chaleur ni de la mécanique, seront à même, après l'avoir lu attentivement, de conduire une machine à vapeur. Cet ouvrage doit être dans leurs mains comme un catéchisme qui viendra leur apprendre leur métier.

Extrait de la table des matières : — Pression de l'air. — Baromètre. — Compression de l'air. — Pompes. — Du calorique. — Thermomètre. — Quantité d'eau nécessaire à la condensation de l'eau. — De la vapeur d'eau. — Des moyens pour connaître la force de la vapeur. — Manomètre. — Soupapes de sûreté. — Conduite du feu. — Chaudière. — Giffard. — Incrustations et dépôts dans les chaudières. — Des soins et de l'entretien des machines à vapeur. — Résumé des moyens ayant pour but d'éviter les explosions. — Mise en marche des machines à vapeur. — Renseignements généraux, etc.

CHEMINS DE FER (*Traité de l'exploitation des*), ouvrage composé de deux parties, précédé d'une préface par M. Jules FAVRE, par Victor EMION.

PREMIÈRE PARTIE. — **VOYAGEURS ET BAGAGES**. . 4 fr.
DEUXIÈME PARTIE. — **MARCHANDISES**. . . . . . . 4 fr.

Aujourd'hui que tout le monde voyage, le manuel de M. V. Emion est devenu un guide indispensable. Il fait connaître à chacun ses droits et ses devoirs vis-à-vis des compagnies : il prend le voyageur chez lui, le mène à la gare, le suit à son départ, pendant sa route, à son arrivée, et le ramène à son domicile ; il prévoit toutes les difficultés, toutes les contestations, et en donne la solution fondée sur la loi, les règlements, la jurisprudence et l'équité.

Dans la seconde partie, M. Emion traite avec beaucoup de détails l'organisation du service des marchandises, les tarifs, les formalités exigées pour la remise des marchandises en gare, l'expédition, la livraison, enfin tout ce qui concerne les actions à intenter aux compagnies, soit pour avaries, soit pour retard, perte, négligence, etc.

CHEMINS DE FER (*Album des*), résumé graphique du cours professé à l'Ecole centrale des arts et manufactures. 4e édition, par G. CORNET, répétiteur à l'École centrale des arts et manufactures de Paris. 1 vol. texte et 74 planches gravées sur acier . . . . 10 fr.

CHEVAL (*Élevage et dressage du*), par de SOURDEVAL. 1 vol. — **En préparation.** —

CHIMIE (*Introduction à l'étude de la*), contenant les principes généraux de cette science, les proportions chimiques, la théorie atomique, le rapport des poids atomiques avec le volume des corps, l'isomorphisme, les usages des poids atomatiques et des formules chimiques, les combinaisons isomériques des corps catalyptiques, etc., accompagnée de considérations détaillées sur les acides, les bases et les sels, traduit de l'allemand par Ch. GÉRHARDT, augmentée d'une table alphabétique des matières présentant les définitions techniques et les relations des corps, par J. LIEBIG. 1 volume . . . . 3 fr.

L'accueil favorable que cette traduction a rencontré en France rappelle le succès obtenu en Allemagne par l'édition originale de l'illustre savant, considéré à juste titre comme l'un des princes de la chimie moderne.

CHIMIE (*Éléments de*), par le Dr SACC, professeur à l'Académie de Neuchâtel (Suisse), membre correspondant de la Société nationale de l'agriculture, professeur à Genève, etc. 2 volumes.

Première partie. — **CHIMIE MINÉRALE** ou synthétique. 1 vol. . . . . 3 fr. 50

Seconde partie. — **CHIMIE ORGANIQUE** ou asynthétique. 1 vol. . . . . 3 fr. 50

Ce petit traité, comme le dit l'auteur, n'a qu'une ambition, celle de faire aimer cette admirable science, d'en exposer aussi brièvement que possible le champ immense de manière à la rendre abordable à tous. C'est la première tentative d'une *chimie naturelle* et pure. L'auteur, laissant de côté tous les systèmes, aborde donc une voie qui doit devenir féconde.

CHIMIE GÉNÉRALE ÉLÉMENTAIRE, d'après les principes modernes, avec les principales applications à la médecine, aux arts industriels et à la pyrotechnic, comprenant l'analyse chimique qualitative et quantitative. Ouvrage publié avec l'approbation de M. le ministre de la Marine et des Colonies, par Frédéric HÉTET, professeur de chimie aux écoles de la marine, pharmacien en chef, officier de la Légion d'honneur, membre de plusieurs sociétés savantes. 2 volumes avec 174 figures dans le texte. . . . . 10 fr.

Sommaire des principaux chapitres. — Nomenclature chimique. — Notation chimique. — Lois des combinaisons. — Théorie atomique. — Acides. — Sels. — Éléments monoatomiques. — Série du chlore. — Série du brome. — Série de l'iode. — Fluor. — Série du cyanogène. — Métalloïdes diatomiques. — Série de l'oxygène. — Protoxyde d'hydrogène. — Eau. — Eaux potables. — Série du soufre. — Métalloïdes triatomiques. — Série du bore. — Métalloïdes tripentatomiques. — Série de l'azote. — Combinaisons de l'azote avec l'hydrogène. — Composés oxygénés de l'azote. — Agents explosifs modernes. — Analyse de l'acide azotique. — Série du phosphore. — Combinaisons oxygénées du phosphore. Série de l'arsenic. — Série de l'antimoine. — Bismuth. — Uranium. — Tableau résumé des azotoïdes. — Métalloïdes tétratomiques. — Série du silicium. — Série du carbone. — Gaz d'éclairage. — Combinaisons avec l'oxygène. — Sulfure de carbone. — Feux liquides de guerre. — Dosage du carbone. — Analyse des gaz et des mélanges gazeux. — Série de l'étain. — Généralités sur les métaux. — Métaux positifs. — Première classe. — Monoatomiques. — Potassium. — Poudres. — Alcalimétrie. — Sodium. — Fabrication de la soude. — Lithium. — Analyse spectrale. — Rubidium. — Césium. — Thallium. — Argent. — Alliages d'argent. — Azotate d'argent. — Réaction des sels d'argent. — Dosage de l'argent. — Métaux de la deuxième classe ou biatomique. — Calcium. — Oxydes de calcium. — Usages de la chaux. — Sulfures de calcium. — Plâtre. — Cuisson du plâtre. — Phosphates calciques. — Carbonate de calcium. — Baryum. — Strontium. — Magnésium. — Oxyde de magnésium. — Zinc. — Oxyde de zinc. — Cadmium. — Cuivre. — Laitons. — Bronzes. — Oxyde de cuivre. — Acétate de cuivre. — Réactions des sels de cuivre. — Mercure. — Chlorure de mercure. — Iodure de mercure. — Sulfate de mercure. — Fulminate de mercure. — Plomb. — Oxyde de plomb. — Minium. — Céruse. — Cobalt. — Nickel. — Chrome. — Manganèse. — Oxydes de manganèse. — Bioxyde de manganèse. — Fer. — Préparation de l'acier. — Usages du fer et de l'acier. — Propriété du fer et de l'acier. — Combinaisons du fer. — Analyse des combinaisons du fer. — Analyses des fontes et aciers. — Métaux triatomiques. — Or. — Dorure. — Métaux tétratomiques. — Molybdène. — Platine. — Amorces à fil de platine. — Osmium. — Iridium. — Palladium. — Aluminium. — Aluns. — Kaolins. — Argiles. — Mortiers. — Ciments. — Poteries. — Bétons. — Action de l'eau de mer. — Mastics. — Photographie.

CHIMIE INORGANIQUE appliquée à l'agriculture (Voir Sciences physiques, page 57).

CHIMIE ORGANIQUE appliquée à l'agriculture (Voir Sciences physiques, page 57).

CHIMISTE-AGRICULTEUR (*Manuel du*), par A.-F. POURIAU. 1 volume avec 148 figures dans le texte, et de nombreux tableaux, suivi d'un appendice. . . 6 fr.

Ce volume forme en quelque sorte le complément de la *Chimie organique* et de la *Chimie inorganique*. Il fait connaître les diverses manipulations qui sont décrites avec un très grand soin. Il contient, en outre, un grand nombre d'indications d'une utilité toute pratique.
L'intention de l'auteur en le publiant a été d'offrir aux personnes qui s'occupent de chimie agricole un guide renfermant la description des méthodes les plus simples à suivre dans l'analyse des divers composés naturels ou artificiels qui sont du domaine de l'agriculture. Désireux de mettre son livre à la portée de tout le monde, l'auteur a toujours eu le soin, dans l'exposé de ses méthodes, d'établir deux catégories d'essais. Les unes essentiellement pratiques et accessibles à tous, et les autres plus exactes et qui exigent une plus grande habitude des manipulations chimiques.

CHOIX D'UNE CARRIÈRE (*Le*), par MORTIMER D'OCAGNE. 1 vol. — En préparation. —

CODE DES BRIS ET NAUFRAGES (Voir Bris et Naufrages, page 20).

COLLODION SEC (*Manuel pratique de*) au tanin et de tirage économique des épreuves positives, suivi d'une étude sur la rectitude et le parallélisme des lignes en photographie, par le comte Ludovico de COURTEN, photographe. 1 volume avec figures dans le texte et une très belle photographie. . . . . 4 fr.

CONFÉRENCES AGRICOLES (*Guide pratique des*), accompagné d'un appendice comprenant des notes et des instructions pratiques puisées dans les Annales du Génie civil, par L. GOSSIN, cultivateur, professeur d'agriculture dans l'Oise. 1 volume. . . . . 1 fr.

(Ouvrage recommandé officiellement pour les écoles normales, etc.)
Dans les grandes villes, on tient des conférences ; M. Gossin a rêvé les conférences au village, des conversations intimes, familières, fructueuses. Dévoué depuis de longues années à l'enseignement rural, M. Gossin possède de plus l'art de la démonstration facile, et sa parole sympathique est écoutée avec plaisir et par conséquent avec fruit.

CONSEILLERS GÉNÉRAUX (*Manuel des*). Loi organique des conseillers généraux, avec les commentaires officiels, par J. ALBIOT. (*Code départemental.*) 1 volume. 4 fr.

Cet ouvrage peut être considéré comme un aide-mémoire à l'aide duquel les personnes notables appelées, en qualité de conseillers généraux, à discuter les intérêts de leur département, trouveront de nombreux renseignements relatifs à la législation qu'ils auront à appliquer.

CONSEILLERS COMMUNAUX (*Manuel des*). 1 vol. — En préparation. —

CONSTRUCTEUR (※ *Guide pratique du*). Dictionnaire des mots techniques employés dans la construction, à l'usage des architectes, propriétaires, entrepreneurs de maçonnerie, charpente, serrurerie, couverture, etc., renfermant les termes d'architecture civile, l'analyse des lois de voirie, des bâtiments, etc., par L.-P. PERNOT, officier de la Légion d'honneur, architecte-vérificateur des travaux publics. Nouvelle édition, corrigée, augmentée et entièrement refondue, par C. TRONQUOY, ingénieur civil, et Ch. BAYE. 1 volume . . . . 4 fr.

CONSTRUCTEUR (Voir Maçonnerie, page 43).

CONSTRUCTIONS A LA MER (*Études et notions sur les*), par BOUNICEAU, ingénieur en chef des ponts et chaussées. 1 volume avec atlas de 44 planches in-4°, dont plusieurs doubles . . . . 18 fr.

Cet ouvrage est le résumé d'études longues et consciencieuses d'un des ingénieurs en chef les plus distingués du corps national des ponts et chaussées. M. Bouniceau a attaché son nom à des travaux d'une haute importance. Son travail devra être médité par tous ceux qu'intéressent les nouveaux développements que doivent prendre les constructions conçues en vue d'améliorer les ports de mer et les ouvrages nécessaires à la préservation des côtes. L'atlas qui accompagne ces études est remarquable sous le rapport du choix des planches et de leur exécution.

Définitions et préliminaires. — Avant-ports. Bassins. Darses. — *Môles ou brise-lames.* — Môles à claire-voies. Môles anciens. Môles modernes. — *Jetées.* Ports à marée. Cheneaux. Dragues. Musoirs. Remorquage à vapeur dans les cheneaux. — *Ports d'échouage :* Épaisseur des quais. Écluses. Portes d'èbe et de flot. Manœuvre des portes. Pose des portes. Ponts sur les écluses. *Bassins à flot :* leur forme, leur largeur, leur superficie. Valeur des places à quai. — *Nettoyage des ports. — Ouvrages pour la construction et le radoubage des na-*

vires : Cales de construction. Cales de débarquement. Machines élévatoires. — *Ports dans les rivières à marée.* — *Canaux maritimes.* — *Ouvrages à l'issue des ports de commerce.* Phares. Phares en fer sur pieux à vis. Phares flottants. Feux de port. Bouées, Balises. — *Matériaux de construction. Mortiers.* Pierres, sables, chaux et ciments. Fabrication des mortiers. Briques, bois. Fondations par épuisement. Fondations mixtes sur pilotis. Fondations en rade.

CORPS GRAS INDUSTRIELS (*Guide pratique de la connaissance et de l'exploitation des*), contenant l'histoire des provenances, des modes d'extraction, des propriétés physiques et chimiques, du commerce des corps gras, des altérations et des falsifications dont ils sont l'objet, et des moyens anciens et nouveaux de reconnaître ces sophistications. Ouvrage à l'usage des chimistes, des pharmaciens, des parfumeurs, des fabricants d'huiles, etc., des épurateurs, des fondeurs de suif, des fabricants de savon, de bougie, de chandelle, d'huile et de graisses pour machines, des entrepositaires de graines oléagineuses et de corps gras, etc., par Th. CHATEAU, chimiste, ex-préparateur au Muséum d'histoire naturelle. 2° édition, augmentée d'un appendice. 1 volume avec tableaux . . . . 5 fr.

M. Chateau, en publiant la première édition de cet ouvrage, avait eu pour but de donner aux chimistes et aux manufacturiers une histoire aussi complète que possible des corps gras industriels employés tant en France qu'à l'étranger, et considérés au point de vue de leur provenance, de leur extraction, de leur composition, de leurs propriétés physiques et chimiques, de leur commerce et de leurs altérations spontanées ou frauduleuses.

Dans la nouvelle édition, M. Chateau a ajouté à sa monographie des corps gras un appendice renfermant quelques corrections indispensables et d'importantes additions.

COUPE et **CONFECTION** de vêtements de femmes et d'enfants (*Méthode de*). — Travaux à aiguille usuels. — Cours de couture en blanc. — Raccommodage. — Méthode de **TRICOT**. — Art de la coupe et de la confection en général, par Elisa HIRTZ. 1 volume avec 154 figures. . . . . 3 fr.

COTONNIER (*Guide pratique de la culture du*), par SICARD. 1 volume avec figures dans le texte. . . . . 2 fr.

La culture du cotonnier ne peut convenir qu'à de certaines contrées. M. Sicard, qui l'a expérimentée avec succès et pendant de longues années dans les provinces du Midi et en Algérie, a publié cet ouvrage pour faire profiter le public de l'expérience qu'il avait acquise dans la culture de cet arbrisseau.

L'ouvrage est enrichi de dessins exécutés d'après la photographie et d'une exactitude rigoureuse.

CUBAGE et **ESTIMATION DES BOIS** (Voir Bois, page 19).

CULTURES EXOTIQUES. Guide pratique de la culture de la **CANNE A SUCRE**, du **CAFIER**, du **CACAOYER**, suivi d'un traité de la **FABRICATION DU CHOCOLAT**, par Bourgoin d'Orli. 1 volume. . . . . 4 fr.

CULTURE MARAICHÈRE (✳ *Manuel pratique de*). 6ᵉ édit., augmentée d'un grand nombre de figures et de plusieurs articles nouveaux. Ouvrage couronné d'une médaille d'or par la Société centrale d'agriculture, d'une grande médaille de vermeil par la Société centrale d'horticulture, par Courtois-Gérard. 1 volume avec 89 figures dans le texte. . . . . 4 fr.

Figure spécimen du *Guide de culture maraîchère*.

Outre les récompenses honorifiques qui viennent d'être mentionnées, l'auteur de ce manuel a obtenu une attestation qui garantit la valeur de son travail aux yeux du public, en même temps qu'elle constate l'exactitude de ses recherches et l'utilité des notions renfermées dans son ouvrage. Cette attestation émane de vingt-cinq jardiniers maraîchers de la ville de Paris qui, après avoir entendu la lecture du travail de M. Courtois-Gérard, déclarent qu'ils lui donnent toute leur approbation, comme étant conforme aux bonnes méthodes de culture en usage parmi eux, et autorisent l'auteur à le publier sous leur patronage.

Cet ouvrage est officiellement recommandé pour les écoles normales, etc. Cette nouvelle édition a été augmentée d'un chapitre sur la culture des porte-graines et d'un vocabulaire maraîcher.

Table des principaux chapitres :
Marais pour culture de pleine terre. — Marais pour culture de primeurs. — Analyse des terres. — De l'établissement d'un jardin maraîcher. — Engrais et pailles. — Outillage. — Diverses opérations. — La culture des porte-graines. — Destruction des insectes. — Des maladies des plantes. — Calendrier du maraîcher ou travaux manuels. — Vocabulaire du maraîcher.

D

DESSINATEUR (✳ *Comment on devient un*), par VIOLLET-LE-DUC. 1 volume, orné de 110 dessins par l'auteur et d'un portrait de Viollet-le-Duc. 11° édition . . . . 4 fr.

<small>EXTRAIT DE LA TABLE DES MATIÈRES. — Notables découvertes. — Comment il est reconnu que la géométrie s'applique à plusieurs choses. — Autres découvertes touchant la lumière et la géométrie descriptive. — Où on commence à voir. — Une leçon d'Anatomie comparée. — Opérations sur le terrain. — Cinq ans après. — Où une vocation se dessine. — Douze jours dans les Alpes. — Conclusion.</small>

DESSIN LINÉAIRE (*Guide pratique pour l'étude du*) et de son application aux professions industrielles, par A. ORTOLAN, mécanicien chef de la marine de l'Etat, et J. MESTA, mécanicien principal. 1 volume avec un atlas de 41 planches doubles. . . . . 6 fr.

<small>Cet ouvrage recommandable est aujourd'hui adopté dans plusieurs écoles industrielles ; on le trouve dans tous les ateliers. Un dictionnaire des termes techniques lui sert d'introduction, ce qui a permis aux auteurs de donner dans le cours de leur travail des indications sur les détails, sans obliger l'élève à recourir au texte des premières leçons. C'est donc par la nomenclature des instruments indispensables à l'étude du dessin que les auteurs ont débuté, puis arrivant à l'application, ils donnent la définition des lignes géométriques : le point, la ligne droite, brisée, courbe ; arc de cercle, rayon ; les angles. — Tracé des parallèles et des perpendiculaires. — Construction des angles. — Figures géométriques. — Des triangles. — Des quadrilatères. — Tangentes et sécantes à la circonférence. — Angles inscrits et circonscrits à la circonférence. — Polygones réguliers, figures inscrites et circonscrites. — Définition et construction. — Mesure et divisions des lignes. — Mesure des angles. — Rapporteurs. — Des solides. — Du plan horizontal et du plan vertical, des projections, des croquis, de la vis. — Exécution d'un dessin d'après un croquis coté et sur une échelle de convention. — Exécution d'un dessin d'ensemble avec projection de coupe. — Des engrenages ou roues dentées. — De quelques courbes et de leur tracé. — Rédaction et copie d'un dessin. — Dessins ombrés au tire-ligne, du lavis, etc., etc.</small>

DICTIONNAIRE DES FALSIFICATIONS (Voir Falsifications, page 34).

DICTIONNAIRE DU CONSTRUCTEUR (Voir Constructeur, page 26).

DICTIONNAIRE DES TERMES TECHNIQUES (Voir Termes techniques, page 59).

DICTIONNAIRE DES COSMÉTIQUES ET PARFUMS (Voir Parfumeur, page 50).

DOUANE (*Recueil abrégé des lois et règlements sur la*), son organisation, son personnel et ses brigades, par Eugène Lelay, capitaine des douanes. 1 volume.   4 fr.

<small>Table des matières. — *Des Douanes et de leur organisation.* — *Attributions du personnel.* — *Service actif ou des brigades.* — *Lois générales relatives au personnel.*</small>

DRAINAGE (*Guide pratique de*); résultats d'observations et d'expériences pratiques, traduit pour l'usage des agriculteurs français par C. Hombourg, par C.-E. Kielmann, directeur de l'École agricole de Haasenfelde. 1 volume avec figures dans le texte . . . . 2 fr.

<small>La plupart des ouvrages publiés sur le drainage sont le résultat d'études théoriques que l'expérience n'a pas encore sanctionnées. M. Kielmann est entré dans une autre voie : il n'a eu recours à la théorie qu'autant que cela était nécessaire pour expliquer certains phénomènes. Comme il le dit dans sa préface, il voulait offrir à ceux qui commencent à s'occuper du drainage, et même au plus petit cultivateur, un livre à la lecture facile et surtout compréhensible.

Extrait de la table des matières. — Quels sont les terrains qui ont besoin d'être drainés. — De la fabrication des tuyaux, leur longueur, largeur et épaisseur. — Préparation d'une bonne matière pour la confection des tuyaux. — Machine à étirer les tuyaux, préparation de l'argile. — De la cuisson des tuyaux, des travaux préparatoires, nivellement des tranchées, circulation de l'air à travers les tuyaux. — De la quantité d'eau qui s'écoule par les drains, etc.</small>

DROIT MARITIME INTERNATIONAL ET COMMERCIAL (*Notions pratiques de*), par Alph. Doneaud, professeur à l'École navale. *Aide-mémoire de l'officier de marine*, marine militaire et marine marchande. 1 volume. . . . . 3 fr.

<small>Les derniers traités de commerce ont augmenté dans des proportions considérables les relations internationales. Cet ouvrage de M. Doneaud devient donc d'une grande utilité pratique. Nous ajouterons que ce livre commence une série de volumes dont l'ensemble formera, dans notre bibliothèque, l'*Aide-mémoire* de l'officier de marine.

Extrait de la table des matières. — De la mer et des fleuves. — Droit international en temps de paix. — Droit commercial. — Droit maritime international en temps de guerre. — Documents officiels. — Bibliographie des principaux ouvrages à consulter pour le droit des gens en général, le droit international maritime et le droit commercial.</small>

DYNAMITE et **AGENTS EXPLOSIFS**. 1 volume. — En préparation. —

E

ÉCOLES DE FRANCE (*Les grandes*). Écoles militaires, Écoles civiles, par Mortimer d'Ocagne. 3º édit. 1 volume.................. 3 fr.

ÉCONOMIE DOMESTIQUE (*Guide pratique d'*), publié sous forme de dictionnaire, contenant des notions d'une *application journalière* : chauffage, éclairage, blanchissage, dégraissage, préparation et conservation des substances alimentaires, boissons, liqueurs de toutes sortes, cosmétiques, hygiène, par le docteur B. Lunel. 1 vol. 2 fr.

ÉCURIES et **ÉTABLES** (Voir Habitation des animaux, page 37).

ÉLECTRICIEN (*L'Ingénieur*). Guide pratique de la construction et du montage de tous les appareils électriques à l'usage des amateurs, ouvriers et contremaîtres électriciens, par H. de Graffigny. 1 vol. illust. de 109 fig. 4 fr.

Extrait de la table des matières. — Première partie. — Histoire de l'électricité. — Producteurs chimiques d'électricité. — Piles. — Accumulateurs. — Producteurs mécaniques d'électricité. — Machines électriques. — Unités et mesures, appareils et étalons électriques. — Moteurs pour la production de l'électricité. — Câbles et conducteurs.
Deuxième partie. — Histoire de la lumière électrique. — Constructions et installations de lampes électriques. — Force motrice, sonneries et allumoirs électriques. — Electro-chimie et électro-métallurgie. — Télégraphie électrique. — La téléphonie.
Troisième partie. — Récréations électriques. — La maison d'un électricien. — Applications domestiques. — Procédés et recettes utiles, secrets d'atelier. — Revue générale et conclusion.

ÉLECTRICIEN (*Guide pratique de l'ouvrier*). 1 volume. — En préparation. —

ÉLECTRICITÉ (*Leçons élémentaires d'*) ou exposition concise des principes généraux de l'électricité et de ses applications, par Snow-Harris, annotées et traduites par E. Garnault, professeur de physique à l'Ecole navale. 1 volume avec 72 figures dans le texte.... 3 fr.

Les leçons de M. Snow-Harris ont eu un grand succès en Angleterre. L'auteur s'est surtout attaché à donner des idées saines, pratiques et théoriques sur les principes généraux de l'électricité et les faits les plus simples qu'il démontre à l'aide d'expériences faciles à répéter.

Le traducteur, qui est lui-même un professeur distingué, a ajouté à l'ouvrage anglais des notes dans lesquelles il donne surtout des aperçus sur les principales applications de l'électricité dans l'industrie.

ENGRENAGES (*Traité pratique du tracé et de la construction des*), de la vis sans fin et des cames, par F.-G. DINÉE, mécanicien de la marine, ex-élève de l'Ecole des arts et métiers de Châlons-sur-Marne. 1 vol. et 17 pl.   3 50

Ce livre répond à un besoin, car depuis longtemps il manquait à toute bibliothèque industrielle ; c'est une œuvre de mécanique véritablement pratique.

Il se divise en trois chapitres :

1º Des courbes en usage dans la construction des engrenages ; 2º dimensions des détails et de l'ensemble des engrenages ; 3º tracé des engrenages, des vis sans fin, des cames.

ENTOMOLOGIE AGRICOLE (*Guide pratique d'*), et petit traité de la destruction des insectes nuisibles, par H. GOBIN. 1 volume orné de 42 figures, 2º édit.   4 fr.

Figure spécimen du *Guide d'entomologie agricole*.

Ce traité, d'une lecture attrayante, possède un grand fonds de science. Il se compose de lettres familières adressées à un nouveau propriétaire rural. Tous les insectes qui s'attaquent aux champs et à leurs produits et aux animaux y sont passés en revue, et, ce qui est mieux encore, l'auteur a indiqué le moyen de se débarrasser de cette engeance envahissante. Le livre est terminé par des nomenclatures scientifiques avec les noms français.

ENTREPRISES COMMERCIALES (*Manuel des*). 1 volume. — **En préparation.** —

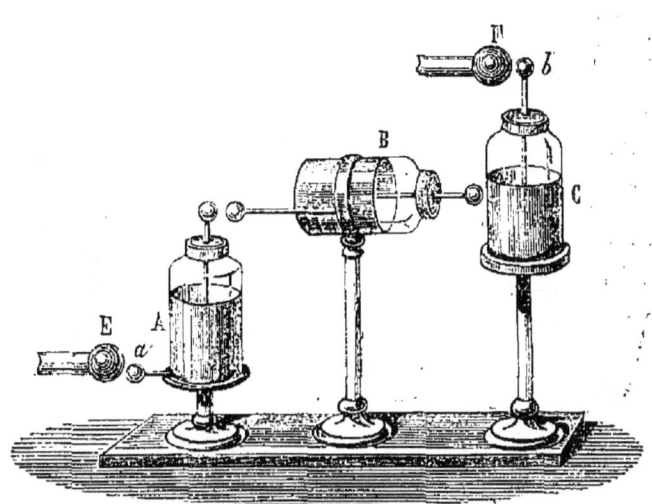

Gravure spécimen des *Leçons d'Électricité*. (Voir page 31.)

ÉPICERIE (*Guide pratique de l'*), ou Dictionnaire des denrées indigènes et exotiques, comprenant : l'étude, la description des objets consommables ; les moyens de constater leurs qualités, leur nature, leur valeur réelle ; les procédés de préparation, d'amélioration et de conservation des denrées, etc. ; contenant, en outre, la fabrication des liqueurs, le collage des vins, et enfin les procédés de fabrication d'une foule de produits que l'on peut ajouter au commerce de l'épicerie, par le docteur B. LUNEL. 1 volume   3 fr.

<small>Le commerce de l'épicerie et des denrées indigènes et exotiques d'un usage journalier est l'un des plus importants et des plus utiles pour la société. Il était regrettable que cette branche si étendue du commerce n'ait pas encore son livre spécial. Sans doute on trouve dans nombre d'ouvrages l'histoire des denrées indigènes et exotiques. Réunir sous forme de dictionnaire toutes ces données éparses, afin de faciliter les renseignements, tel a été le but que s'est proposé le docteur Lunel en publiant son livre sur l'épicerie.</small>

ETHNOGRAPHIE (✻ *Manuel pratique d'*), ou description des races humaines ; les différents peuples, leurs caractères naturels, leurs caractères sociaux, divisions et subdivisions des différentes races humaines, par

J. D'OMALLIUS D'HALLOY. 5ᵉ édition. 1 volume avec une planche représentant les principaux types. . . . . . 4 fr.

Extrait de la table des matières. — De l'ethnographie en général. — De la race blanche. — Du rameau européen, du rameau arménien, du rameau scytique. — De la race brune, du rameau éthiopien, du rameau indou, du rameau indochinois, du rameau malais. — De la race rouge, du rameau hyperboréen, du rameau mongol, du rameau sinique. — De la race noire. — Des hybrides. — Tableaux de la division du genre humain en races, rameaux, familles et peuples.

EXPROPRIÉS POUR CAUSE D'UTILITÉ PUBLIQUE (*Manuel pratique et juridique des*), suivi de deux tableaux donnant le chiffre de la valeur du mètre de terrain dans Paris, et faisant connaître les principales indemnités accordées aux industriels, négociants et commerçants expropriés, par Victor EMION, avocat à la Cour de Paris, ancien sous-préfet. 1 volume . . . . 1 fr.

F

FALSIFICATIONS (*Guide pratique pour reconnaître les*), ou Dictionnaire des falsifications des substances alimentaires (aliments et boissons), contenant : la description de *l'état naturel ou normal des substances alimentaires* et leur *composition chimique*, les moyens de constater leur nature, leur valeur réelle ; les altérations spontanées, accidentelles, qu'elles peuvent subir, et les moyens de les prévenir ; les altérations et falsifications qui les dénaturent c'est-à-dire qui en modifient l'aspect, la saveur, les propriétés nutritives, et qui les rendent souvent dangereuses ; enfin les moyens chimiques de rendre sensibles les altérations, falsifications et contrefaçons des diverses substances alimentaires, par le docteur LUNEL. 2ᵉ édit. 1 volume. 5 fr.

FÉCULIER et de l'**AMIDONNIER** (*Guide pratique du*), suivi de la conversion de la fécule et de l'amidon en dextrine sèche et liquide, en sirop de glucose, sirop de froment, sirop impondérable ; en sucre de raisin, sucre massé, sucre granulé et cassonade, en vin, bière, cidre alcool et vinaigre, ainsi que leur application dans beaucoup d'autres industries, par L.-F. DUBIEF. 3ᵉ édition, 1 volume avec gravures dans le texte............. 4 fr.

Extrait de la table des matières. — Première partie. — Aperçu historique. — Des substances qui contiennent la fécule. — Composition et conservation de la pomme de terre. — Extraction de la fécule. — Lavage, râpage, tamisage, épuration, séchage, blutage. — Des résidus de la pomme de terre. — Du blanchiment de la fécule. — Rendement de la pomme de terre en fécule. — Conservation, vente et falsification. — Caractères et propriétés de la fécule.

Dans la deuxième partie, l'auteur donne la description des procédés à suivre pour fabriquer les amidons.

La troisième et dernière partie vient compléter les deux premières par les renseignements les plus récents.

Dans cet ouvrage, l'auteur s'est appliqué à dégager son texte de toute gêne scientifique; il a été clair et précis pour mettre son enseignement à la portée de toutes les instructions. Pour chaque sujet, il est entré dans des développements minutieux en indiquant souvent ces tours de mains si indispensables, et que seule, la pratique ordinairement peut apprendre.

FER (*Le*). *Guide pratique du métallurgiste*, son histoire, ses propriétés et ses différents procédés de fabrication, par William FAIRBAIRN, ingénieur civil, membre de la Société royale de Londres, correspondant de l'Institut de France, etc., ouvrage traduit de l'anglais, avec l'approbation de l'auteur, et augmenté de notes et d'un appendice, par M. Gustave MAURICE, ingénieur civil des mines, 1 volume avec 68 figures dans le texte......... 4 fr.

Depuis longtemps, le nom de M. Fairbairn fait autorité dans l'industrie du fer. Après avoir tracé l'histoire des progrès de la fabrication du fer, l'auteur donne les analyses des minerais et des combustibles dans leurs rapports avec les résultats des différents procédés de fabrication. M. Maurice a complété sa traduction par des notes et un appendice. Il a éliminé tout ce que le texte original pouvait présenter de trop exclusivement rédigé en vue de la métallurgie anglaise.

Extrait de la table des matières. — Histoire de la fabrication du fer. — Les minerais des différentes parties du monde. — Les combustibles : charbon de bois, tourbe, coke, houille. — Production des combustibles dans le monde entier. — Réduction des minerais. — Transformation de la fonte en fer. — Des machines employées pour forger le fer. — La forge. — Le procédé Bessemer. — Fabrication de l'acier. — Trempe et recuite de l'acier. — De la résistance et des autres propriétés mécaniques de la fonte, du fer et de l'acier. — Composition chimique de la fonte. — Statistique de l'industrie sidérurgique, etc.

FERMENTS ET FERMENTATIONS. *Travailleurs et malfaiteurs microscopiques*, par I.-A. REY. 1 volume avec figures............................. 4 fr.

Extrait de la table des matières. — Fermentation alcoolique. — Saccharomyces. — Le vin, la bière, le pain, l'alcool de grain, boissons fermentées. — Ferments des maladies du vin. — Fermentations par oxydation, lactique, caséique, putrides, butyrique. — Microbes des maladies contagieuses. — Microbes coloristes.

G

GÉOGRAPHIE (*Traité de*) physique, ethnographique et historique à l'usage des artistes, des écoles d'architecture et des gens du monde, par O. LESCURE, professeur à l'École centrale d'architecture. 1 volume. 3 fr.

<small>Ce traité est le développement du programme de géographie sur lequel sont interrogés les candidats à l'Ecole spéciale d'architecture.</small>

GÉOLOGUE (*Manuel du*), par DANA, traduit et adapté de l'anglais par W. HOUTLET. 1 volume avec 363 figures. 2ᵉ édition. . . . . 4 fr.

<small>TABLE DES MATIÈRES. — *Introduction.* — *Géologie physiographique.* — Traits généraux de la surface terrestre. — Système des formes terrestres. — *Géologie lithologique.* — Constitution des roches. — Condition et structure des masses rocheuses. — Règne animal. — Règne végétal. — *Géologie historique.* — Age archéen. — Temps paléozoïque. — Temps mésozoïque. — Temps cénozoïque — Ere de l'intelligence. — *Observations générales sur l'histoire géologique.* — Durée des temps géologiques. — Progrès de la vie. — *Géologie dynamique.* — Vie. — Atmosphère. — Eau. — Chaleur. — Mouvements dans la croûte terrestre et leurs conséquences. — *Appendice.* — Instruments de géologie. — Échantillons.</small>

Gravure spécimen du *Manuel du Géologue*.

GÉOMÈTRE ARPENTEUR (*Guide pratique du*), comprenant l'arpentage, le nivellement, le levé des plans et le partage des propriétés agricoles, avec un appendice sur le calcul des solides; 3ᵉ édition, entièrement refondue, par P.-G. GUY, ancien élève de l'Ecole polytechnique, officier d'artillerie. 1 volume avec 183 figures. . . . 4 fr.

L'auteur, en publiant cet ouvrage, a eu pour intention d'en faire un *vademecum* utile aux ingénieurs, aux conducteurs des ponts et chaussées, aux agents voyers, géomètres, arpenteurs, etc. Son format portatif permet de pouvoir le consulter sur le terrain ; il est un abrégé d'un grand nombre d'ouvrages encombrants, dont il présente toutes les données nécessaires pour connaître et vérifier la contenance des pièces de terre et pour en construire un plan exact.

GÉOMÉTRIE ÉLÉMENTAIRE (*Leçons de*), par Ch. Rozan, professeur de mathématiques. 1 volume avec un atlas de 31 planches doubles . . . . 6 fr.

En résumant les principes essentiels de la géométrie élémentaire, ceux qu conduisent directement à la mesure des lignes, des surfaces et des corps, l'auteur s'est attaché surtout à faire sentir la liaison qui existe entre ces principes, la manière dont ils découlent les uns des autres par un enchaînement continuel de déductions et de conséquences. Il s'est donc attaché à couper le discours aussi peu que possible, et à dire d'une seule traite tout ce qui se rattache à un même ordre de questions. Il le dit très brièvement, pour ne pas fatiguer l'attention ou faire perdre de vue le point de départ ; cette rapidité des démonstrations n'a cependant rien ôté à leur clarté.

H

HABITATIONS DES ANIMAUX (✸ *Guide pratique pour le bon aménagement des*), par E. Gayot, membre de la Société centrale d'Agriculture de France. Cet ouvrage se compose de 2 parties.

1ʳᵉ partie : ✸ les **ÉCURIES ET LES ÉTABLES**. 1 volume avec 63 figures. . . . . 3 fr.

2ᵉ partie : ✸ les **BERGERIES ET LES PORCHERIES**, les habitations des animaux de la basse-cour, clapiers, oiselleries et colombiers. 1 volume avec 65 figures . . . 3 fr.

Aucun animal ne saurait être développé dans ses facultés natives, dans ses aptitudes propres, et produire activement dans le sens de ces dernières, si on ne le place dans les meilleures conditions d'alimentation, de logement, de multiplication. M. Gayot, avec l'autorité d'une longue expérience, a réuni dans ces deux volumes les conditions générales d'établissements et les dispositions particulières aux diverses espèces d'animaux.

1ʳᵉ partie. — Écuries et Étables. *Extrait de la table des matières.* — Le sujet à vol d'oiseau. — Des effets de l'air pur et de l'air vicié sur l'économie animale. — L'aération : les portes et fenêtres, barbacanes et ventilateurs. *Dispositions particulières aux diverses espèces* : les dimensions intérieures, encore les portes et fenêtres, de l'aire des écuries, le plancher supérieur des écuries, arrangement intérieur et ameublement des écuries, les séparations, les boxes, établissements spéciaux, la température des écuries. *Les étables de l'espèce bovine* : l'aération, l'aire des étables, les dimensions et l'aménagement intérieurs, les boxes, règle d'hygiène générale, établissements spéciaux.

2º PARTIE. — **Les Bergeries** : de l'habitation en plein air, le parc des champs, le parc domestique, les abris brise-vent. — DE L'HABITATION COUVERTE : conditions particulières à l'établissement des bergeries, les portes et fenêtres, l'aération, les bâtiments, les aménagements intérieurs, auges et râteliers. — LA PORCHERIE : les conditions spéciales, la construction, les portes et fenêtres, les aménagements essentiels, les auges, dispositions particulières de l'ensemble. — *Les habitations de la basse-cour* : l'habitation du dindon, l'habitation de l'oie, la demeure du canard, le colombier et la volière, la faisanderie, etc., etc.

HERBORISEUR (✻ *Manuel de l'*). Comment on devient botaniste. — Clefs analytiques. — Description des genres et des espèces, suivie d'un vocabulaire. par E. GRIMARD. 6ᵉ édit. 1 volume . . . . 4 fr.

HYDRAULIQUE ET D'HYDROLOGIE souterraine et superficielle (*Guide pratique d'*), ou traité de la science des sources, de la création des fontaines, de la captation et de l'aménagement des eaux pour tous les besoins agricoles et industriels, par LAFFINEUR. 1 volume avec figures . . . . 3 fr. 50

HYDRAULIQUE URBAINE ET AGRICOLE (*Guide pratique d'*). Traité complet de l'établissement des conduites d'eau pour l'alimentation des villes, bourgs, châteaux, fermes, usines, et comprenant les moyens de créer partout des sources abondantes d'eau potable, par Jules LAFFINEUR, ingénieur civil et agronome, membre de plusieurs Sociétés savantes. 1 volume. — Épuisé. —

HYGIÈNE ET DE MÉDECINE USUELLE *Guide pratique d'*), complété par le traitement du *choléra épidémique*, par Victor LUNEL. 1 volume . . . . . . 2 fr.

Ce livre ne s'adresse à aucune spécialité de lecteurs et convient à tout le monde. Il se subdivise en hygiène privée et en hygiène publique. Dans la première partie, l'auteur examine dans quelle mesure l'homme qui veut conserver sa santé doit, selon son âge, sa constitution et les circonstances dans lesquelles il se trouve, user des choses qui l'environnent et de ses propres facultés, soit pour ses besoins, soit pour ses plaisirs. Dans la seconde, il s'occupe de tout ce qui concerne la salubrité publique. Un chapitre spécial est consacré à la médecine des accidents.

I

INGÉNIEUR AGRICOLE (*Guide pratique de l'*). Hydraulique, dessèchement, drainage, irrigation, etc.; suivi d'un appendice contenant les lois, décrets, règlements et instructions ministérielles qui régissent ces matières, etc., par Jules LAFFINEUR, ingénieur civil et agronome, membre de plusieurs sociétés savantes. 1 volume avec figures et 3 planches. . . . . 3 fr.

> *Extrait de la table.* — Classification des terrains. — Travaux de dessèchement, évaporation, infiltration. — Jaugeage des sources, des ruisseaux et rivières. — Tracé des canaux. — Description des procédés de dessèchement, colmatage, limonage, du drainage. — Irrigation, établissement d'un système d'irrigation. — Murs de soutènement des canaux, revêtements, radiers, déversoirs, barrage, siphon. — Des diverses méthodes d'arrosage. — Mise en culture des terrains à grandes pentes. — Jurisprudence rurale.

INGÉNIEUR ÉLECTRICIEN (Voir Électricien, page 31).

INTRODUCTION A L'ÉTUDE DES BEAUX-ARTS, par CARTERON. 1 volume. — En préparation.

> EXTRAIT DE LA TABLE DES MATIÈRES : *La Peinture.* — Étude pratique et raisonnée du dessin.
> *Genres différents de la Peinture.* — Peinture d'histoire et peinture religieuse. — Peinture de genre. — Portrait. — Paysage.
> *Histoire de la Peinture et aperçu des différentes écoles.* — *Sculpture et statuaire.* — *Histoire de la sculpture.* — *L'Architecture.* — *Les Artistes.*

INTRODUCTION A L'ÉTUDE DE LA CHIMIE (Voir Chimie, page 23).

INTRODUCTION A L'ÉTUDE DE LA PHYSIQUE (Voir Physique, page 51).

INVENTEURS en France et à l'Étranger (*Les droits des*). Conseils généraux. — Brevets d'invention. — Péremption. — Vente. — Licences. — Exploitation. — Géographie industrielle. — Marques de fabrique. — Dessins. — Objets d'utilité, par H. DUFRENÉ, ingénieur civil, ancien élève de l'École des arts et manufactures. 1 volume . . . . 3 fr.

J

JARDINAGE (✵ *Manuel pratique de*), contenant la manière de cultiver soi-même un jardin ou d'en diriger la culture. 9° édition, par Courtois-Gérard, marchand grainier, horticulteur. 1 volume avec 1 planche et de nombreuses figures dans le texte . . . . 4 fr.

Gravure spécimen du *Manuel de jardinage*.

Nous renvoyons à la note accompagnant le *Manuel de culture maraîchère*, pour les titres de M. Courtois-Gérard à la confiance publique. Dans le *Manuel du jardinier*, les jardiniers de profession trouveront des conseils, des détails nouveaux et des renseignements pratiques qu'ils peuvent ignorer; le propriétaire et l'amateur de jardin y puiseront des instructions précises et claires qui leur éviteront toute espèce de méprises et d'erreurs.

Sommaire des principaux chapitres :
Dispositions générales d'un jardin potager. — Calendrier. — Travaux de chaque mois. — Les outils. — Les défoncements. — Les fumiers. — Les arrosements. — Les couches. — Semis. — Repiquages. — Marcottes. — Boutures. — De la greffe. — De la conservation des plantes. — Les maladies des plantes potagères. — La culture des arbres fruitiers. — La culture des arbres d'agrément. — Destruction des animaux nuisibles, etc.

JOAILLIER (*Guide pratique du*), ou, traité complet des pierres précieuses, leur étude chimique et minéralogique, les moyens de les reconnaître sûrement, leur valeur approximative et raisonnée, leur emploi, la description des plus extraordinaires des chefs-d'œuvre anciens et modernes auxquels elles ont concouru, par Ch. Barbot, ancien joaillier, inventeur du procédé de décoloration du diamant brut, membre de plusieurs sociétés savantes. 1 vol. avec 3 planches renfermant 178 figures représentant les diamants les plus célèbres de l'Inde, du Brésil et de l'Europe, bruts et taillés, et les dimensions exactes des brillants et roses en rapport avec leur poids, depuis un carat jusqu'à cent carats. Nouvelle édition, revue, corrigée et annotée par Ch. Baye. 1 vol . . . 4 fr.

L

LAINE peignée, cardée, peignée et cardée (*Traité pratique de la*), contenant : 1re *partie*, mécanique pratique. formules et calculs appliqués à la filature : 2e *partie*, filature de la laine peignée, cardée peignée, sur la Mull-Jenny ; 3e *partie*, filage anglais et français sur continu ; 4e *partie*, laine cardée, par Charles Leroux, ingénieur mécanicien, directeur de filature. 1 volume avec 32 figures dans le texte et 4 planches. . . . . 15 fr.

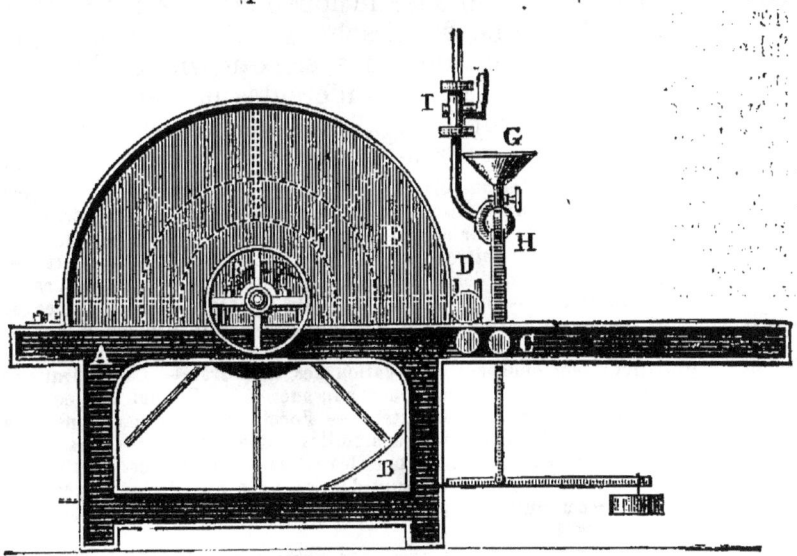

Figure spécimen du *Traité de la laine*.

Extrait de la table des matières. — Choix d'un moteur. — Transmissions. — Arbres de couche. — Courroies. — Poulies. — Engrenages. — Frottements. — Force des moteurs. — Leviers. — Fabrication. — Triage des laines. — Caractères des laines. — Main-d'œuvre du triage. — Battage. — Nettoyage des laines. — Dessuintage. — Dégraissage. — Graissage des laines. — Disposition mécanique d'un assortiment de cardes. — Aiguisement des garnitures. — Bourrage des garnitures. — Cardages. — Passage au Gill-Box. — Lissage et dégraissage des rubans. — Peignage des laines. — Préparation des laines pour filage français. — Les différents passages. — Filage français sur Mull-Jenny.

LAPINS (✳ *Guide pratique de l'éducation des*), ou Traité de la race cuniculine, suivi de l'Art de mégisser leurs peaux et d'en confectionner des fourrures, par Mariot-Didieux. 3e édition. 1 volume . . . . 2 fr. 50

L'industrie de l'éducation de la race cuniculine est créée et elle marche vers le progrès. C'est dans le but de la voir se propager dans les campagnes que l'auteur a publié cette nouvelle édition de son *Guide pratique*, en l'enrichissant d'un grand nombre de données nouvelles. En résumé, l'auteur démontre qu'aucune viande ne peut être produite à aussi bon marché que celle du lapin. En terminant sa préface, il adjure les habitants des campagnes de se livrer à l'éducation des lapins, parce qu'ils y trouveront, sans beaucoup de soins, une source abondante de bien-être.

LÉGISLATION PRATIQUE (✲ *Premiers principes de*), appliquée au Commerce, à l'Industrie et à l'Agriculture, par Maurice BLOCK. 2ᵉ édit. 1 volume . . . 4 fr.

LIQUEURS (*Traité de la fabrication des*) françaises et étrangères, sans distillation. 6ᵉ édition, augmentée de développements plus étendus, de nouvelles recettes pour la fabrication des liqueurs, du kirsch, du rhum, du bitter, la préparation et la bonification des eaux-de-vie et l'imitation de celles de Cognac, de différentes provenances, de la fabrication des sirops, etc., etc., par L.-F. DUBIEF, chimiste œnologue. 1 volume. . . . . 4 fr.

Ce traité est formulé en termes clairs et familiers; la personne la moins expérimentée dans l'art du distillateur, qui en lira attentivement les préceptes, pourra, sans aucun guide, devenir un bon fabricant après quelques essais.
Sommaire de quelques chapitres : — De la composition des liqueurs. — Quantités d'alcool, de sucre et d'eau, pour les différentes classes de liqueurs. — Des teintures aromatiques. — Des infusions. — De la coloration des liqueurs. — Du mélange. — Du perfectionnement des liqueurs par le tranchage. — Du collage des liqueurs. — De la filtration. — De la conservation des liqueurs. — Règle générale pour bien opérer la fabrication des liqueurs. — Considérations à observer. — Des spiritueux aromatiques non sucrés. — Emploi des écumes et des eaux provenant du lavage des filtres. — Formules et préparations des sirops. — De l'alcool. — Du coupage ou mouillage des alcools. — Des eaux-de-vie. — Opérations d'eaux-de-vie à tous les titres avec les alcools d'industrie. — Résumé pour les liqueurs, les eaux-de-vie et les alcools. — Appendice. — L'auteur termine cet ouvrage par une liste des principaux marchés des eaux-de-vie, esprits, etc.

LIQUORISTE DES DAMES (*Le*), ou l'art de préparer en quelques instants toutes sortes de liqueurs de table et des parfums de toilette avec toutes les fleurs cultivées dans les jardins, suivi de procédés très simples et expérimentés pour mettre les fruits à l'eau-de-vie, faire des liqueurs et des ratafias, des vins de dessert, mousseux et non mousseux, des sirops rafraîchissants, etc., par L.-F. DUBIEF. 1 volume avec figures dans le texte. 3 fr.

Ce que nous avons dit des autres ouvrages de M. Dubief nous dispense de nous étendre sur celui-ci. C'est aux dames qu'il est adressé, et l'accueil qu'il a obtenu prouve suffisamment combien il est utile dans toute bibliothèque de ménage.

M

✻ MAÇONNERIE — Guide pratique du Constructeur — par A. DEMANET, lieutenant-colonel honoraire du génie, membre de l'Académie royale de Belgique, etc. 1 volume avec tableaux, accompagné de 20 planches doubles renfermant 137 figures gravées sur acier. . . . . 5 fr.

Extrait de la table des matières. — Des tracés. — Des mortiers et mastics — Des appareils. — De l'exécution des maçonneries. — Echafaudages et cintres — Outils et appareils. — Décintrements, charges, jointoiement. — Des épaisseurs à donner aux maçonneries. — Évaluations des travaux de maçonnerie. — Travaux divers. — Travaux d'entretien et de restauration. — De l'organisation des chantiers, etc.

MAISON (✻* *Comment on construit une*), par VIOLLET-LE-DUC. 1 volume avec 62 dessins par l'auteur. 5e édition. . . . . 4 fr.

Extrait de la table des matières. — Plantations de la maison et opérations sur le terrain. — La construction en élévation. — La visite au chantier. — L'étude des escaliers. — Ce que c'est que l'architecture. — Etudes théoriques. — La charpente. — La fumisterie. — La menuiserie. — La couverture et la plomberie. — L'inauguration de la maison.

MANGANÈSES (Voir Potasses, page 54).

MARCHANDISES (*La liberté et le courtage des*), par V. EMION. Commentaire pratique de la loi du 18 juillet 1866. — Épuisé. —

MARCHANDISES (Voir Exploitation des chemins de fer, page 23).

MARÉCHALERIE-FERRURE. 1 volume. — En préparation. —

MATIÈRES INDUSTRIELLES (*Guide pratique pour l'essai des*), d'un emploi courant dans les usines, les chemins de fer, les bâtiments, la marine, etc., à l'usage des ingénieurs, manufacturiers, architectes, officiers de marine, etc., par Jules GAUDRY, chef du laboratoire des essais au chemin de fer de l'Est. 1 volume avec 37 figures et nombreux tableaux. . . . . 4 fr.

SOMMAIRE DES PRINCIPAUX CHAPITRES : PREMIÈRE PARTIE. — *Principes généraux de l'essai chimique.* — I. Composition et décomposition des corps. — II. Principes fondamentaux de l'analyse. — III. Manipulations chimiques. — IV. Marche de l'analyse. — DEUXIÈME PARTIE. — *Méthode d'essai des principales substances.*

d'emploi courant. — Troisième partie. *Tableaux* : Tableau A. Des principaux corps simples. — B. Division des bases en cinq groupes. — C. Division des acides en trois groupes. — D. Décomposition de l'eau par les métaux. — E. Analyse de l'eau. — F. États des incinérations. — G. Degré oléométrique des huiles. — H. Tableau comparatif des principaux métaux industriels. — Appareils divers pour les essais.

Gravure spécimen de *Comment on construit une maison*. (Voir page 43.)

MÉCANICIEN (✻ *Guide pratique de l'ouvrier*), ou la Mécanique de l'atelier, par MM. Bonnefoy, Cochez, Dinée, Gibert, Guipont, Juhel et Ortolan, mécaniciens en chef et mécaniciens principaux de la marine de l'État. 1 volume avec de nombreuses figures dans le texte et un atlas de 52 planches. Texte et atlas. 2ᵉ édition. 12 fr.

Extrait de la Préface. — L'*Ouvrier mécanicien* est un recueil de faits réunis sous la forme de calculs arithmétiques accessibles à toutes les personnes qui savent faire les quatre premières règles. Nous ne saurions trop recommander aux ouvriers qui ne sont plus familiarisés avec les signes et les annotations mathématiques élémentaires, de ne pas croire qu'il y a pour eux quelque difficulté à comprendre les formules écrites dans ce livre et à s'en servir. Les calculs qu'elles résument sous la forme la plus simple sont suivis d'un ou de plusieurs exemples d'application.

Les parties du texte imprimées en caractères plus forts contiennent les indications simples et précises sur le plus grand nombre de cas d'application de la **mécanique aux professions industrielles.** Ces indications proviennent de l'expérience des ingénieurs et des constructeurs en renom et de celle des auteurs du livre.

Les parties du texte imprimées en petits caractères traitent le côté plus théorique que pratique des questions. On peut se dispenser de les étudier, si on ne veut trouver dans l'*Ouvrier mécanicien* que le secours d'un formulaire pour l'application immédiate.

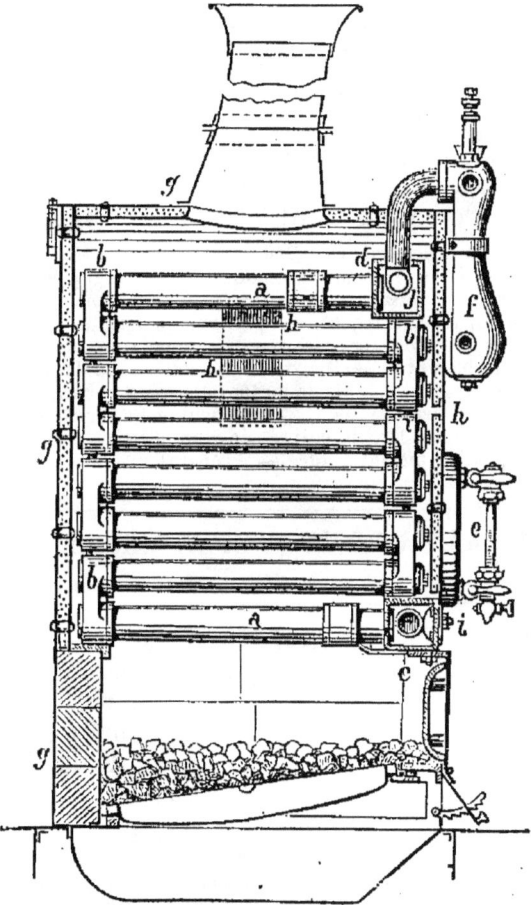

Figure spécimen du *Guide pratique de l'Ouvrier mécanicien*.

Principales divisions de l'ouvrage : Arithmétique. — Algèbre pratique. — Géométrie pratique. — Mécanique élémentaire, forces, transformation des mouvements, résistance des matériaux. — Machines motrices à air, pompes, machines hydrauliques. — Machines à vapeur; de la chaleur, de la vapeur, condensateur, chaudières, données et renseignements divers.

Vingt-cinq tables numériques complètent les données pratiques sur les questions d'application. L'atlas comprend 52 planches.

MÉCANIQUE (*Introduction à l'étude de la*), par Louis Du Temple, capitaine de frégate en retraite. 1 volume. — En préparation. —

MÉDECINE USUELLE (Voir Hygiène et Médecine usuelle, page 38).

MÉTALLURGIE (*Guide pratique de*), ou exposition détaillée des divers procédés employés pour obtenir des métaux utiles, précédé du Dictionnaire des mots techniques employés en métallurgie et de l'essai de la préparation des minerais, par D. L., 1 volume avec 8 planches in-4 gravées sur cuivre comprenant plus de 100 figures. 4 fr.

Extrait de la table des matières : Définition et aperçu de l'histoire de la métallurgie. — Vocabulaire des mots techniques métallurgiques. — Première partie. — *De l'essai des minerais.* — Des essais mécaniques par la voie sèche, la voie humide, d'or, d'argent, de platine, de fer, de cuivre, de zinc, d'étain, de plomb, de plomb argentifère par la coupellation, de mercure, d'antimoine, d'arsenic, de bismuth. — Deuxième partie. — *De la préparation et du traitement des minerais.* — I. De la préparation des minerais ; triage, criblage, bocardage, lavage, grillage. — II. Traitement métallurgique des minerais d'or, d'argent, de platine, de fer, de cuivre, de zinc, d'étain, de plomb, de mercure, antimoine, arsenic, bismuth, etc. — Préparation mécanique. — Amalgamation, etc., etc.

MÉTAUX ALCALINS (Voir Aluminium et Métaux alcalins, page 15).

MÉTÉOROLOGIE AGRICOLE (*Manuel de*) appliquée aux travaux des champs, à la physiologie végétale et à la prévision du temps, par F. Canu, météorologiste-publiciste et Albert Larbalétrier, diplomé de l'Ecole de Grignon, sous-directeur à la ferme-école de la Pilletière, 1 volume avec 3 figures et de nombreux tableaux. . 2 fr.

Extrait de la table des matières : *Notions préliminaires.* — *Chaleur* : Action de la chaleur sur le sol, échauffement, dessèchement, action de la chaleur sur la plante, évolution, action physique. — *Lumière* : Production de la chlorophylle, assimilation, transpiration, lumière du sol. — *Humidité de l'air.* — *Brouillard et rosée.* — *Pluie.* — *Froid.* — *Gelées.* — *La neige.* — *Vents.* — *Électricité.* — *Grêle.* — *Les éléments de l'air et le sédiment.* — *Instructions météorologiques.* — *Prévision du temps* : Prévision à longue et à courte échéance, prévisions des gelées nocturnes. — *Tableaux divers.*

MÉTIERS MANUELS (*Le livre des*), répertoire des procédés industriels, tours de main et ficelles d'atelier, recettes nouvelles et inédites, méthodes abréviatives de travail recueillies en vue de permettre aux amateurs, manufacturiers, ouvriers des petites villes et des campagnes d'exécuter aussi bien que les ouvriers spécialistes de Paris tous les travaux usuels d'une utilité journalière, par J.-P. Houzé. 1 volume avec 5 planches hors texte comprenant de nombreux dessins techniques . . . . . . 5 fr.

MINÉRALOGIE USUELLE (*Guide pratique de*). Exposition succincte et méthodique des minéraux, de leurs caractères, de leur composition chimique, de leurs gisements, de leur application aux arts et à l'industrie, par M. Drapiez. 1 volume . . . . 3 fr.

<small>A la lucidité des définitions et à la simplicité de la méthode d'exposition, ce guide joint un mérite qui n'échappera pas aux hommes pratiques ; il contient la description des 1,500 espèces minérales dont il analyse les caractères distinctifs, la forme régulière et la forme irrégulière, les propriétés particulières, les compositions chimiques et les synonymies, les gisements, les applications dans les arts, dans l'industrie, etc.</small>

MINÉRALOGIE APPLIQUÉE (*Guide pratique de*), histoire naturelle inorganique ou connaissance des combustibles minéraux, des pierres précieuses, des matériaux de construction, des argiles céramiques, des minerais manufacturiers et des laboratoires, des minerais de fer, de cuivre, de zinc, de plomb, d'étain, de mercure, d'argent, d'antimoine, d'or, de platine, etc., par A.-F. Noguès, professeur de sciences physiques et naturelles. 2 volumes avec 248 figures. 10 fr.

<small>Cet ouvrage a été écrit principalement pour les personnes qui désirent acquérir des notions justes, pratiques et usuelles sur les minerais métallifères et les minéraux employés dans les arts et l'industrie. Les étudiants qui suivent les cours des Facultés, les élèves des Ecoles spéciales et industrielles, les ingénieurs, les élèves des Écoles des mines, les mineurs, les agriculteurs, les directeurs d'exploitations minières, les gardes-mines, les amateurs et les gens du monde qui voudront acquérir des connaissances pratiques en minéralogie, le consulteront avec fruit.

Ce guide a été conçu dans un esprit essentiellement pratique et industriel. M. Noguès, en publiant cet ouvrage, a voulu offrir au public le cours de minéralogie qu'il professe avec tant de succès à l'Ecole centrale des arts et manufactures de Lyon. — Nous ne donnons pas ici la table des matières contenues dans l'œuvre de M. Noguès, elle est trop considérable, mais nous indiquerons le titre des chapitres.

I. Définitions des termes et généralités. — II. Caractères géométriques des minéraux ou cristallogie. — Cristallogie comparée ou morphologie minérale. — Cristallogénie. — Caractères physiques, chimiques et géologiques des minéraux. — Classification des minéraux. — Description des espèces minérales. — Appendice au carbone. — Organolithes. — Classifications.</small>

N

NATURALISTE (*Manuel du*). — Zoologie, par AGASSIZ et GOULD. Traduit par Elisée Reclus. 1 volume. — **En préparation.** —

O

OCTROIS (*Nouveau manuel des*), par E. LAFFOLAY, inspecteur de l'octroi en retraite. 1 volume avec tableaux . . . . 4 fr.

Observations concernant la rédaction des procès-verbaux. — Formulaire pour la rédaction des procès-verbaux les plus usuels en matière d'octroi, en matière de contributions indirectes et d'octroi et en matière de contributions indirectes inclusivement.

OIES et **CANARDS** (*Guide pratique de l'éducation lucrative des*), par MARIOT-DIDIEUX, vétérinaire. 1 volume. . . . . 2 fr. 50

Les ouvrages de M. Mariot-Didieux sont au premier rang parmi ceux qui enrichissent notre bibliothèque. Aussi voulons-nous, pour en mieux faire ressortir le mérite, donner ici le sommaire des principaux chapitres.

1º *L'oie.* — Histoire naturelle. — Races françaises, petite race, grosse race et leurs variétés au nombre de cinq. Races étrangères; elles sont au nombre de douze. — Produits de l'oie, du plumage, de la multiplication, des accouplements, de la ponte, de l'incubation. — Eclosion, nourriture des oisons, nourriture ordinaire des oies. — Logement. — Engraissement. — Foies gras. — Manière de tuer les oies. — Commerce, vente, mégissage des peaux d'oies pour fourrures. — Maladies, hygiène.

2º *Du Canard.* — Histoire naturelle, mœurs. — Races françaises; elles sont au nombre de quatre. — Races étrangères, on en compte onze principales. — De la ponte. Manière d'augmenter la ponte. — De l'incubation naturelle. — Des canards mulets. — Nourriture et élevage des canetons, engraissement. — Vente des canetons. — Comment on doit tuer le canard. — Du plumage. — Habitation. — Maladies. — Hygiène, etc.

OSTRÉICULTEUR (*Guide pratique de l'*), ou Culture des huîtres et procédés d'élevage et de multiplication des races marines comestibles, histoire naturelle des mollusques et des crustacés. — Causes du dépeuplement progressif des bancs d'huîtres. — Industrie et procédés actuels. — Construction des claires, parcs, viviers, etc. — Exploitation des claires. — Culture des moules. — Élevage des homards, langoustes, etc., par Félix FRAICHE, professeur de sciences mathématiques et naturelles. 1 volume avec figures dans le texte . . . . 3 fr.

<small>Les chemins de fer et la navigation, en diminuant les distances, ont créé pour les races marines comestibles des débouchés qui leur avaient manqué jusqu'alors. De là et d'autres causes que M. Fraiche indique, l'appauvrissement des bancs d'huîtres. L'auteur, qui s'est inspiré des travaux de M. Coste, démontre que l'ostréiculture est une industrie facile à créer et à développer, et qui donne des résultats rémunérateurs à ceux qui savent l'exploiter.</small>

Figure spécimen du *Guide de l'Ostréiculteur*.

P

PAPIER et du **CARTON** (*Guide pratique de la fabrication du*), par A. Prouteaux, ingénieur civil, ancien élève de l'École centrale des arts et manufactures, ancien directeur de papeterie. Nouvelle édit. 1 volume avec 8 planches. 4 fr.

<small>Extrait de la table des matières. — Historique. — Matières premières. — Fabrication : triage, délissage, blutage, lavage et lessivage, défilage, égouttage, blanchiment, raffinage, collage, matières colorantes, travail de la machine à papier, de l'apprêt. — Fabrication du papier à la cuve ou à la main. — Classification des papiers. — Diverses substances propres à la fabrication du papier. — Papier de paille, papier de bois, papier d'alfa. — Papiers spéciaux. — Analyse chimique des matières employées en papeterie. — Matériel d'une papeterie. — Prix de revient, personnel, administration d'une papeterie. — Fabrication du carton. — Fabrication du papier en Chine et au Japon. — Considérations économiques. — Principaux brevets d'invention français relatifs à l'industrie du papier. — Prix des appareils et des principales matières employées en papeterie.</small>

PARFUMEUR (*Guide pratique du*), dictionnaire raisonné des **cosmétiques et parfums**, contenant : la description des substances employées en parfumerie, les altérations ou falsifications qui peuvent les dénaturer, etc., les formules de plus de 500 préparations cosmétiques, huiles parfumées, poudres dentifrices dilatoires, eaux diverses, extraits, eaux distillées, essences, teintures, infusions, esprits aromatiques, vinaigres et savons de toilette, pastilles, crèmes, etc., par le docteur B. Lunel. 1 volume rédigé sous forme de dictionnaire avec un appendice. . . . . 4 fr.

<small>La parfumerie est une industrie qui, bien comprise et loyalement faite, se rattache d'un côté à l'hygiène et de l'autre est destinée à satisfaire des goûts et des sensations commandées par le luxe et une civilisation plus ou moins avancée.
M. Lunel divise la fabrication en trois classes : fabrique de parfumerie à bon marché, fabrique dont les produits sont coûteux, et enfin les fabriques mixtes, dans les vastes magasins desquelles ont trouve aussi bien les produits ordinaires que les produits extra-fins.
M. Lunel donne des renseignements précieux sur toutes ces préparations, et son livre a cela de précieux qu'il donne toutes les formules et les secrets de la fabrication.</small>

PERSPECTIVE (*Théorie pratique de la*). Étude à l'usage des artistes peintres, des élèves des Écoles des beaux-arts, des Écoles industrielles, etc., par V. Pellegrin, peintre. 1 volume avec 42 figures et 1 planche de 16 figures. . . . . 4 fr.

PHYSIQUE (* *Introduction à l'étude de la*), par Louis Du Temple, capitaine de frégate en retraite. 1 volume avec 146 figures, 2ᵉ édition . . . . 4 fr.

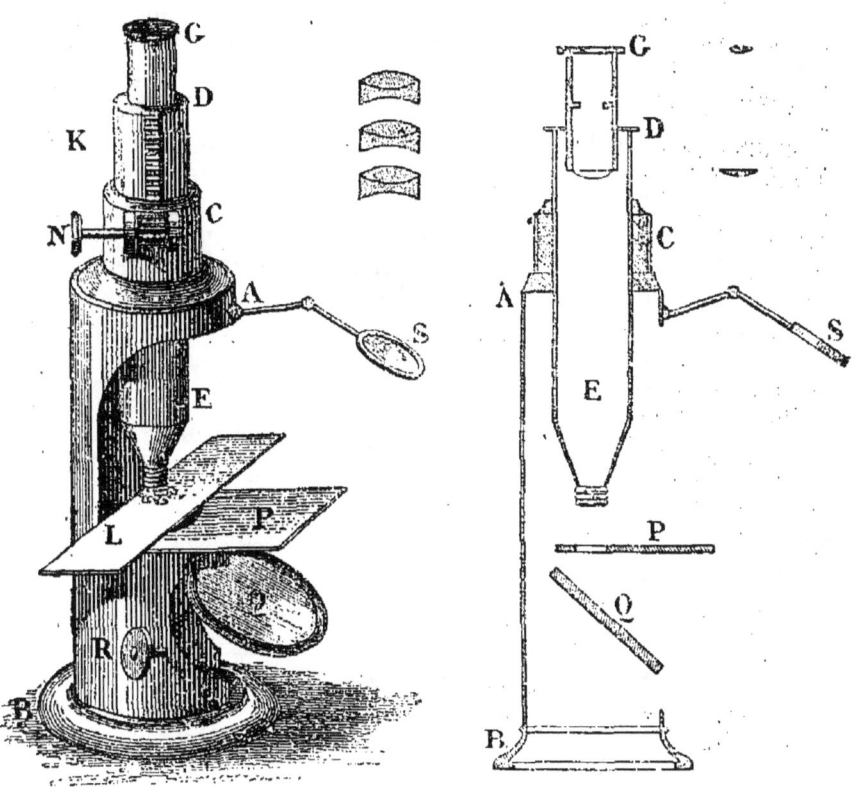

Figure spécimen de l'*Introduction à l'Étude de la physique.*

Sommaire des principaux chapitres : *Quelques définitions de chimie* : Éléments qui entrent dans la composition des corps. — Nomenclature chimique. — Introduction. — *La Force* : Pesanteur. — Actions moléculaires. — *Calorique et Chaleur* : Température. — Mode de propagation de la chaleur. — Changement d'état des corps par la chaleur. — *Lumière.* — Réflexion de la lumière. — Réfraction. — Décomposition et recomposition de la lumière. — Applications diverses des phénomènes de la lumière. — Lunettes. — *Sons.* — Propagation. — Réflexion. — Vibration. — *Électricité.* — *Électro-Magnétisme.* — *Electro-Chimie.*

PHOTOGRAPHE (*L'étudiant*), traité pratique de photographie à l'usage des amateurs, avec les procédés de

MM. Civiale, Bacot, Cavelier, Robert, par A. CHEVALIER. 1 volume avec 68 figures . . . . 3 fr.

> Ce livre est un manuel simplifié de photographie. Il sera utile à tous ceux qui voudront s'occuper des moyens de reproduire la nature à l'aide de la lumière. Comme son titre l'indique, c'est le livre de l'étudiant, et certes nous n'avons, en le livrant à la publicité, qu'un seul désir, celui d'être utile. Nous sommes sûrs des procédés indiqués, car nous avons dû expérimenter nous-mêmes celui relatif au collodion humide.

PIERRES PRÉCIEUSES (Voir Joaillier, page 40).

PISCICULTURE et **AQUICULTURE FLUVIALES** (*Manuel de*), appliqué au repeuplement des cours d'eau et à l'élevage en eaux fermées, par Albert LARBALÉTRIER, diplômé de l'École d'agriculture de Grignon, ancien élève libre de l'Institut national agronomique, ex-professeur de pisciculture, etc., 1 volume avec figures et tableaux. . . . . 4 fr.

> EXTRAIT DE LA TABLE DES MATIÈRES. — *Pisciculture d'eau douce.* — Notions préliminaires. — PREMIÈRE PARTIE : *Les Poissons.* — Considérations générales. — Organisation des poissons. — Classification des poissons. — Description des ordres de poissons. — Nature des Eaux douces. — Description, mœurs et genre de vie des principales espèces de poissons. — DEUXIÈME PARTIE : *Les procédés de multiplication et d'élevage.* — La Pisciculture naturelle : les Étangs, aménagement des cours d'eau. — La Pisciculture artificielle : Acclimatation des poissons, Fécondations artificielles, Incubation et éclosion, Alevinage et élevage, transport des œufs et des poissons, Frayères artificielles, Ennemis des Poissons. — TROISIÈME PARTIE : *Pêche en eau douce et législation.* — Pêche à la ligne, Pêche au filet. — Législation : Lois et règlements, Historique et considérations générales. — QUATRIÈME PARTIE : *Culture spéciale des Crustacés et Annélides d'eau douce.* — Écrevisse, Sangsues.

PLANTES FOURRAGÈRES (*Guide pratique pour la culture des*), par A. GOBIN, ancien élève de l'École de Grand-Jouan, ancien directeur de la colonie pénitentiaire du Val-d'Yèvres (Cher).

Première partie. — **PRAIRIES NATURELLES, PATURAGES**, 1 volume avec un appendice de nombreuses figures. . . . . 3 fr.

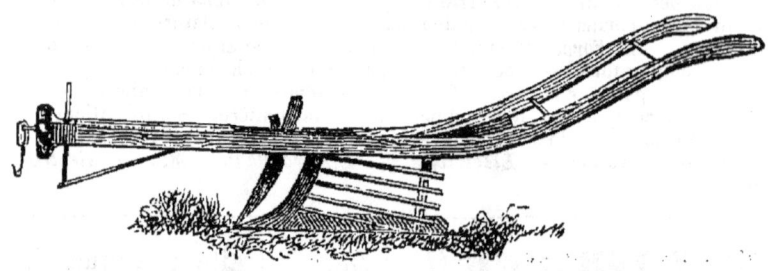

Figure spécimen du *Guide pratique pour la culture des Plantes Fourragères.*

Deuxième partie.—**PRAIRIES ARTIFICIELLES, PLANTES, RACINES**, 1 volume avec 87 figures . . . . 3 fr.

Figure spécimen du *Guide pratique pour la culture des plantes fourragères.*

Les fourrages sont la base de toute culture, et il est admis aujourd'hui, par tous les agriculteurs intelligents, que pour avoir du blé il faut faire des prés. M. Gobin, guidé par sa grande expérience, a voulu rédiger un guide tout pratique indiquant tout ce qui doit être observé pour obtenir les meilleurs résultats et éviter les dépenses inutiles : mais, comme il le dit dans sa préface, si le titre même de son livre lui a fait une loi de se restreindre à la culture des plantes fourragères et de s'abstenir de considérations scientifiques inutiles au but qu'il poursuit, il ne s'est pas interdit les applications pratiques des sciences, en tant qu'elles se rapportent à l'explication des phénomènes ou à l'amélioration des méthodes de culture. « C'est là, en effet, dit-il, ce que nous entendons par la pratique, et non point seulement la routine manuelle, qui consiste à savoir tenir les mancherons de la charrue, charger une voiture de gerbes ou manier la faux, celle-ci suffit à un ouvrier, celle-là est nécessaire au moindre cultivateur intelligent. »

Ce guide peut être considéré comme le résumé des leçons professées avec tant de succès par M. Gobin à l'*Ecole de Grignon.*

PONTS ET CHAUSSÉES et de l'Agent voyer (*Guide pratique du Conducteur des*). Principes de l'art de l'ingénieur, comprenant : plans et nivellements, routes et chemins, ponts et aqueducs, travaux de construction en général et devis, par F. BIROT, ingénieur civil, ancien conducteur des ponts et chaussées. 4º édition, revue et augmentée.

Première partie. — **ROUTES.** — 1 vol. accompagné de 12 planches doubles, contenant 99 figures. . . . . . 4 fr.

Deuxième partie. — **PONTS.** — 1 vol. accompagné de 8 planches doubles, contenant 44 figures. . . . . . . 4 fr.

Nous allons donner un extrait de la table des matières de ces volumes, devenus le *vade-mecum* des agents des ponts et chaussées.

Première partie. — *Chap. Ier.* — Tracé et mesure des lignes. Arpentage proprement dit. Mesure des angles. Levé à l'échelle. Instruments. — *Chap. II.*

Objets du nivellement. Niveaux de différents systèmes. Stadia. — *Chap. III.* Classification des routes. Projets. De la forme générale des routes. Tracé des courbes. Tables diverses. — *Chap. IV.* Construction des chaussées. Entretien des routes. Déblais et remblais.

Deuxième partie. — *Chap. I.* Ponts et aqueducs. Ponceaux. Murs de soutènement. Parapets. Voûtes biaises. Sondages. Pieux. Pilotis. Palplanches. Enrochements. — *Chap. II.* Des cintres et des ponts en charpente. — *Chap. III.* Etudes des matériaux employés dans les constructions. — *Chap. IV.* Du métrage et du devis. Avant-métré d'un aqueduc, d'un ponceau, etc.

L'auteur a terminé par le programme d'admission pour l'emploi de conducteur.

PORCHERIES (Voir Habitations des animaux, page 37).

POTASSES (*Guide pratique pour reconnaître et pour déterminer le titre véritable et la valeur commerciale des*), des **SOUDES**, des **CENDRES**, des **ACIDES** et des **MANGANÈSES**, avec neuf tables de déterminations, traduit de l'allemand par le docteur G.-W. BICHON, ancien élève de M. Justus Liebig, nouvelle édition, augmentée de notes, tables et documents, par R. FRÉSÉNIUS et le Dr WILL, docteurs, assistants et préparateurs au laboratoire de Giessen. 1 volume avec figures............................ 2 fr.

Le livre de MM. Frésénius et Will est le résultat des précieuses recherches auxquelles se sont livrés ces deux savants chimistes étrangers ; c'est avec beaucoup de pénétration et de succès qu'ils sont parvenus à perfectionner les méthodes d'essais relatifs aux potasses, soudes, acides et manganèses.

POUDRES ET SALPÊTRES (*Guide pratique de la fabrication des*), avec un appendice par le major STEERK sur les *feux d'artifice*, par M. SPILT. 1 volume avec de nombreuses figures dans le texte............ 6 fr.

Dès les premières lignes de ce livre, on s'aperçoit que l'auteur est un homme compétent dans la matière qu'il traite, et qu'à l'étude dans le laboratoire, le major Steerk a joint l'expérience en grand. Dans ses données, tout est rigoureusement exact, et on peut accepter l'auteur comme guide, sans craindre de se tromper.

L'appendice sur les feux d'artifice résume en quelques pages les notions nécessaires pour la confection de ces feux.

Sommaire des chapitres. — *Première partie :* Soufre, salpêtre, bois. — Charbon : carbonisation par distillation, par vapeur, analyses des charbons. — Poudres : poudres de guerre, poudres de mine, poudres du commerce extérieur et poudres de chasse. — Epreuves. — Combustion des poudres, dosages, analysés.

Deuxième partie : Feux d'artifice. — Historique, matières premières, produits chimiques, outils, cartonnages, cartouches, feux qui produisent leur effet sur le sol, feux qui le produisent dans l'air, sur l'eau, etc., feux de salon, feux de théâtre. Confection des principales pièces d'artifice.

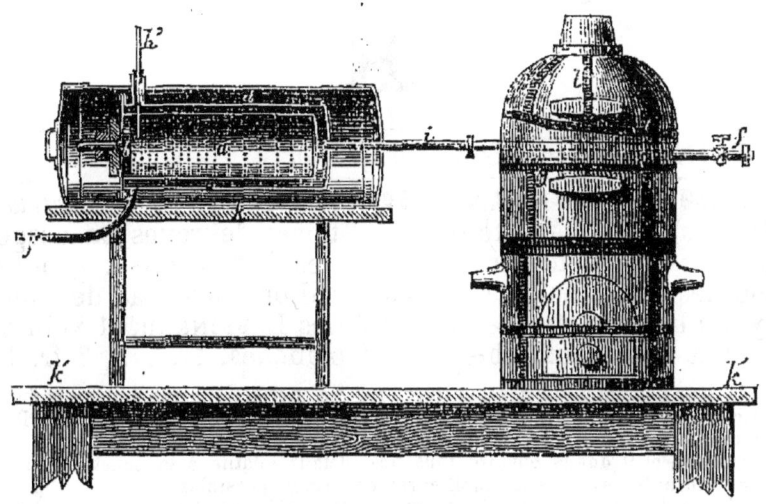

Figure spécimen du *Guide de la fabrication des poudres et salpêtres*.
(Voir page 54.)

POULES (*Éducation lucrative des*), ou traité raisonné de gallinoculture, par Mariot-Didieux, vétérinaire en premier aux remontes de l'armée, membre et lauréat de plusieurs sociétés savantes. Nouvelle édition. 1 vol. 4 fr.

L'éducation, la multiplication et l'amélioration des animaux qui peuplent les basses-cours ont fait depuis une quinzaine d'années de notables progrès. Répondant à un besoin de l'économie domestique, l'auteur de ce guide pratique a voulu faire un traité complet de gallinoculture dans lequel, après des considérations historiques, anatomiques et physiologiques sur les poules, il décrit les caractères physiques et moraux de quarante-deux races, apprend à faire un choix parmi ces races si diverses et indique les moyens de conservation et de multiplication des individus. Des chapitres spéciaux sont consacrés aux maladies, à la pharmacie gallinée, à la statistique des poules et des œufs de la France, etc.

Les ouvrages de M. Mariot-Didieux sont au premier rang parmi ceux qui enrichissent notre bibliothèque. Aussi voulons-nous, pour en mieux faire ressortir le mérite, donner ici le sommaire des principaux chapitres :

Gallinoculture. — De la poule, son antiquité, son utilité, expositions, concours, anatomie, considérations physiologiques, des sensations, voix du coq, voix de la poule. — Choix des races. — Signes extérieurs de la ponte. — Considérations sur les races de poules. — Races françaises, hollandaises, belges, anglaises, espagnoles, italiennes, prussiennes.— Races asiatiques, indiennes, japonaises, indo-chinoises. — Races syriennes, africaines, américaines. — Races de l'Océanie. — Du croisement des races. — Dépenses et produits de la poule. — Du poulailler, de la cour, des œufs. Moyens de reculer, d'augmenter ou d'avancer la ponte. — Fécondation du coq. — Castration ou chaponnage des coqs. — De l'incubation. — Elevage des poulets. — Maladies des poules. — De la saignée. — Pharmacie. — Vente des produits, etc.

R

ROSEAU (Voir Saule, page 55).

ROUES HYDRAULIQUES (*Traité de la construction des*), contenant tous les systèmes de roues en usage, les renseignements pratiques sur les dimensions à adopter pour les arbres tournants, les tourillons, les bras de roues hydrauliques, etc., etc., par Jules LAFFINEUR. 1 volume avec de nombreux tableaux et 8 planches. . . . . 3 fr. 50

<small>L'auteur démontre dans sa préface que le perfectionnement des machines motrices des usines est à la fois une nécessité d'intérêt général et privé. Dans son ouvrage, il recherche et il définit les principales conditions à remplir sous ce rapport, et il donne ensuite tous les détails relatifs à la construction des roues hydrauliques dans les meilleures conditions possibles.

Fidèle à la méthode qui lui est propre, M. Laffineur s'est surtout attaché à se faire comprendre par la simplicité des termes employés et par les nombreux exemples qu'il donne.

Les planches sont d'une grande netteté ; elles représentent tous les systèmes de roues en usage, roues à palettes, roues pendantes, roues en dessous et à aubes courbes, roues à augets, roues horizontales, roues à niveau constant, frein dynamométrique, etc.</small>

ROUTES (Voir Ponts et Chaussées, page 53).

S

SALPÊTRES (Voir Poudres, page 54).

SAULE (*Guide pratique de la culture du*) et de son emploi en agriculture, notamment dans la création des oseraies et des saussaies, avec un appendice sur la culture du roseau, par M.-J. KOLTZ, chevalier de l'ordre R. G. D. de la Couronne de chêne, agent des eaux et forêts, etc. 1 volume avec 35 figures dans le texte . . . . 2 fr.

<small>Ce travail a pour objet de faire ressortir les avantages que procure la culture du saule dans les terrains qui lui conviennent, et qui, le plus souvent, ne peuvent être rendus productifs qu'à l'aide de cette essence ; M. Koltz donne donc le moyen de mettre en produit des terrains vagues. Dans certains parages, le roseau commun forme le complément obligé de l'osier ; l'appendice que M. Koltz consacre à cette plante renferme des détails intéressants, surtout pour les propriétaires de terrains aujourd'hui tout à fait improductifs.</small>

SCIENCES PHYSIQUES (*Éléments des*), appliquées à l'agriculture; ouvrage divisé en deux parties, par A.-F. POURIAU, docteur ès sciences, ancien élève de l'Ecole centrale, professeur à l'École d'agriculture de Grignon.
Chaque partie se vend séparément.

Première partie. **CHIMIE INORGANIQUE**, suivie de l'étude des marnes, des eaux, et d'une méthode générale pour reconnaître la nature d'un des composés minéraux intéressant l'agriculture ou la médecine vétérinaire. 1 volume avec 153 figures dans le texte et tableaux. . . 7 fr.

Deuxième partie. **CHIMIE ORGANIQUE**, comprenant l'étude des éléments constitutifs des végétaux et des animaux, des notions de physiologie végétale et animale, l'alimentation du bétail, la production du fumier. 1 volume avec 65 figures dans le texte et tableaux. . . . . . . 7 fr.

Figure spécimen des *Éléments des sciences physiques*.

M. Pouriau, aujourd'hui professeur et sous-directeur à l'École d'agriculture de Grignon a été nommé secrétaire général de la Société d'agriculture de Lyon, à l'élection. Voilà quelques-uns des titres du savant professeur; quant à ses ouvrages, ils sont promptement devenus classiques et ils sont en même temps consultés avec fruit par tous les agriculteurs, les propriétaires, les gentils-hommes-fermiers et par tous les gens d'étude et les gens du monde. Pour cette dernière classe de lecteurs, nous citerons le passage de la préface qui indique que cet ouvrage a été en partie rédigé à leur intention :

« Mais, d'autre part, je conseille aux gens du monde, que de semblables détails ne peuvent que médiocrement intéresser, de laisser de côté ces paragraphes, pour reporter leur attention sur les autres chapitres.

« Enfin, toujours guidé par le désir de satisfaire aux besoins de chaque classe de lecteurs, j'ai indiqué, *en note et séparément*, la préparation des principaux corps étudiés, parce que cette branche du cours ne saurait être utile qu'à ceux en position de faire quelques manipulations.

« Si les amis de la science agricole me prouvent, par un accueil bienveillant fait à mon livre, que j'ai suivi la bonne voie, je leur en témoignerai ma reconnaissance en leur offrant successivement les autres parties de mon enseignement. »

SERRURERIE (*Nouveaux Barêmes de*), par E. Rouland, 1 volume . . . . 4 fr.

<small>Extrait de la table des matières. — *Balcons* en barreaux de fer rond avec ou sans ornements, en barreaux de fer plats, en barreaux de fer carré. — *Grilles fixes* en barreaux de fer rond avec ou sans petits barreaux, avec ou sans ornements. — *Grilles ouvrantes* à deux vantaux avec ou sans petits barreaux, avec ou sans ornements. — *Portes* à un vantail et à deux vantaux en fer à T avec panneaux tôle. — *Poids des fers*, fers plats, carrés, ronds, T et cornières double T. — *Poids des tôles*.</small>

SOUDES (Voir Potasses, page 54).

SUCRES (*Guide pour l'essai et l'analyse des*), indigènes et exotiques, à l'usage des fabricants de sucre. Résultats de 200 analyses de sucres classés d'après leur nuance, par E. Monier, ingénieur chimiste, ancien élève de l'École centrale des arts et manufactures, 1 volume avec figures dans le texte et tableaux . . . . 3 fr.

<small>L'auteur, après avoir rappelé les propriétés générales des substances saccharifères, donne les méthodes les plus simples qui permettent de doser avec précision ces mêmes substances. Quelques notes sur l'altération et le rendement des sucres soumis au raffinage terminent le travail de M. Monier, dont M. Payen a fait un éloge mérité devant l'Académie des sciences.</small>

T

TEINTURIER (*Guide du*), manuel complet des connaissances chimiques indispensables à la pratique de la teinture, par Frédéric Fol, chimiste. Nouvelle édition. 1 volume avec 91 figures dans le texte . . . . 8 fr.

<small>En publiant cet ouvrage, l'auteur s'est proposé de répandre dans la population ouvrière qui s'occupe des travaux de teinture, les connaissances nécessaires des sciences sur lesquelles est basée cette industrie.</small>

TÉLÉGRAPHIE ÉLECTRIQUE (*Guide pratique de*), ou *Vade-mecum* pratique à l'usage des employés des lignes télégraphiques, suivi du programme des connaissances exigées pour être admis au surnumérariat dans l'administration des lignes télégraphiques, par B. Miége, directeur de lignes télégraphiques. 1 volume avec 45 figures dans le texte . . . . 2 fr.

TERMES TECHNIQUES (✻*Dictionnaire des*) de la science, de l'industrie, des lettres et des sciences, par A. Souviron, professeur de technologie et d'histoire naturelle à l'Association polytechnique. 1 volume . 6 fr.

TISSUS (*Manuel du commerce des*). *Vade-mecum* du **Marchand de Nouveautés**, par Edm. BOURDAIN. 1 vol.   3 fr.

SOMMAIRE DES CHAPITRES : Introduction. — Visite au magasin. — Tableau par rayon de tous les articles composant un magasin de nouveautés. — Table des villes de fabrique et des genres où elles excellent. — Tissus employés pour confectionner les divers vêtements et quantités employées. — Soins à donner aux étoffes. — Tissus étrangers. — L'Escompte. — Commission. — Teinture et couleurs. — Vêtements sur mesures. — Fourrures. — Termes techniques. — Conseils pour les achats. — Voyage d'achat. — Tableau des tissages mécaniques de France. — Représentants de fabrique. — Cravates et confections. — Comptabilité. — Monnaies et mesures étrangères. — Conseils aux employés de commerce.

☀*TRANSMISSIONS DE LA PENSÉE ET DE LA VOIX, par Louis DU TEMPLE, capitaine de frégate en retraite. 2ᵉ édit. 1 volume avec 62 figures.   4 fr.

Figure spécimen de *Transmissions de la pensée et de la voix*.

SOMMAIRE DES PRINCIPAUX CHAPITRES : *Organe de la vue et moyens employés pour la corriger.* — Structure de l'œil. — Marche des rayons lumineux dans l'œil. — *Organe de la voix.* — *Organe de l'ouïe.* — Oreille. — Comment l'homme peut diminuer les imperfections de l'ouïe. — *Langage.* — Définition. — Langage écrit. — *Papier.* — Historique. — Fabrication du papier. — Différentes espèces de papier. — *Imprimerie ou Typographie.* — Historique. — Gravure. — Lithographie. — Presses typographiques. — Clichage. — Gravure en creux. — Gravure en relief. — *Photographie.* — Historique. — Procédés. — *Électro-Métallurgie.* — Galvanoplastie. — Appareils galvanoplastiques. — Applications de la galvanoplastie. — *Télégraphes aériens, pneumatiques, électriques.* — *Téléphone.* — *Phonographe.* — *Aérophone.* — *Postes.*

V

VACHE LAITIÈRE (*Guide pratique pour le choix de la*), par Ernest Dubos, vétérinaire de l'arrondissement de Beauvais, professeur de zootechnie à l'Institut agricole de la même ville. 1 volume avec 7 planches. 2ᵉ édition. 2 fr. 50

Les diverses méthodes pour le choix des vaches laitières sont résumées dans ce livre. Les agriculteurs et les éleveurs y trouveront l'indication des signes qui peuvent les guider pour la conservation et l'acquisition des animaux qui conviennent le mieux à leurs exploitations. — Les figures représentant les diverses races de vaches laitières qui sont remarquables.

Dans le chapitre premier, l'auteur s'occupe de la stabulation, de l'alimentation et du rendement. — Le chapitre deuxième est consacré à l'étude du lait, ses modifications et ses altérations. — Dans les autres chapitres, l'auteur donne des renseignements pour reconnaître les propriétés du lait, le moyen de reconnaître les falsifications, les qualités exigées de la servante de ferme et la manière de traire. — Dans les chapitres sixième et septième, il indique les caractères et les méthodes qui peuvent guider dans le choix des meilleures vaches laitières.

VERNIS (*Guide pratique de la Fabrication des*), nouvelle édition, revue, corrigée et complètement refondue,

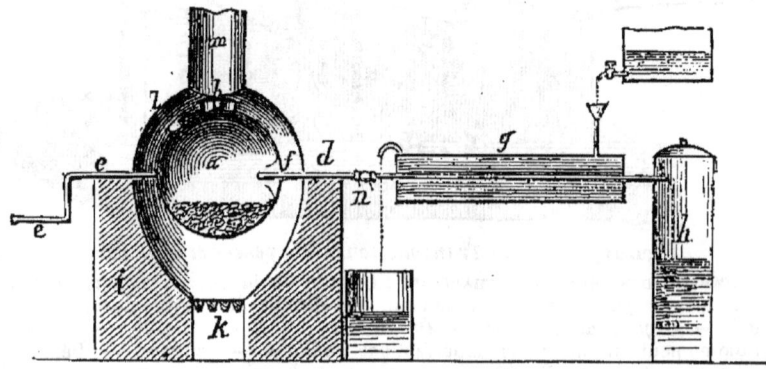

Figure spécimen de la *Fabrication des Vernis*.

de l'ouvrage de M. Tripier-Devaux, par H. Violette, ancien élève de l'Ecole polytechnique, commissaire des poudres et salpêtres, membre de plusieurs sociétés savantes. 1 volume avec figures dans le texte . . . . . . 6 fr.

Extrait de la préface. — Les vernis ne sont autres que des solutions de résines dans certains liquides. Ces liquides, qui sont ordinairement l'*éther*, l'*alcool*, l'*essence de térébenthine* et les *huiles*, donnent aux vernis qui en résultent des propriétés caractéristiques qui en déterminent l'usage. Cette désignation des liquides nous permet de diviser les vernis en quatre classes. — Vernis à l'éther. — Vernis à l'alcool. — Vernis à l'essence. — Vernis gras.
Cette division sera celle des quatre chapitres composant notre ouvrage : nous examinerons chaque classe successivement ; cet examen comprendra : 1º les propriétés physiques et chimiques, ainsi que la préparation du liquide employé à dissoudre les résines de cette classe ; 2º les propriétés physiques et chimiques, ainsi que l'origine des résines employées dans cette catégorie ; 3º la fabrication proprement dite des vernis, par le mélange des résines et liquide précédemment étudiés.

VIDANGE AGRICOLE (*Guide pratique de la*), à l'usage des agronomes, propriétaires et fermiers. Richesse de l'agriculture. Description de moyens faciles, économiques, salubres et pratiques, de recueillir, de désinfecter et d'employer utilement en agriculture l'engrais humain, par J.-H. TOUCHET, chef de service à la compagnie Richer. 2ᵉ édition, 1 volume avec figures. . . . . 1 fr.

Ce Guide, en ce qui concerne les vidanges et les différentes manières d'employer l'engrais humain, est le résumé des meilleures méthodes pratiquées actuellement. Les fermiers y trouveront tous les indications utiles. M. Touchet enseigne aux agronomes de la grande et de la petite culture des moyens simples et peu coûteux de se procurer de riches fumiers, richesses trop souvent négligées et perdues pour l'agriculture.

VIGNE (*La*) et ses maladies, contenant les causes et effets morbides depuis l'origine de sa culture jusqu'à nos jours, avec les moyens à employer pour les prévenir et les combattre. Précédé d'une description historique et botanique de cette plante précieuse, ainsi que d'une causerie sur l'oïdium et le phylloxera, par SERIGNE (de Narbonne), membre de plusieurs sociétés savantes. 1 volume. . 3 fr.

SOMMAIRE DES PRINCIPAUX CHAPITRES. — Description historique. — Description botanique. — L'oïdium et le phylloxera. — Description historique de l'oïdium. — Maladies de l'oïdium. — Concours pour la guérison de l'oïdium. — Opinions émises sur l'oïdium. — L'oïdium est-il la cause de la maladie ? — Remède adopté contre la maladie. — Effets du soufrage. — Causes réelles de la maladie. — Températures favorables ou nuisibles. — Influence des saisons et des météores. — Blessures ou plaies, blanquet ou pourridié, coulure, carniure, chancre vitifère, clavelée, chlorose ou hydroémie, décrépitude, flottage, grapillure, nielle, geule, stérilité. — Maladie des feuilles. — Pyrales. — Destruction de la pyrale à l'état de papillon, à l'état de larve ou chenille. — Moyens préventifs et moyens curatifs. — Destruction de la pyrale à l'état d'œuf, etc.

VIGNERONS (*L'immense Trésor des*) et des **Marchands de Vin**, indiquant des moyens inédits pour vieillir instantanément les vins, leur enlever les mauvais goûts, même celui de terroir, colorer les vins blancs en rouge Narbonne, même d'une manière hygiénique et sans aucun coupage, éviter leur dégénérescence, partant, plus de vins aigres, amers, gras ou poussés; découverte d'un agent supérieur à l'alcool pour le maintien, la conservation et l'expédition lointaine des vins, par L.-F. DUBIEF, 5e édition revue, corrigée et considérablement augmentée. 1 volume. 3 fr.

Extrait de la table des matières. — De la connaissance des vins. — Appréciation et dégustation. — De la distinction. — Du mélange ou du coupage. — Du vinage. — Amélioration des vins. — De l'imitation des vins. — De la confection des vins mousseux. — Du vin muet et de ses avantages. — Des vins de liqueurs et de leurs imitations. — Recettes et opérations des vins de liqueurs. — *Méthode du Midi*. — *Méthode de Paris.* — De la conservation des vins en fûts pleins et en vidange. — Du soufrage ou méchage. — Du collage pour la clarification. — Arome, sève, bouquet et goût de terroir. — Du gouvernement et de la conservation des vins. — De la mise en bouteilles. — Des altérations. — Moyen de les prévenir et de les corriger. — Des altérations accidentelles et moyen de les guérir. — Disposition et conservation des tonneaux. — Contenance des fûts. — L'auteur termine son livre par une série de renseignements très utiles.

VIGNERON (✻ *Guide pratique du*), culture, vendange et vinification, par FLEURY-LACOSTE, président de la Société centrale d'agriculture du département de la Savoie, membre de plusieurs Sociétés savantes. 1 volume. . 3 fr.

Dans la première partie, l'auteur donne les principes généraux pour la culture de la vigne basse : culture en ligne, orientation, la taille, le pinçage, les engrais, choix des cépages, 1re, 2e, 3e et 4e années.
La seconde partie, intitulée *Calendrier du Vigneron*, lui indique les travaux qu'il a à faire mensuellement. La culture des hautains sur treillages élevés dans les champs, remplit la troisième partie. — Quatrième partie : Nouvelles observations pratiques sur les phénomènes de la végétation de la vigne. — Cinquième partie : De la vendange et de la vinification : degré de maturité. — Du ban des vendanges. — Personnel. — Le nettoyage et l'écrasement des grains. — La cuve. — Le décuvage. — Enfin l'auteur termine en indiquant les soins à donner aux vins nouveaux et vieux.

VIN (*Guide pratique pour reconnaître et corriger les fraudes et maladies du*), suivi d'un traité d'**analyse chimique** de tous les vins, 2e édit., par Jacques BRUN, vice-président de la Société suisse des pharmaciens. 1 volume, avec de nombreux tableaux. . . . . 3 fr.

L'art de falsifier les vins a fait ces dernières années de rapides progrès. La chimie ne doit pas se laisser devancer par la fraude : elle doit lui tenir tête et pouvoir toujours montrer du doigt la substance étrangère. Cette tâche, dit M. Brun, incombe surtout aux pharmaciens. Son livre est le résumé des différents traitements qu'il a trouvés réellement utiles, et qui, dans sa longue pratique, lui ont le mieux réussi pour l'examen chimique des vins suspects.

VINS FACTICES (*Guide pratique de la fabrication des*) et des boissons vineuses en général, ou manière de fabriquer soi-même les vins, cidres, poirés, bières, hydromels, piquettes et toutes sortes de boissons vineuses, par des procédés faciles, économiques et des plus hygiéniques, par L.-F. DUBIEF. 3º édition. 1 volume . . . . 2 fr.

M. Dubief a publié ce petit ouvrage, non seulement pour venir en aide aux personnes économes, mais encore, et plus, pour celles dont l'économie est une nécessité. Si elles suivent les prescriptions qui y sont indiquées, elles peuvent être assurées de bien fabriquer elles-mêmes et avec facilité toutes sortes de vins, bières, cidres, etc. Ainsi, il traite la cuvée des vins de raisin fabriqués avec le marc, avec sirop de sucre, de fécule. — Vin rouge de sucre. — Vin mousseux, de fruits, cerises, prunes, groseilles, etc., etc.— Vins de grains, céréales, etc.—Toutes les formules et les procédés indiqués par l'auteur sont simples et faciles, et il suffit de les avoir lus pour les mettre en pratique.

VINIFICATION (*Traité complet de*) ou art de faire du vin avec toutes les substances fermentescibles, en tout temps et sous tous les climats, par L.-F. DUBIEF. 4º édit. 1 volume . . . . 6 fr.

Volume contenant : Les moyens de remédier à l'intempérie des saisons relativement à la maturité du raisin. Le tableau des phénomènes de la fermentation et le meilleur moyen de la produire et de la diriger; les moyens particuliers de faire fermenter les marcs provenant de l'égrappillage du raisin et refermenter ceux qui ont déjà été fermentés; de procurer au vin plus de qualité par une seconde fermentation ; de le vieillir sans faire de coupage, par des procédés simples et faciles; de lui enlever le goût de terroir, comme aussi d'obtenir des marcs de raisin, de l'alcool, de l'huile, de l'acide tartrique, etc.; *et suivi* : des procédés de fabrication des vins mousseux, des vins de liqueurs, vins de fruits et vins factices, les soins qu'exigent leur gouvernement et leur conservation, les principes pour la dégustation et l'analyse des vins, etc., etc.

VOYAGEURS ET BAGAGES (Voir Exploitation des chemins de fer, page 23).

Le cartonnage toile de chaque volume se paye 0,50 c. en plus des prix indiqués.

TABLE DES NOMS D'AUTEURS
PAR ORDRE ALPHABÉTIQUE

A
Agassiz et Gould 48
Albiot (J.) 26

B
Barbot 40
Basset (N.) 18
Baude (L.) 21
Berthoud (Marc) 21
Birot (F.) 53
Block (M.) 42
Bouniceau 26
Bourdain 59
Bourgoin d'Orli (P.-H.-F.) . . . 28
Bousquet (J.) 16
Brun (J.) 62

C
Canu et Larbalétrier 46
Carteron 39
Chateau (Th.) 27
Chevalier (A.) 51
Clausius (R.) 21
Cornet (G.) 23
Courten (Cte Ludovico de) . . . 25
Courtois-Gérard 28 40

D
Dana 36
Demanet (A.) 43
Dessoye (J.-B.-J.) 14
Dinée (F.-G.) 32
D. L. 46
D'Omallius d'Halloy (le Bon J.) . 33
Doneaud (Alph.) 30
Drapiez (M.) 47
Dromart (E.) 18
Dubief (L.-F.) 34 42 62 63
Dubos 60
Dufréné (H.) 39
Du Temple (L.) 46 51 59

E
Emion (V.) 23 34 43

F
Fairbairn (W.) 35
Flammarion 17
Fleury-Lacoste 62
Fol (F.) 58
Fraiche (F.) 49
Frésénius (R.) et le Dr Will . . . 54
Frochot (A.) 19

G
Garnault (E.) 31
Gaudry (J.) 43
Gavot (E.) 37
Gobin (A.) 15 52
Gobin (H.) 32
Gossin (L.) 25
Graffigny (H. de) 31
Grimard (E.) 38
Guettier (A.) 15
Guy (P.-G.) 36

H
Hétet (F.) 24
Hirtz (E.) 27
Houzé (J.-P.) 47

J
Jaunez 22

K
Kielmann (C.-E.) 30
Koltz (M.-J.) 56

L
Laffineur (J.) 38 39 56
Laffolay (E.) 48
Larbalétrier 46 52
Landrin (H.-C.) fils 14
Lelay 30
Lenoir (A.) 20
Leprince (P.) 15
Lerolle (L.) 19
Leroux (Ch.) 41
Lescure (O.) 36
Liebig (J.) 23
Lunel (Dr B.) . . 13 31 33 34 38 50

M
Mariot-Didieux 22 41 48 55
Merly (J.-F.) 21
Miége (B.) 59
Monier (E.) 58
Moreau (L.) 18
Mortimer d'Ocagne 25 31
Mulder (G.-J.) 19

N
Noguès (A.-F.) 47

O
Ortolan (A.) 29 44

P
Pellegrin (V.) 50
Perdonnet 23
Pernot (L.-P.) 26
Pouriau (A.-F.) 25 57
Prouteaux (A.) 50

R
Rey (I.-A.) 35
Rouland (E.) 58
Rozan (Ch.) 37

S
Sacc (Dr) 24
Serigne (de Narbonne) 61
Sicard 27
Snow-Harris 31
Sourdeval 23
Souviron (A.) 58
Stoerk (le major) . . . .

T
Tartara (J.) 20
Tissier (Ch. et Alex.) 15
Touchet (J.-H.) 51

V
Violette (H.) 60
Viollet-le-Duc 16 29 43
Vinot (voir Lenoir) 20

www.ingramcontent.com/pod-product-compliance
Lightning Source LLC
Chambersburg PA
CBHW060607170426
43201CB00009B/926